应用型教育数智化财会专业"十四五"系列教材
校企合作精品教材

财务报表分析教程

主　编　荣艳芳
副主编　胡思霞　赵士娇　张轶群　王亚楠

中国·武汉

内容简介

本书主体章节部分阐述了财务分析的内容、程序、方法等经典前沿理论,并对光明乳业2018—2022年财务数据进行深度剖析,使读者能深入理解财务报表分析的相关知识。附录的课后综合练习部分以伊利股份2019—2022年财务数据为基础,让读者参阅前面主体章节部分的相关知识,对伊利股份的财务状况进行分析并撰写财务分析报告。本书具有"真实性""前沿性""丰富性"三大特点。一是以国内真实上市公司为案例,相比虚拟案例而言,更便于读者进行实务操作,理解财务数据背后的深层逻辑;二是本书结合行业宏观背景对企业微观财务数据进行分析,剖析企业财务数据变化的原因,紧贴我国经济发展实际,更具时代前沿性;三是本书结合"十四五"规划,每章均嵌入了思政元素,内容丰富。本书既适合财务从业者和经管专业的学生学习,也适合非相关专业的读者和对财务报表分析感兴趣的读者阅读。

图书在版编目(CIP)数据

财务报表分析教程/荣艳芳主编. —武汉:华中科技大学出版社,2024.9
ISBN 978-7-5772-0896-1

Ⅰ.①财… Ⅱ.①荣… Ⅲ.①会计报表—会计分析—教材 Ⅳ.①F231.5

中国国家版本馆CIP数据核字(2024)第099253号

财务报表分析教程	荣艳芳 主编
Caiwu Baobiao Fenxi Jiaocheng	

策划编辑:聂亚文
责任编辑:陈 孜
封面设计:孢 子
责任监印:周治超

出版发行:华中科技大学出版社(中国·武汉) 电话:(027)81321913
　　　　　武汉市东湖新技术开发区华工科技园 邮编:430223
录　排:武汉创易图文工作室
印　刷:武汉市洪林印务有限公司
开　本:787 mm×1092 mm　1/16
印　张:17
字　数:432千字
版　次:2024年9月第1版第1次印刷
定　价:49.50元

本书若有印装质量问题,请向出版社营销中心调换
全国免费服务热线:400-6679-118　竭诚为您服务
版权所有　侵权必究

前言
PREFACE

　　本书融合了会计学、经济学、金融学、财务管理学等多学科知识。企业的财务信息最终将形成财务报表等资料,而这些资料又是企业进行财务管理和经营决策的依据,因此财务报表分析的重要性不言而喻。通过对企业的财务数据和非财务数据进行系统、深入的分析,可以揭示企业的盈利能力、营运能力、偿债能力、发展能力等方面的信息。这些信息不仅有助于企业管理者了解企业的营运状况,还能帮助企业发现潜在的风险和机会,从而制定更为精准的战略和决策。财务报表分析可以帮助分析者对企业的财务信息进行解读、梳理、归纳、总结,迅速准确地发现与自身密切相关的问题。本书的目的在于让读者掌握财务分析的基本程序、重要内容以及财务分析的常用方法与技巧,使读者不仅能看懂财务数据,还能通过财务报表分析对企业经营管理的各方面作出评判,找到存在的问题,并对企业的未来发展作出合理的预测。

　　我们认为,要想全面掌握财务报表分析的知识,必须了解如下四个层次的内容。

　　第一层次为财务分析的理论基础、程序与方法,对应本书第一、二章的内容。此部分是进行财务分析的基础,读者需要理解财务分析的含义与目的、学会收集财务分析所需信息,并使用正确的程序和方法,以便于后续更好地开展财务分析工作。

　　第二层次为企业战略与行业概况分析,对应本书第三章的内容。此部分严格意义上不属于财务分析的范畴,但是却有着重要的意义,通过对企业战略和行业概况进行分析,可以更好地解释企业财务数据变化的原因。

　　第三层次为企业财务报表的分析,对应本书第四至六章的内容。此部分是对企业的三大报表:资产负债表、利润表、现金流量表进行分析与解读,可以了解企业的资产、业绩、风险、资金等方面的情况。

　　第四层次为财务报表的能力分析,对应本书第七至十一章的内容。此部分包括财务能力分析与财务综合分析。其中,财务能力分析侧重于单项财务指标分析,包括盈利能力分析、营运能力分析、偿债能力分析、发展能力分析;财务综合分析分为单项财务指标的多重分解与多指标综合分析,具体如杜邦财务分析体系等。

　　基于以上知识体系,本书选择了两个上市公司为分析案例。在主体章节部分以光明乳业作为案例进行深度剖析;在附录的课后综合练习部分以伊利股份作为案例,让读者进行实践演练。

本书遵循"价值塑造、能力培养、知识传授"三位一体的育人理念,结合"十四五"规划,内容丰富,深入浅出,适合作为经管专业学生学习的教材。

由于编者能力和水平有限,书中难免存在不足之处,敬请各位读者批评指正。

编　者

2024 年 3 月

目录
CONTENTS

第一章　财务分析的理论基础 ··· 1
　　第一节　财务分析的含义和目的 ·· 3
　　第二节　财务分析的信息种类 ··· 5
第二章　财务分析的程序和方法 ·· 14
　　第一节　财务分析的程序 ·· 16
　　第二节　财务分析的方法 ·· 18
第三章　企业战略及行业概况分析 ··· 30
　　第一节　企业战略分析 ··· 32
　　第二节　行业概况分析方法 ·· 36
第四章　资产负债表分析 ·· 45
　　第一节　资产负债表分析的目的和内容 ··· 47
　　第二节　资产负债表水平分析 ··· 48
　　第三节　资产负债表垂直分析 ··· 59
　　第四节　资产负债表项目分析 ··· 65
第五章　利润表分析 ··· 81
　　第一节　利润表分析的目的和内容 ·· 83
　　第二节　利润表综合分析 ·· 84
　　第三节　利润表分项分析 ·· 91
第六章　现金流量表分析 ·· 104
　　第一节　现金流量表分析概述 ··· 106
　　第二节　现金流量表变动情况分析 ·· 108
　　第三节　现金流量表主要项目分析 ·· 115
　　第四节　现金流量与利润综合分析 ·· 120
第七章　企业盈利能力分析 ··· 126
　　第一节　企业盈利能力分析概述 ··· 128
　　第二节　企业投资盈利能力分析 ··· 130
　　第三节　企业经营盈利能力分析 ··· 134
　　第四节　上市公司盈利能力分析 ··· 138
第八章　企业营运能力分析 ··· 144
　　第一节　企业营运能力分析概述 ··· 146

第二节	流动资产营运能力分析	149
第三节	固定资产营运能力分析	156
第四节	总资产营运能力分析	158

第九章　企业偿债能力分析　162
　　第一节　企业偿债能力分析概述　164
　　第二节　短期偿债能力分析　166
　　第三节　长期偿债能力分析　173

第十章　企业发展能力分析　183
　　第一节　企业发展能力分析概述　184
　　第二节　企业发展能力财务指标分析　186

第十一章　企业财务综合分析　195
　　第一节　企业财务综合分析概述　196
　　第二节　杜邦财务分析体系　199

参考文献　207
附录　208

第一章 财务分析的理论基础

CAIWU BAOBIAO FENXI
JIAOCHENG

学习目标

本章的学习目标是理解财务分析的相关理论,包括财务分析的含义、财务分析的目的、财务分析的信息种类。

◇ **知识目标**

理解财务分析的含义及目的,了解财务分析的信息种类。

◇ **能力目标**

能够针对不同的财务报表分析者确立合适的财务分析目标,能够采用合适的途径查找上市公司的财务信息。

◇ **德育目标**

理解虚假财务信息对社会和经济带来的危害,能够站在诚信的角度提供真实的财务信息和财务分析报告。

思维导图

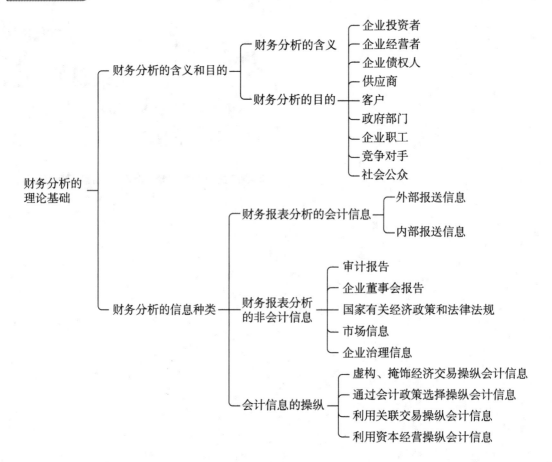

第一节 财务分析的含义和目的

美国会计学者亚伯拉罕·比尔拉夫曾经说过："财务报表犹如名贵香水,只能细细品鉴,而不能生吞活剥。"财务报表对于投资者而言是很有价值的,而它在向投资者提供"慧眼"的同时,还需要投资者用"慧眼"加以透视。富有理性的投资者总是善于合乎逻辑、一层一层地"解剖"企业的财务报表,系统地、一步一步地"调整"原始形态的财务数据,将其转化为客观评价企业绩效和发展前景的有用数据,并最终利用这些数据进行买卖或持有方面的决策。

一、财务分析的含义

关于财务分析的含义,有多种表述。有学者认为,财务分析的本质是收集与决策有关的各种财务信息,并加以分析和解释的一种技术。美国学者利奥波德·A.伯恩斯坦认为,财务分析是一种判断的过程,旨在评估企业现在或过去的财务状况及经营成果,其主要目的在于对企业未来的财务状况及经营业绩进行最佳预测。

本书将财务分析定义为,财务分析是一定的财务分析主体以企业的财务报告等财务资料为依据,采用一定的标准,运用科学系统的方法,对企业的财务状况、经营成果、现金流量、财务信用、财务风险,以及财务总体情况和未来发展趋势进行分析与评价。

二、财务分析的目的

财务分析的目的受财务分析主体和财务分析服务对象的制约,不同的财务分析主体进行财务分析的目的是不同的,不同的财务分析服务对象所关心的问题也是不同的。各种财务分析主体的分析目的和财务分析服务对象所关心的问题,也就构成了财务分析的目的或财务分析的研究目标。无论从财务分析主体看,还是从财务分析服务对象看,研究财务分析的目的包括以下几个方面。

(一)企业投资者

企业投资者包括企业的所有者和潜在投资者,他们进行财务分析的最根本目的是研究企业的盈利能力状况,因为企业拥有盈利能力是投资者资本保值增值的关键。但是企业投资者仅关心盈利能力还是不够的,为了确保资本保值增值,他们还应研究企业的权益结构、支付能力及营运状况。只有企业投资者认为企业有着良好的发展前景,企业的所有者才会保持或增加投资,潜在投资者才会把资金投入该企业,否则,企业的所有者将会尽可能地抛售股票,潜在投资者将会转向其他企业进行投资。另外,对企业的所有者而言,财务分析也可评价企业经营者的经营业绩,发现经营过程中存在的问题,从而通过行使股东权利,为企业未来发展指明方向。

(二)企业经营者

企业经营者主要是指企业的经营管理者以及各分厂、部门、车间等的管理人员。他们进行财务分析的目的是综合的和多方面的。从企业经营者的角度看,他们当然也关心盈利能力,这是他们经营的总体目标。但是,在财务分析中,他们关心的不仅是盈利的结果,还有盈利的原因及过程,如资产结构分析、营运状况与效率分析、经营风险与财务风险分析、支付能力与偿债能力分析等。进行这种分析的目的是及时发现生产经营中存在的问题与不足,并采取有效措施解决这些问题,使企业不仅利用现有资源获利更多,而且使企业盈利能力持续提升。

(三)企业债权人

企业债权人包括向企业提供贷款的银行、其他金融机构,以及购买企业债券的单位与个人等。债权人进行财务分析的目的与投资者和经营者都不同,银行等债权人一方面从各自经营或获取收益的目的出发愿意将资金贷给某企业,另一方面又要非常谨慎地观察和分析该企业有无违约或清算破产的可能性。一般来说,银行等债权人不仅要求本金的及时收回,而且还要求得到相应的报酬或收益,而这个收益的大小又要与其承担的风险程度相适应,通常偿还期越长,风险越大。因此,从企业债权人的角度进行财务分析的主要目的:一是看其提供给企业的贷款或其他债权是否能及时、足额收回,即研究企业偿债能力的大小;二是看债权人的收益情况与风险程度是否相适应,为此,还应将偿债能力分析与盈利能力分析相结合。

(四)供应商

与企业债权人向企业提供债务融资情况类似,供应商在向企业提供产品或服务后也成为企业的债权人,因此他们必须判断企业能否支付所购产品或服务的价款。从这一点来说,大多数提供产品或服务的供应商对企业的短期偿债能力十分关注。此外,有些供应商可能与企业存在着较为长久、稳固的经济联系,在这种情况下,他们又会对企业的长期偿债能力给予额外注意。一般情况下,供应商必然愿意优先给偿债能力强、资信程度高的企业提供产品或服务。

(五)客户

客户是企业产品或服务的购买者。在大多数情况下,企业可能成为某个客户的重要产品或服务供应商,此时,客户就会关心企业能否长期经营下去,能否与其建立并维持长期的业务关系,能否为其提供稳定的产品或服务。因此,客户关心企业的长期发展能力,以及有助于估计企业盈利能力的指标与财务杠杆指标。

(六)政府部门

政府部门的财务报表分析者包括财政部门、税务部门、国有资产管理部门和企业主管部门等。一般来讲,政府部门阅读财务报表大多是为了进行综合分析,特别是财政部门和企业主管部门必须对企业财务报表进行综合分析,以了解企业发展状况;税务部门则侧重确定企业生产经营成果和税源;国有资产管理部门则侧重掌握、监控企业国有资产保值增值的情况。

（七）企业职工

企业职工通常与企业存在长久、持续的关系，他们关心工作岗位的稳定性、工作环境的安全性以及个人职业发展的前景。因此，他们对企业的盈利能力和偿债能力都会特别关注。

（八）竞争对手

竞争对手希望获取关于企业财务状况的会计信息及其他信息，以此判断企业间的相对效益。同时，这些信息还可以为竞争对手未来可能涉及的企业兼并活动提供有力的支持与参考。因此，竞争对手可能会将某一企业视为潜在的接管目标，从而对该企业财务状况的各个方面都表现出浓厚的兴趣。

（九）社会公众

社会公众对特定企业的关注往往涉及多个层面。通常，他们会聚焦于企业的就业政策、环境政策等方面。而在这些方面，通过深入分析财务报表，社会公众可以对企业的盈利能力形成清晰而明确的认知。这种分析有助于社会公众了解企业的经济实力。

财务报表分析者有很多，除社会公众外，与企业有生产、技术等协作关系，以及其他关系的利益集团，都是企业财务报表分析者。这些分析者也都有其特定的报表分析要求，但他们进行财务报表分析的主要目的在于了解企业的过去、评价现在、预测未来，为他们的决策提供依据。

第二节 财务分析的信息种类

财务报表分析的基本依据是企业提供的财务信息。企业的财务信息除了财务报表所揭示的会计信息以外，还包括用于揭示与财务报表直接或间接相关的一些非会计信息。

一、财务报表分析的会计信息

会计信息由企业会计系统编制并提供，是财务信息的基础，是主要的财务信息，分为外部报送信息和内部报送信息。

（一）外部报送信息

外部报送信息以财务报表为主。财务报表是指企业根据经过审核的会计账簿记录和有关资料，编制并对外提供的反映企业某一特定日期财务状况和某一会计期间经营成果、现金流量的书面文件，包括会计报表和财务情况说明书。其中，会计报表是财务报表的重要组成部分，是对企业财务状况、经营成果和现金流量等的结构性表述。会计报表至少应当包括以下六个部分：资产负债表、利润表、现金流量表、所有者权益变动表、会计报表附注、其他应当披露的相关信息和资料，如图1-1所示。

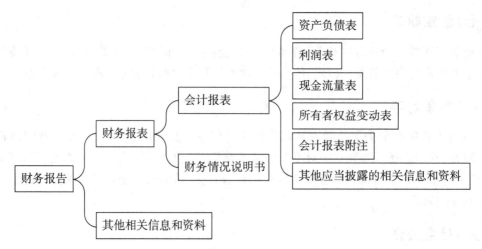

图 1-1 对外报送财务报告的具体构成

1. 资产负债表

资产负债表是反映企业在某一特定日期(如年末、季末、月末)全部资产、负债和所有者权益情况的会计报表。资产负债表的资产项目说明了企业所拥有的各种经济资源及其分布;负债项目显示了企业所负担的债务的不同偿还期限,可据此了解企业面临的财务风险;所有者权益项目说明了企业投资者对本企业资产所持有的权益份额,可据此了解企业的财务实力。通过资产负债表,可了解企业过去的财务状况,预测企业的发展前景。

2. 利润表

利润表是反映企业在一定时期内的经营成果及分配情况的报表。利润表反映企业利润总额的形成步骤,揭示利润总额各构成要素之间的内在联系,可以帮助财务报表分析者评价企业盈利状况和经营成果,分析预测企业今后的盈利能力。

3. 现金流量表

现金流量表反映的是企业在一定时期内由经营活动、投资活动和筹资活动所带来的现金流入及流出情况。现金流量表可提供企业的现金流量信息,从而对企业整体财务状况作出客观评价;能够说明企业一定时期内现金流入和流出的原因,全面说明企业的偿债能力和现金支付能力;能够分析企业未来获取现金的能力,并可预测企业未来财务状况的发展情况,提供不涉及现金的投资和筹资活动的信息。

4. 所有者权益变动表

所有者权益变动表反映的是企业在一定时期内股东权益各个项目的增减变化过程和结果,体现为资产负债表上所涉及股东权益账户的期初、期末余额。所有者权益变动表能够反映企业抵御财务风险的能力,为财务报表分析者提供企业盈利能力方面的信息;能够反映企业自有资本的质量,揭示所有者权益变动的原因,为正确评价企业的经营管理水平提供信息;能够反映企业的股利分配政策及现金支付能力,为投资者的投资决策提供全面的信息。

5. 会计报表附注

会计报表附注是会计报表中不可缺少的组成部分,在四张会计报表后面紧接着的部分就是会计报表附注,它作为表外信息越来越被财务报表分析者所关注,对他们全面了解企业财务状况、经营成果和现金流量情况起着非常重要的作用。投资者在解读上市公司财务报表时,既要对单张会计报表进行解读分析,又要将几张会计报表结合起来解读分析,同时必须结合会计报表附注的内容来解读、分析和评价。

(二)内部报送信息

除了定期向外部公开报送企业的会计信息以外,企业会计系统还编制了一些仅用于内部管理使用的会计信息,如企业成本计算数据和流程、期间费用的构成、企业预算、企业投融资决策信息,以及企业内部业绩评价方法和结构等。这些信息作为企业的商业机密一般并未被公开披露,而且国家相关管理部门也不强制企业对外报送。这些信息对于财务分析十分有用,但是鉴于不能让外部利益相关者公开取得,所以只能用于企业内部管理使用。

二、财务报表分析的非会计信息

除了财务报表揭示的会计信息外,财务报表分析还需要借助其他信息。

(一)审计报告

与会计报表相关联的是来自独立审计师的审计报告。审计报告是注册会计师根据审计准则的规定,在实施审计工作的基础上对被审计单位报表陈述信息的公正公允性发表意见,具有鉴证、保护和证明的作用。审计报告中的审计意见有四种:无保留意见、保留意见、否定意见和无法表示意见。

1. 无保留意见的审计报告

无保留意见的审计报告是指注册会计师经过审计后,认为被审计单位的会计报表是按照适用的企业会计准则和相关会计制度编制的,在所有重大方面公允地反映了被审计单位的财务状况、经营成果和现金流量的变动情况。此类审计报告不附加说明段、强调事项段或任何修饰性用语,也被称为标准审计报告。

在无保留意见的审计报告中,还存在一种带强调事项段的无保留意见的审计报告。审计报告的强调事项段是指注册会计师在审计意见段之后增加的对重大事项进行强调的段落,只为增加审计报告的信息含量,提高审计报告的有用性,不影响发表审计意见。

2. 保留意见的审计报告

保留意见的审计报告适用于被审计单位没有遵守国家发布的企业会计准则和相关会计制度的规定,或注册会计师的审计范围受到限制。只有当注册会计师认为会计报表就其整体而言是公允的,但还存在对会计报表产生重大影响的情形时,才能出具保留意见的审计报告。如果注册会计师认为所报告的情形对会计报表产生的影响极为严重,则应出具否定意见的审计报告或无法表示意见的审计报告。因此,保留意见的审计报告被视为注册会计师在不能出具无保留意见审计报告的情况下出具的最不严厉的审计报告。

3. 否定意见的审计报告

只有当注册会计师确信会计报表存在重大错报或歪曲,以致会计报表不符合国家发布的企业会计准则和相关会计制度的规定,未能从整体上公允反映被审计单位的财务状况、经营成果和现金流量时,注册会计师才能出具否定意见的审计报告。注册会计师应当依据充分、适当的证据,进行恰当的职业判断,在确信会计报表不具有合法性与公允性时,才能出具否定意见的审计报告。据统计,注册会计师很少出具否定意见的审计报告。

4. 无法表示意见的审计报告

只有当审计范围受到限制,可能产生的影响非常重大和广泛,不能获取充分、适当的审计证据,以至于无法确定会计报表的合法性与公允性时,注册会计师才能出具无法表示意见的审计报告。无法表示意见不同于否定意见,它仅仅适用于注册会计师不能获取充分、适当的审计证据的情形。如果注册会计师发表否定意见,必须获得充分、适当的审计证据。无论无法表示意见还是否定意见,都只能在非常严重的情形下采用。

一般情况下,无保留意见的审计报告表明企业的会计报表的可靠性较高。否定意见的审计报告说明企业的会计报表无法被接受,其会计报表已失去价值;无法表示意见的审计报告说明企业经营已出现重大问题,会计报表基本不能用。这两种类型的审计报告比较少见。

审计报告要对企业的会计报表作出客观评价,根据不同的审计报告类型,可以在一定程度上看出会计报表是否真实地反映了企业的财务状况、经营成果和现金流量等,即会计报表的可行性。但"审计失败"的案例也屡见不鲜,因此,通过审计报告来识别会计报表的可行性也只能是"在一定程度上",而不能完全依靠审计报告。从国内外审计实践来看,由于被审计单位管理当局存在通同作弊的可能,即使注册会计师按照独立审计准则的要求执行了审计业务,并尽到了应有的职业谨慎,出具的审计报告仍有可能是失实的。因此说审计报告是对会计报表的可行性提供合理保证而不是绝对保证。

(二)企业董事会报告

企业董事会报告是上市公司定期披露报告的重要组成内容之一,财务报表分析者比较关注这个部分,是因为这个部分可能包含一些会计报表中没有包含的财务数据与非财务数据。比如,有利与不利的发展趋势,企业主要经营范围及经营成果,市场经营环境及宏观政策、法规的变化对企业流动性、资本、经营成果方面的影响,以及企业投资情况和募集资金使用情况等。

(三)国家有关经济政策和法律法规

国家有关经济政策和法律法规这方面的信息主要包括产业政策、价格政策、信贷政策、分配政策、税务法规、财务法规、金融法规等。从企业的行业性质、组织形式等方面分析企业财务对经济政策、法律法规的敏感程度,合理揭示经济政策调整及法律法规变化对企业财务状况与经营成果的影响。

(四)市场信息

市场信息包括消费品市场、生产资料市场、资本市场、劳动力市场、技术市场等,其中任何一部分都与企业财务及经营相关。例如,商品供求与价格会影响企业的销售数量与收入;劳动力供求与价格会影响企业资本结构与资本成本,影响企业的人工费用,进而影响企业损益;技术市场的供求与价格则会影响无形资产规模、结构及相关的费用和收入。因此,在对企业财务报表进行分析时,必须关注各种市场的供求与价格信息,以便能从市场环境的变化中揭示企业财务既定状况的成因及其变化趋势。

（五）企业治理信息

企业治理是指所有者对管理者的一种监督与制衡机制。在企业中，董事会是常设的权力机构，主要决定企业的经营计划、管理机构、聘任经理等；监事会是常设的监督机构，主要是监督检查企业的财务状况和行使对董事会成员、总经理等高级管理人员的监督职能。因此，获取企业治理方面的信息是非常重要的，这将有助于财务报表分析者判断企业的发展前景，有助于判定企业历史信息以增强预测未来的能力。

三、会计信息的操纵

会计信息被称为世界通用的商业语言。真实的会计信息要如实、客观地反映企业在过去一定时期内发生的经济业务以及企业的财务状况和经营成果，可以帮助投资者和贷款人进行合理决策，帮助政府部门进行宏观调控，帮助企业加强和改善经营管理、评估和预测未来的资金流动。然而，我国自改革开放特别是国有企业体制改革以来，会计信息失真已成为十分突出的问题。

会计信息失真的原因有很多，上市公司内部治理结构和外部监督都是会计信息失真的源头，但从"琼民源""银广夏"等事件中我们看到会计制度本身也存在缺陷，即：公司内部治理结构不完善、产权不明晰和外部监督不力是导致会计信息失真现象泛滥的原因。另外，会计制度和方法存在缺陷是会计信息失真的重要原因。目前，我国会计信息的操纵主要有以下几种手段。

（一）虚构、掩饰经济交易操纵会计信息

1. 虚构经济交易操纵会计信息

众所周知，财务报告的主要功能是对企业已经发生的交易和事项进行确认、计量、记录和披露，并且在这个基础上向外界提供关于企业财务状况和经营成果的财务信息。显然，如果企业的管理当局想操纵会计信息，只有两种选择：一是影响信息的加工过程；二是影响信息的加工对象。与国外某些企业一般通过会计手段进行利润修饰、影响信息的加工不同，我国的一些企业主要是通过编造各种实质上虚假的经济业务来进行会计信息的操纵。虚构经济交易事实便是一种典型的通过影响信息的加工对象来操纵会计信息的行为。具体说来，就是设计缺乏实质的交易，并让交易"真实"地发生，使用以编制财务报告所依据的经济交易是伪造的、虚假的，从而导致财务报告反映的数据和披露的内容与客观事实不符，甚至严重背离和被歪曲。这也是上市公司常用的操作手法之一。上市公司用虚构经济交易事实操纵会计信息的主要手段有：编造虚假原始凭证；改组上市公司并编造虚假模拟报告。

2. 掩饰经济交易操纵会计信息

上市公司信息披露是上市公司与投资者交流的主要渠道，但长期以来，一些企业和上市公司，尤其是经营方面存在问题的上市公司，在编制财务报表时总是想方设法"偷工减料"，对一些重要项目不做披露，或者尽量遮掩，使财务报表分析者无法获得企业经营状况和财务状况的详尽信息。上市公司自由度过大，甚至避重就轻，对关键信息遮遮掩掩，从而使年报的质量难以得

到保证。所谓以掩饰经济交易事实来操纵会计信息是指上市公司利用财务报表项目掩饰交易或事实真相,或者在会计报表附注中未能完全披露交易真相的一种欺诈方法。比较常见和典型的掩饰经济交易事实的手法有:财务报告披露不及时;财务报告披露不充分。

(二)通过会计政策选择操纵会计信息

1. 通过提前确认收入操纵会计信息

按照企业会计制度的规定,营业收入确认的必要条件包括:企业可以将商品所有权上的主要风险和报酬转移给购货方,不再对商品保留与所有权相联系的控制和管理权,相关经济利益能够流入企业,收入和成本能够可靠地计量。在现实经济活动中,由于会计期间假设的存在,企业披露的会计信息需要有合理的归属期,其中会涉及收入在哪个会计期间予以确认的问题。某些企业为了操纵会计信息的需要,会对归属期进行不恰当的分割,从而达到提前确认收入的目的。

一般来说,提前确认收入行为按其处理方式可分为以下四类。

(1)销售完成之前、货物起运之前,就确认收入。

(2)对有附加条件的发运商品全额确认营业收入。

(3)仍需要提供未来服务时确认收入。

(4)在资产控制存在重大不确定性的情况下确认收入。

2. 利用会计政策变更操纵会计信息

会计政策变更是指企业在会计核算时所遵循的具体原则及其所采纳的具体会计处理方法发生变化,往往具有强制性和重大性的特点。一些上市公司按自己的需要变更会计政策,假借会计政策变更之名来达到操纵会计信息的目的。其常用手段主要为变更会计方法。会计准则在具有统一性和规范性指导作用的同时还兼有一定的灵活性,给会计人员区别不同情况留有一定的活动空间和判断余地,然而多种会计处理方法并存也为某些企业操纵会计信息提供了可乘之机,使得其会根据自身利益的需要选择会计方法。例如,企业可以根据自身需要,变更存货计价方法、变更坏账计提的方法、变更长期投资的核算方法、变更重要的经营政策。为了实现盈利的目标,有些企业还可能放弃一贯采用的信用政策,突然放宽标准,延长信用期限,把风险极大的客户也作为赊销对象,将未来年度的销售预计收入计入当前年度,以实现无须现金流入的盈利目标。

3. 利用会计估计变更操纵会计信息

由于受企业经营活动中内在不确定因素的影响,某些会计报表项目不能精确计量,而只能加以估计。如果赖以估计的基础发生了变化,或者由于取得了新信息、积累更多的经验以及后来的发展变化,可能需要对会计估计进行修订,这就是会计估计变更。由于会计估计往往需要运用职业判断和经验,对会计估计进行修订,第三方很难说谁对谁错,所以,会计估计变更也很容易被用来进行会计信息操纵。

4. 通过滥用会计估计操纵会计信息

会计估计是一种计量方法,有很大的弹性空间。会计估计的滥用主要体现在对"八项计提"的计提比例把握上,企业往往依据自身需要任意确定计提比例,从而达到操纵会计信息的目的。

(三) 利用关联交易操纵会计信息

关联交易属于中性经济范畴,其具有两面性,一方面,有利于充分利用集团内部的市场资源,降低交易成本,提高集团公司的资本运营能力和上市公司的营运效率,实现规模经济、多元化经营,以及进入新的行业领域以获取专项资产等;另一方面,由于价格由双方协商确定,因此关联交易为规避税负、转移利润、形成市场垄断、分散或承担投资风险等提供了市场外衣下的合法途径,尤其是一些上市公司利用不正当关联交易操纵会计信息,严重损害了投资者和债权人的利益。以下是几种常见的利用关联交易操纵会计信息的方式。

1. 利用无实质内容的关联交易操纵会计信息

所谓没有实质内容是指没有发生真实的交易,且这种交易大部分是通过非现金方式进行的,是一种纯粹的报表交易。

2. 利用非公允关联销售操纵会计信息

关联销售是一种较容易有失公允的关联交易,因为判断关联销售是否公允的参照物是同类商品的市场价格,而市场价格常处于波动状态,参照物不稳定给判断带来了较大的困难。

3. 利用受托经营操纵会计信息

受托经营资产既可以指将自己的资产委托给他人经营管理,也可以指接受委托,经营管理他人的资产。目前,上市公司发生的委托经营事项多属于后一种形式。利用受托经营来操纵会计信息主要是通过以下方式进行。

(1) 将不良资产委托给母公司经营。上市公司将不良资产委托给母公司经营,定额收取回报,在避免不良资产亏损的同时,还能凭空获得一部分利润。

(2) 关联方以较低的托管费用委托上市公司经营资产。为了操纵会计信息,在年末签订托管经营协议,母公司将稳定、盈利能力强的资产以较低的费用委托上市公司经营,并在协议中将大部分营业收入留在上市公司,从而直接增加上市公司的利润。

(四) 利用资本经营操纵会计信息

资本经营是一种全新的经营方式,涵盖了股权重组、债务重组、资产重组等基本内容,通过资产的整合,以实现提高资源配置效率的目标。然而,其效用的实现需要三个重要前提:一是产权清晰;二是现代企业制度基本建立;三是存在良性竞争机制。如果没有这三个前提条件,将很难实现有成效的资本经营,且资本经营还有可能被上市公司利用,成为操纵会计信息的工具。目前一些上市公司主要采取利用股权重组,购买或出售下属企业资产,从而变更合并会计报表范围的方法,来实现会计信息的操纵。具体方法有以下三种。

(1) 兼并已实现盈利的企业,使合并范围扩大,利用兼并企业的利润,提升上市公司业绩。

(2) 出售亏损子公司,不并入报表,缩小合并范围以减少亏损源。

(3) 转让与自己有大额交易的子公司,缩小合并范围,隐瞒关联交易,避免关联交易利润被抵销。

企业会计制度和会计准则上的缺陷,法规制度体系(主要是企业内外部治理结构和法律环境)的不完善,还有证券市场参与各方对法规制度执行不力(主要是注册会计师和政府监管),为一些企业操纵会计信息提供了可能。因此,如何在有限的资源中寻找适合自己的信息、剔除不当信息是财务报表分析者应该通过本书学习和掌握的技能。

本章总结

本章的主要内容是财务分析的含义和目的,以及财务分析的信息种类。针对财务分析的目的,主要是为信息使用者提供决策的依据,因此首先应当明确信息使用者的角色和需求,如投资者的目的是获取企业盈利状况的信息,而债权人的需求是获取企业偿债状况的信息。针对不同的信息使用者和不同的分析目的,应当找到相适应的财务信息。其中最常用的就是上市公司的年度报告,而最关键的财务信息就是企业的报表数据,但这些并非唯一的信息来源,报纸、杂志、行业信息也可以为我们提供辅助信息。不管使用何种信息,最重要的是信息应当是真实可靠的。作为信息的使用者,应当具备辨别财务造假的能力,而作为信息的提供者,应当明确财务造假的危害,向广大信息使用者提供真实的信息。对于学习本教材的学生而言,在以后的工作中也应当遵守职业道德,远离财务造假行为。

思政小课堂

瑞幸咖啡(luckin coffee)是依靠互联网发展的新零售模式企业,经营饮品及食品系列,除咖啡、茶饮之外,还销售轻食、坚果、零食和其他周边产品,与此同时,瑞幸咖啡还进军了智能无人零售行业。瑞幸咖啡于2018年3月成立,2019年5月在美国纳斯达克证券交易所上市,刷新了中国企业在美国上市的最快纪录,成为金融资本市场的一匹黑马。2020年初,做空机构浑水研究就曾发布报告做空瑞幸咖啡,直指其商业模式的漏洞。2020年4月2日,瑞幸咖啡发布公告承认其财务造假,从2019年第二季度到2019年第四季度造假金额约为22亿元,舆论一片哗然。

财务造假危害巨大:第一,对上市公司企业自身发展不利,影响企业的信誉,使得业界对企业评价较差。财务数据是企业管理者制定企业发展方向、对外投融资的基础,从短期来看,财务造假使企业对外放出利好消息,但从长远来看,不利于企业对未来发展作出准确的预测,也不利于吸引投资者。瑞幸咖啡被曝出财务造假后,市值一夜蒸发约350亿元,其若想吸引投资者投资,以扩大经营规模,恐怕难上加难,这也会进一步导致瑞幸咖啡营业利润和净利润的下降。第二,使投资者蒙受巨大损失。瑞幸咖啡依靠虚假的财务数据吸引了一大批投资者,在曝出其财务造假后,股票一路下跌,瑞幸咖啡在美股开盘后触发6次熔断,2020年4月2日截至收盘,跌幅为75.57%,其间最高跌幅超过80%。此次瑞幸咖啡财务造假事件使广大投资者特别是中小投资者蒙受巨大的经济损失,致使他们对投资证券市场丧失信心。第三,扰乱社会正常经济秩序。会计资料对于国家宏观调控来说是必不可少的参考资料,会计信息失真使得企业呈现的财务状况和经营成果与真实情况不符,导致财务报表分析者根据财务报表作出错误的决策。政府获取了虚假的会计信息,政府政策的制定与施行也将遭受影响,更有甚者,社会资源配置出错。若财务造假行为不能被及时监督、制止和处罚,经济社会则无法正常运行。

诚信是企业的立身之本,瑞幸咖啡在美国上市,一定程度上代表了中国,因此,瑞幸咖啡的财务造假行为,首先会破坏海外资本对中国企业的整体信任度,进一步削弱中概股在国际资本市场上的形象,进而对中国企业的治理水平和诚信度产生怀疑。其次瑞幸咖啡不只是"割资本主义韭菜",很多投资中概股的资金就是来自国内,金融全球化发展到今天,任何国家的资本市场都不可能独善其身。再次瑞幸咖啡一直标榜自己是互联网企业,但内在仍遵循零售业发展的经济逻辑,资本借助互联网的外壳牟取暴利。最后应加大我国资本市场诚信体系建设,提高违法成本,加大处罚力度,杜绝财务造假的违法行为。

[资料来源:史玉凤,罗荣华.瑞幸咖啡财务造假原因及对策分析[J].中国商论,2020(22):11-12,有改动。]

1-1 拓展阅读

1-2 微课视频

第二章
财务分析的程序和方法

CAIWU BAOBIAO FENXI
JIAOCHENG

第二章 财务分析的程序和方法

学习目标

本章的学习目标是掌握财务分析的程序和方法,能够利用正确的步骤和方法对企业财务数据进行分析。

◇ **知识目标**

理解财务分析的程序,掌握水平分析法和垂直分析法的要点,理解趋势分析法和比率分析法的目的和作用,掌握因素分析法的原理。

◇ **能力目标**

能够利用恰当的财务分析方法对企业的财务数据进行分析。

◇ **德育目标**

通过对企业财务状况进行正确的分析,在遵守企业会计准则的前提下,为财务报表分析者提供准确的财务信息。

思维导图

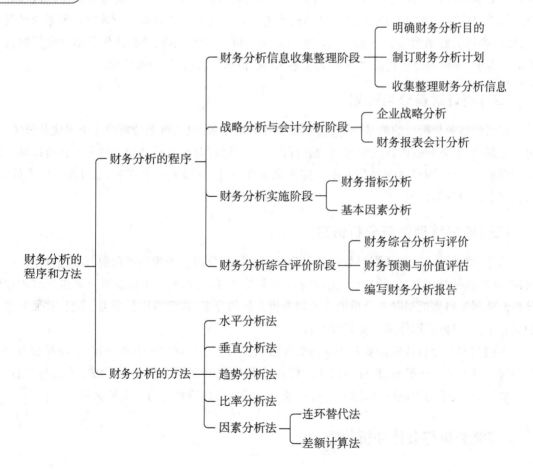

第一节 财务分析的程序

一、财务分析信息收集整理阶段

财务分析信息收集整理阶段主要由以下三个步骤组成。

（一）明确财务分析目的

明确分析目的是财务分析的灵魂。财务分析的内容包括分析偿债能力、营运能力、发展能力、盈利能力等。不同的财务分析目的决定了所需的资料以及相应的分析方法选择的差异。

企业的债权人关注企业的偿债能力，通过流动性分析，可以了解企业清偿短期债务的能力；投资人更加关注企业的发展趋势，更侧重企业盈利能力及资本结构的分析；而企业经营者对企业经营活动的各个方面都必须了解。此外，作为经营者还必须了解本行业其他竞争者的经营情况，以便今后更好地为本企业销售的产品或服务定价。因此，不同的会计信息用户应根据自己的信息需求，将财务分析目的尽可能地细化、明确、清晰，以便保障分析质量。

（二）制订财务分析计划

在明确财务分析目的的基础上，应制订财务分析计划，包括财务分析的人员组成及分工、时间进度安排、财务分析内容及拟采用的分析方法等。制订财务分析计划是财务分析得以顺利进行的保证。当然，制订这个计划并不一定形成文件，可能只形成一个草案，也可能是口头的，但没有这个计划是不行的。

（三）收集整理财务分析信息

收集、整理和核实相关资料数据是保障分析质量和分析工作顺利进行的基础性程序。一般来说，在分析的技术性工作开始之前就应占有主要资料，切忌资料不完整就开始进行技术性的分析。整理资料是根据财务分析的目的和分析人员的分工，将资料进行分类、分组，并做好登记和保管工作，以便提取使用和提高效率。

不同的财务分析目的需要有相应的财务数据资料。一旦确定了分析内容，就应尽快着手收集相关经济资料。一般而言，除需要企业财务报表以外，还需要收集国民经济宏观运行信息、行业发展信息、竞争对手或同行业的信息，以及企业其他信息等财务与非财务资料。

二、战略分析与会计分析阶段

战略分析与会计分析阶段主要由以下两个步骤组成。

(一)企业战略分析

企业战略分析是指通过对企业所在行业或企业拟进入行业的分析,明确企业自身地位及应采取的竞争战略。企业战略分析通常包括行业分析和企业竞争策略分析。行业分析的目的在于分析行业的盈利能力与盈利潜力,因为不同行业的盈利能力和潜力大小可能是不同的。影响行业盈利能力的因素有很多,归纳起来主要可分为两类:一是行业的竞争程度;二是市场谈判或议价能力。企业战略分析的关键在于企业如何根据行业分析的结果,正确选择企业的竞争策略,使企业保持持久竞争优势和高盈利能力。企业的竞争策略有许多,其中最重要的竞争策略主要有两种,即低成本竞争策略和差异化策略。

企业战略分析是会计分析的基础和导向,通过企业战略分析,分析人员能够深入了解企业的经营状况和经营环境,从而能进行客观、正确的会计分析与财务分析。

(二)财务报表会计分析

会计分析是财务分析的基础,通过会计分析,对发现的由企业会计准则、会计政策等原因引起的会计信息差异,应通过一定的方式加以说明或调整,改善会计信息的失真问题。会计分析的目的在于评价企业会计所反映的财务状况与经营成果的真实程度。会计分析的作用体现在:一方面通过对会计政策、会计方法、会计披露的评价,揭示会计信息的质量;另一方面通过对会计灵活性、会计估价的调整,修正会计数据,为财务分析奠定基础,并保证财务分析结论的可靠性。进行会计分析,一般可按以下步骤进行:第一,阅读会计报告;第二,比较财务报表;第三,解释财务报表;第四,修正财务报表信息。

三、财务分析实施阶段

财务分析实施阶段是在战略分析与会计分析的基础上进行的,它主要包括以下两个步骤。

(一)财务指标分析

财务指标包括绝对数指标和相对数指标两种。对财务指标进行分析,特别是进行财务比率指标分析,是财务分析的一种重要方法或形式。财务指标能准确反映企业某方面的财务状况。进行财务分析,应根据分析的目的和要求选择正确的分析指标。债权人要进行企业偿债能力分析,就必须选择能反映偿债能力和流动性情况的指标进行分析,如流动比率指标、速动比率指标、资产负债率指标等;而一个潜在投资者要对是否投资企业的决策进行分析,则应选择反映企业盈利能力的指标进行分析,如总资产报酬率、资本收益率,以及股利报偿率和股利发放率等。正确选择与计算财务指标是正确判断与评价企业财务状况的关键所在。

(二)基本因素分析

财务分析不仅要解释现象,还应分析影响现象的各种因素。因素分析法就是要在报表整体分析和财务指标分析的基础上,对一些主要指标的完成情况从其影响因素角度进行定量分析,确定各因素对其影响的方向和程度,为企业正确进行财务评价提供最基本的依据。

四、财务分析综合评价阶段

财务分析综合评价阶段是财务分析实施阶段的延续,具体可分为以下三个步骤。

(一)财务综合分析与评价

财务综合分析与评价是在应用各种财务分析方法进行分析的基础上,将定量分析结果、定性分析判断及实际调查情况结合起来,以得出财务分析结论的过程。得出财务分析结论是财务分析的关键步骤,结论的正确与否是判断财务分析质量的标准。一个正确的分析结论的得出,往往需要经过几次反复。

(二)财务预测与价值评估

财务分析既是一个财务管理循环的结束,又是另一个财务管理循环的开始。应用历史或现实财务分析结果预测未来财务状况与企业价值,是现代财务分析的重要任务之一。因此,财务分析不能仅满足于事后分析原因、得出结论,还要对企业未来发展及价值状况进行分析与评价。

(三)编写财务分析报告

财务分析报告是反映企业财务状况和经营成果的报告性书面文件。财务分析报告要对财务分析目的作出明确回答,评价要客观、全面、准确。对分析的主要内容、选用的分析方法、使用的分析步骤也要作简明扼要的叙述,以备审阅分析报告的人员了解整个分析过程。此外,分析报告中还应包括分析人员针对分析过程中发现的矛盾和问题而提出的改进措施或建议。财务分析报告若能对企业今后的经营发展提出预测性意见,则其将会具有更重大的意义。

第二节 财务分析的方法

从分析的方法来看,财务分析既有比率分析方法,也有侧重于针对企业财务状况质量进行分析的质量分析方法。

一般来说,财务分析的基本方法分为五种:水平分析法、垂直分析法、趋势分析法、比率分析法和因素分析法。

一、水平分析法

水平分析法的具体操作方法是将某特定企业连续若干会计年度的报表资料在不同年度间进行横向对比,确定不同年度间的差异额或差异率,以分析企业各报表项目的变动趋势。水平分析法是将企业两个年份的财务报表进行比较分析,旨在找出单个项目各年之间的不同,以便发现某种趋势。在进行比较分析时,除了可以针对单个项目研究其趋势,还可以针对特定项目之间的关系进行分析,以揭示隐藏的问题。比如,如果发现营业收入增长10%时,营业成本增长了14%,也就是说成本比收入增加得更快,这与我们通常的假设是相悖的。我们通常假设,在产品或服务和原材料价格不变时,营业收入和营业成本同比例增长。现在出现了这种差异,一般有三种可能原因:一是产品或服务价格下降;二是原材料价格上升;三是生产效率降低。要确定具体的原因,这就需要借助其他方法和资料做进一步的分析。下面我们通过简单举例来说明这种方法的应用。

▶【例2-1】甲企业资产负债表水平分析

甲企业连续两年的资产负债表资料及比较分析结果如表2-1所示。

表2-1 甲企业资产负债表水平分析表

项目	2020年年报(亿元)	2019年年报(亿元)	增加额(亿元)	增长率
流动资产:				
货币资金	682.10	632.39	49.71	7.86%
应收票据	185.68	146.43	39.25	26.80%
应收账款	0.41	1.34	−0.93	−69.40%
应收款项融资	20.24	34.50	−14.26	−41.33%
预付款项	2.47	2.32	0.15	6.47%
其他应收款	0.36	12.49	−12.13	−97.12%
其中:应收利息	12.15	0.00	12.15	—
存货	132.28	136.80	−4.52	−3.30%
流动资产合计	1,023.56	966.27	57.29	5.93%
非流动资产:				
长期股权投资	18.50	10.22	8.28	81.02%
其他非流动金融资产	0.01	0.01	0.00	0.00%
固定资产	58.67	61.09	−2.42	−3.96%
在建工程	14.82	8.12	6.70	82.51%
无形资产	4.34	4.10	0.24	5.85%
商誉	0.02	0.02	0.00	0.00%
长期待摊费用	1.23	0.92	0.31	33.70%
递延所得税资产	14.86	11.57	3.29	28.44%
其他非流动资产	2.93	1.65	1.28	77.58%
非流动资产合计	115.37	97.70	17.67	18.09%
资产总计	1,138.93	1,063.97	74.96	7.05%
流动负债:				
应付票据	7.64	4.19	3.45	82.34%
应付账款	33.83	32.58	1.25	3.84%

续表

项目	2020年年报（亿元）	2019年年报（亿元）	增加额（亿元）	增长率
预收款项	0.24	125.31	−125.07	−99.81%
合同负债	86.19	0.00	86.19	—
应付职工薪酬	36.30	35.95	0.35	0.97%
应交税费	55.42	79.39	−23.97	−30.19%
其他应付款	28.01	22.93	5.08	22.15%
应付股利	0.38	0.00	0.38	—
其他流动负债	11.17	0.00	11.17	—
流动负债合计	258.79	300.35	−41.56	−13.84%
非流动负债：				
递延收益	2.56	2.66	−0.10	−3.76%
非流动负债合计	2.56	2.66	−0.10	−3.76%
负债合计	261.35	303.01	−41.66	−13.75%
所有者权益：				
股本	38.82	38.82	0.00	0.00%
资本公积	26.83	26.83	0.00	0.00%
盈余公积	196.99	160.92	36.07	22.41%
未分配利润	594.43	516.34	78.09	15.12%
归属于母公司所有者权益合计	857.06	742.91	114.15	15.37%
少数股东权益	20.52	18.05	2.47	13.68%
所有者权益合计	877.58	760.96	116.62	15.33%
负债和所有者权益总计	1,138.93	1,063.97	74.96	7.05%

如表2-1所示，甲企业2020年比2019年总资产增长74.96亿元，增长率约7.05%。

从资产角度看，流动资产增加57.29亿元(5.93%)，非流动资产增加17.67亿元(18.09%)，流动资产增加是造成总资产增加的主要原因。而货币资金增加49.71亿元(7.86%)，应收票据增加39.25亿元(26.80%)，这两项是造成流动资产增加的主要原因。应收款项融资减少了14.26亿元(−41.33%)，其他应收款减少了12.13亿元(−97.12%)，这两项是流动资产下降的主要原因。长期股权投资增加了8.28亿元(81.02%)，在建工程增加了6.70亿元(82.51%)，这两项是造成非流动资产增加的主要原因。综上所述，从资产角度来看，主要是货币资金、应收票据、长期股权投资、在建工程这四项造成了总资产的增加，应收款项融资和其他应收款造成了总资产的减少，但是总资产整体是增加的。

从负债和所有者权益角度看，甲企业负债减少了41.66亿元(−13.75%)，所有者权益增加了116.62亿元(15.33%)。其中负债变动的主要原因是预收账款减少了125.07亿元(−99.81%)，合同负债增加了86.19亿元。这里需要说明的是，2017年《企业会计准则》在

2006年的基础上经历过一次大修订,预收款项、合同负债的概念就是在当年7月5日随《企业会计准则第14号——收入》提出的。预收账款指企业向购货方预收的订金或部分货款。预收账款是以买卖双方协议或合同为依据,由购货方预先支付一部分(或全部)货款给供应方而发生的一项负债,这项负债要用以后的商品或劳务来偿付。企业预收的货款待实际出售商品或者提供劳务时再行冲减。合同负债指企业已收或应收客户对价而应向客户转让商品的义务,如企业在转让承诺的商品之前已收取的款项。两者区别的关键是合同是否成立和有无实际收到款项。另外,应交税费下降了23.97亿元(-30.19%),所以预收账款、合同负债和应交税费这三项是造成负债变动的主要原因。从所有者权益来看,该企业盈余公积增加了36.07亿元(22.41%),未分配利润增加了78.09亿元(15.12%),这两项是造成企业所有者权益变动的主要原因。

综合上述信息,可以发现甲企业2020年和2019年相比,盈余有所增加,负债有所减少,货币资金、应收票据、在建工程等资产有所增加,整体而言甲企业财务状况良好。

二、垂直分析法

垂直分析法与水平分析法不同,它的基本点不是将企业报告期的分析数据直接与基期数据进行对比后求出增减变动量和增减变动率,而是通过计算报表中各项目占总体的比重,反映报表中的项目与总体的关系及其变动情况。会计报表经过垂直分析法处理后,通常被称为同度量报表,或被称为总体结构报表、共同比报表等。垂直分析法的一般步骤如下。

第一,确定报表中各项目占总额的比重或百分比,其计算公式是:

$$某项目的比重 = \frac{该项目金额}{各项目总金额} \times 100\%$$

第二,通过各项目的比重,分析各项目在企业经营中的重要性。一般而言,项目比重越大,说明其重要程度越高,对总体的影响越大。

第三,将分析期各项目的比重与前期同项目比重进行对比,研究各项目的比重变动情况。也可将本企业报告期项目比重与同类企业的可比项目比重进行对比,研究本企业与同类企业的不同,以及存在的问题。

> 【例2-2】甲、乙企业利润表垂直分析

根据甲、乙企业的利润表信息,可以得出利润表共同比报表如表2-2所示。

表2-2 甲企业和同行业乙企业2020年利润表共同比报表

项目	甲企业		乙企业	
	数值	占比	数值	占比
一、营业总收入(元)	30.06亿	100.00%	35.39亿	100.00%
二、营业总成本(元)	20.42亿	67.95%	20.62亿	58.27%
营业成本(元)	4.75亿	15.81%	6.06亿	17.13%
税金及附加(元)	4.68亿	15.57%	5.62亿	15.87%
期间费用(元)	10.99亿	36.57%	8.93亿	25.23%

续表

项目	甲企业		乙企业	
	数值	占比	数值	占比
销售费用（元）	8.41亿	27.97%	6.64亿	18.76%
管理费用（元）	2.80亿	9.30%	2.50亿	7.06%
研发费用（元）	179.20万	0.06%	229.70万	0.06%
财务费用（元）	−2,296万	−0.76%	−2,308万	0.65%
三、其他经营收益（元）				
其他收益（元）	2,064.00万	0.69%	3,060.00万	0.86%
信用减值损失（元）	10.97万	0.00%	158.00万	0.04%
资产减值损失（元）	1,266.00万	0.42%	—	—
资产处置收益（元）	666.10万	0.22%	—	—
四、营业利润（元）	9.65亿	32.09%	15.09亿	42.64%
加：营业外收入（元）	263.20万	0.09%	271.20万	0.08%
减：营业外支出（元）	936.30万	0.31%	449.00万	0.13%
五、利润总额（元）	9.58亿	31.87%	15.07亿	42.58%
减：所得税费用（元）	2.27亿	7.54%	2.74亿	7.73%
六、净利润（元）	7.31亿	24.33%	12.33亿	34.85%

根据表2-2可知，甲企业的净利润占营业收入比率（营业净利率）为24.33%，而同行业的乙企业是34.85%，说明甲企业的利润率比乙企业低，通过垂直分析法就可以将原本规模不同的两个企业进行对比，并找出问题的原因。假设甲、乙企业收入都是100元，甲企业营业总成本消耗67.95元，乙企业是58.27元，在其他经营收益和营业外收支方面两个企业都相差不大，说明甲企业的营业总成本占比较高是造成利润偏低的主要原因。而在营业总成本中，甲企业的营业成本消耗了15.81元，乙企业则消耗了17.13元，说明甲企业营业成本控制得比乙企业更好，但是甲企业的期间费用是36.57元，乙企业则是25.23元，尤其是销售费用方面，甲企业比乙企业多了9.21元，这是造成甲企业利润偏低的主要原因；另外在管理费用方面，甲企业比企业多了2.24元，这是造成甲企业利润偏低的次要原因。因此，要想改善甲企业的盈利状况，核心问题是控制其销售费用和管理费用。

三、趋势分析法

趋势分析法是根据企业连续几年或几个时期的分析资料，运用指数或完成率的计算，确定分析期各有关项目的变动情况和趋势的一种财务分析方法。趋势分析法既可用于对会计报表进行整体分析，即研究在一定时期内报表各项目的变动趋势，也可对某些主要指标的发展趋势进行分析。趋势分析法的一般步骤如下。

第一，计算趋势比率或指数。通常，指数的计算有两种方法：一是定基指数；二是环比指数。定基指数就是指各个时期的指数都是以某一固定时期为基期来计算的。环比指数则是指各个时期的指数都是以前一期为基期来计算的。趋势分析法通常采用定基指数。

第二，根据指数计算结果，评价与判断企业各项指标的变动趋势及其合理性。

第三，预测未来的发展趋势。根据企业以前各期的变动情况，研究其变动趋势或规律，从而可预测出企业未来发展变动情况。

➤ 【例 2-3】光明乳业利润表趋势分析

表 2-3 展示了光明乳业 2018—2022 年利润表。

表 2-3　光明乳业 2018—2022 年利润表（万元）

项目	2022 年年报	2021 年年报	2020 年年报	2019 年年报	2018 年年报
一、营业总收入	2,821,490.80	2,920,599.25	2,522,271.60	2,256,323.68	2,098,556.04
营业收入	2,821,490.80	2,920,599.25	2,522,271.60	2,256,323.68	2,098,556.04
二、营业总成本	2,763,932.81	2,861,642.33	2,409,352.11	2,132,013.36	2,022,663.43
营业成本	2,295,205.39	2,384,630.55	1,871,236.46	1,550,469.70	1,399,322.32
税金及附加	9,273.81	10,361.72	8,633.85	8,691.79	9,636.18
销售费用	347,356.59	364,952.44	430,868.29	486,023.15	499,499.54
管理费用	87,838.68	81,401.56	82,000.16	69,558.14	66,833.17
研发费用	8,466.15	8,925.94	7,284.49	6,814.04	5,851.33
财务费用	15,792.18	11,370.11	9,328.87	10,456.55	20,111.31
其中：利息费用	15,988.40	10,993.47	10,209.45	14,793.24	24,076.39
利息收入	3,927.08	3,156.26	3,424.08	6,201.04	5,031.91
资产减值损失	—	—	—	—	21,409.57
三、其他经营收益					
加：公允价值变动收益	−689.47	—	—	—	—
投资收益	−1,435.32	−462.76	616.35	314.06	−35.47
其中：对联营企业和合营企业的投资收益	−827.65	−468.26	−253.58	314.06	−35.47
资产处置收益	3,390.78	6,354.02	461.47	1,259.39	106.59
资产减值损失（新）	−17,159.12	−9,272.29	−4,415.16	−19,558.60	—
信用减值损失（新）	5,886.68	4,425.32	−10,056.20	−793.20	—
其他收益	6,569.35	5,685.31	20,111.90	7,985.25	11,886.34
四、营业利润	54,120.88	65,686.52	119,637.85	113,517.21	87,850.08
加：营业外收入	4,042.36	8,273.20	3,366.84	1,903.29	2,603.32
减：营业外支出	8,372.77	3,969.37	7,313.51	8,042.76	11,222.84
五、利润总额	49,790.47	69,990.35	115,691.18	107,377.74	79,230.56
减：所得税费用	10,674.77	13,301.00	37,176.99	39,132.51	26,571.16
六、净利润	39,115.69	56,689.36	78,514.20	68,245.24	52,659.40

定基指数指在按时间顺序编制的指数数列中,各时期指数均以同一个固定时期对比而形成的指数,如定基发展速度。定基指数可以反映社会经济现象的长期动态及其发展变化的过程。光明乳业 2018—2022 年利润表定基趋势分析情况如表 2-4 所示。

表 2-4　光明乳业 2018—2022 年利润表定基趋势分析表（以 2018 年为基准）

项目	2022 年年报	2021 年年报	2020 年年报	2019 年年报	2018 年年报
一、营业总收入	134.45%	139.17%	120.19%	107.52%	100.00%
营业收入	134.45%	139.17%	120.19%	107.52%	100.00%
二、营业总成本	136.65%	141.48%	119.12%	105.41%	100.00%
营业成本	164.02%	170.41%	133.72%	110.80%	100.00%
税金及附加	96.24%	107.53%	89.60%	90.20%	100.00%
销售费用	69.54%	73.06%	86.26%	97.30%	100.00%
管理费用	131.43%	121.80%	122.69%	104.08%	100.00%
研发费用	144.69%	152.55%	124.49%	116.45%	100.00%
财务费用	78.52%	56.54%	46.39%	51.99%	100.00%
其中：利息费用	66.41%	45.66%	42.40%	61.44%	100.00%
利息收入	78.04%	62.72%	68.05%	123.23%	100.00%
资产减值损失	—	—	—	—	100.00%
三、其他经营收益					
投资收益	4,046.57%	1,304.65%	−1,737.67%	−885.42%	100.00%
其中：对联营企业和合营企业的投资收益	2,333.38%	1,320.16%	714.91%	−885.42%	100.00%
资产处置收益	3,181.14%	5,961.18%	432.94%	1,181.53%	100.00%
其他收益	55.27%	47.83%	169.20%	67.18%	100.00%
四、营业利润	61.61%	74.77%	136.18%	129.22%	100.00%
加：营业外收入	155.28%	317.79%	129.33%	73.11%	100.00%
减：营业外支出	74.60%	35.37%	65.17%	71.66%	100.00%
五、利润总额	62.84%	88.34%	146.02%	135.53%	100.00%
减：所得税费用	40.17%	50.06%	139.91%	147.27%	100.00%
六、净利润	74.28%	107.65%	149.10%	129.60%	100.00%

环比指数是用各个时期商品价格同其前一期商品价格对比而编制的指数。它能反映物价水平逐期变动的情况。环比分析是以某一期的数据和上期的数据进行比较,计算趋势百分比,以观察每年的增减变化情况。例如:选定 1—4 月为分析日期,则 2 月与 1 月比较,3 月与 2 月比较,4 月与 3 月比较。光明乳业 2018—2022 年利润表环比趋势分析情况如表 2-5 所示。

表 2-5 光明乳业 2018—2022 年利润表环比趋势分析表

项目	2022 年年报	2021 年年报	2020 年年报	2019 年年报	2018 年年报
一、营业总收入	96.61%	115.79%	111.79%	107.52%	100.00%
营业收入	96.61%	115.79%	111.79%	107.52%	100.00%
二、营业总成本	96.59%	118.77%	113.01%	105.41%	100.00%
营业成本	96.25%	127.44%	120.69%	110.80%	100.00%
税金及附加	89.50%	120.01%	99.33%	90.20%	100.00%
销售费用	95.18%	84.70%	88.65%	97.30%	100.00%
管理费用	107.91%	99.27%	117.89%	104.08%	100.00%
研发费用	94.85%	122.53%	106.90%	116.45%	100.00%
财务费用	138.89%	121.88%	89.22%	51.99%	100.00%
其中：利息费用	145.44%	107.68%	69.01%	61.44%	100.00%
利息收入	124.42%	92.18%	55.22%	123.23%	100.00%
资产减值损失	—	—	—	—	100.00%
三、其他经营收益					
投资收益	310.17%	−75.08%	196.25%	−885.42%	100.00%
其中：对联营企业和合营企业的投资收益	176.75%	184.66%	−80.74%	−885.42%	100.00%
资产处置收益	53.36%	1,376.91%	36.64%	1,181.53%	100.00%
资产减值损失（新）	185.06%	210.01%	22.57%	—	100.00%
信用减值损失（新）	133.02%	−44.01%	1,267.80%	—	100.00%
其他收益	115.55%	28.27%	251.86%	67.18%	100.00%
四、营业利润	82.39%	54.90%	105.39%	129.22%	100.00%
加：营业外收入	48.86%	245.73%	176.90%	73.11%	100.00%
减：营业外支出	210.93%	54.27%	90.93%	71.66%	100.00%
五、利润总额	71.14%	60.50%	107.74%	135.53%	100.00%
减：所得税费用	80.26%	35.78%	95.00%	147.27%	100.00%
六、净利润	69.00%	72.20%	115.05%	129.60%	100.00%

四、比率分析法

比率分析法是财务分析最基本、最重要的方法。正因为如此，有人甚至将财务分析与比率分析等同起来，认为财务分析就是比率分析。比率分析法实质上是将影响财务状况的两个相关因素联系起来，通过计算比率，反映它们之间的关系，借以评价企业财务状况和经营成果的一种财务分析方法。比率分析的形式有：第一，百分率，如资产负债率为 50%；第二，比率，如速动比率为 1∶1；第三，分数，如负债为总资产的 1/2。比率分析法以其简单、明了、可比性强等优点在财务分析实践中被广泛采用。

由于财务分析的目的、角度等不同,比率分析法中的比率有许多分类形式。有的根据财务报表的种类来划分比率,有的根据分析主体来划分比率,有的从反映财务状况的角度来划分比率,等等。比如按照分析角度来划分,可以分为盈利能力分析、营运能力分析、偿债能力分析和发展能力分析。

(1)盈利能力分析的财务指标包括净资产收益率、总资产报酬率、营业净利率、营业毛利率、每股收益、市盈率、股利发放率等。

(2)营运能力分析的财务指标包括总资产周转率/周转天数、流动资产周转率/周转天数、存货周转率/周转天数、应收账款周转率/周转天数等。

(3)偿债能力分析的财务指标包括流动比率、速动比率、现金比率、资产负债率、利息保障倍数等。

(4)发展能力分析的财务指标包括收入增长率、利润增长率、总资产增长率、股东权益增长率、经济增加值累计率等。

五、因素分析法

因素分析法是依据分析指标与其影响因素之间的关系,按照一定的程序和方法,确定各因素对分析指标差异影响程度的一种技术方法。因素分析法是经济活动分析中最重要的方法之一,也是财务分析的方法之一。因素分析法根据其分析特点可分为连环替代法和差额计算法两种。

因素分析法的技术意义在于:企业的财务活动是复杂的,比如企业利润的形成及多少,要受到商品销售额、费用、税金等多种因素的影响和制约,即任何一项综合性财务指标,都是受许多因素影响的,而各因素之间的组合和排列又有多种形式,这些因素的不同变动方向、不同变动程度对综合财务指标的变动具有重要的影响。

(一)连环替代法

连环替代法是把财务指标分解成各个可以计量的因素,再根据因素之间的内在逻辑关系,顺次地测定这些因素对财务指标的影响方向和影响程度的一种方法。

连环替代法的运用程序如下。

第一步:根据综合财务指标形成的内在逻辑,找出该项财务指标受哪些因素变动的影响,找出综合财务指标与各影响因素的内在关系,建立分析计算公式:$Y = a \times b \times c$。

第二步:按构成综合财务指标的因素之间的关系,列出基准值的计算公式和比较值的计算公式:

$$基准值:Y_0 = a_0 \times b_0 \times c_0 \quad (1)$$
$$比较值:Y_1 = a_1 \times b_1 \times c_1 \quad (2)$$

差异值:$\triangle Y = Y_1 - Y_0$,即为分析对象。

第三步:按构成综合财务指标的各因素的排列顺序,逐一用构成比较值的各因素替代基准值的各因素,并计算出每次替代的结果。每次替代一个因素,替代后的因素被保留下来。

替代排列在第一位置的 a，用 a_1 替换 a_0：
$$Y_2 = a_1 \times b_0 \times c_0 \qquad (3)$$
替代排列在第二位置的 b，用 b_1 替换 b_0：
$$Y_3 = a_1 \times b_1 \times c_0 \qquad (4)$$
替代排列在第三位置的 c，用 c_1 替换 c_0：
$$Y_1 = a_1 \times b_1 \times c_1 \qquad (5)$$
注意：以上各式中，Y_2、Y_3、Y_1 分别表示 a、b、c 三个因素变动影响形成的结果值。

第四步：将替代各因素后产生的各结果值顺次比较，计算出各因素变动对综合财务指标的影响程度：

$$(3) - (1) = Y_2 - Y_0 = \triangle a$$
$$(4) - (3) = Y_3 - Y_2 = \triangle b$$
$$(5) - (4) = Y_1 - Y_3 = \triangle c$$

$\triangle a$、$\triangle b$、$\triangle c$ 分别反映 a、b、c 三个因素变动对综合财务指标 Y 的影响程度。

第五步：将各因素变动影响程度之和相加，检验是否等于总差异。

各个因素的影响数额的代数和等于财务指标的实际数与基期数（计划数）之间的总差异值。即：$\triangle a + \triangle b + \triangle c = \triangle Y$。

（二）差额计算法

差额计算法是连环替代法的一种简化形式，当然也是因素分析法的一种形式，其因素分析的原理与连环替代法是相同的。区别只在于差额计算法在分析程序上比连环替代法简单，即它可直接利用各影响因素的实际数与基期数的差额，在其他因素不变的假定条件下，计算各因素对分析指标的影响程度。或者说差额计算法是将连环替代法的第三步和第四步合并为一个步骤进行。

差额计算法的运用程序如下。

第一步：根据综合财务指标形成的内在逻辑，找出该项财务指标受哪些因素变动的影响，找出综合财务指标与各影响因素的内在关系，建立分析计算公式：$Y = a \times b \times c$。

第二步：按构成综合财务指标的因素之间的关系，列出基准值的计算公式和比较值的计算公式：

$$\text{基准值：} Y_0 = a_0 \times b_0 \times c_0 \qquad (6)$$
$$\text{比较值：} Y_1 = a_1 \times b_1 \times c_1 \qquad (7)$$

差异值：$\triangle Y = Y_1 - Y_0$，即为分析对象。

第三步：确定各因素实际数与基期数之间的差额，并在此基础上乘以排列在该因素前面各因素的实际数和排列在该因素后面各因素的基期数，所得出的结果就是该因素变动对分析指标的影响数。

a 因素的影响 $\triangle a = (a_1 - a_0) \times b_0 \times c_0$
b 因素的影响 $\triangle b = a_1 \times (b_1 - b_0) \times c_0$
c 因素的影响 $\triangle c = a_1 \times b_1 \times (c_1 - c_0)$

第四步:将各因素变动影响程度之和相加,检验是否等于总差异。

各个因素的影响数额的代数和等于财务指标的实际数与基期数(计划数)之间的总差异值,即:$\triangle a + \triangle b + \triangle c = \triangle Y$。

> 【例2-4】光明乳业净资产收益率分解

光明乳业净资产收益率因素分解情况如表2-6所示。

表2-6 光明乳业净资产收益率因素分解表

项目	2022年年报	2021年年报
净资产收益率(%)	3.81	5.86
因素分解:		
营业净利率(%)	1.39	1.94
总资产周转率(次数)	1.18	1.33
权益乘数	2.32	2.27

2021年净资产收益率是5.86%,2022年相较于2021年下降了2.05个百分点,根据:净资产收益率=营业净利率×总资产周转率×权益乘数,结合因素分析法,可对净资产收益率下降的原因进行分解。

2021年净资产收益率分解如下:

$1.94\% \times 1.33 \times 2.27 \approx 5.86\%$　　　　　　　　　　(1)

第一次替代:$1.39\% \times 1.33 \times 2.27 \approx 4.20\%$　　　　(2)

第二次替代:$1.39\% \times 1.18 \times 2.27 \approx 3.72\%$　　　　(3)

第三次替代:$1.39\% \times 1.18 \times 2.32 \approx 3.81\%$　　　　(4)

由(2)-(1)=-1.66%可知,差额为负是受营业净利率下降的影响。由(3)-(2)=-0.48%可知,差额为负是受总资产周转率下降的影响;由(4)-(3)=0.09%可知,差额为正是受权益乘数上升的影响。经过检验,(-1.66%)+(-0.48%)+0.09%=3.81%-5.86%=-2.05%,本次计算是正确的。从总体来看,光明乳业2022年的净资产收益率是下降的,下降的主要原因是营业净利率下降。后续光明乳业管理层可以对营业净利率进行分解,分析其下降的原因。

本章总结

本章学习的重点是财务分析的程序与方法。就财务分析程序而言,宏观分析主要从宏观经济、行业状况等角度展开,微观分析从盈利能力、营运能力、偿债能力和发展能力的角度进行分析。本章还重点介绍了财务分析的方法,主要包括水平分析法、垂直分析法和趋势分析法,可以用这三种方法对企业的资产负债表、利润表和现金流量表的数据进行分析,还包括比率分析法和因素分析法,可以用这两种方法对企业的盈利能力、营运能力、偿债能力和发展能力等方面进行分析。本章的难点是因素分析法,需要理解因素分析法的内涵和计算方法,该方法可以帮助企业查找经营管理中的问题,并提出改进措施。

思政小课堂

对于财务报表中的数据,投资者在理解每个数据之后,还需要铭记"尽信书,则不如无书"的古训。

从审慎的角度来说,任何一张财务报表都有被操纵或造假的可能。投资者选择相信一张财务报表,不应当来自天然的善意信任,而应当来自找不到任何操纵和造假的证据。康美药业的造假"神话"仍然历历在目:财务报表上的约300亿元货币资金居然不存在。通过改变长期资产折旧方法来更改利润,是上市公司常用的财务操纵方法之一。

另外,有些事情根本就是在财务报表之外的。比如,企业向经销商压货、让经销商多购入一些终端难以销售的商品,就可以增加短期业绩;企业与关联方之间的关联交易,往往会成为财务操纵的重灾区;甚至有一些企业还会直接虚构资产、虚构境外合作伙伴。

那么,投资者对上述的种种行为是否只能束手无策?当然不是,投资者规避这些不在财务报表上体现出来的"风险",重要一步就是"配合企业实际情况理解财务报表"。

如果我们考量一个人的身体是否健康,他的体检报告上的数据样样都好,但是看到本人时发现他面黄肌瘦,不停地咳嗽,那么我们是会相信他的体检报告(财务报表)呢,还是会相信自己的直觉判断呢?

对于企业财务报表的理解,当然必须和企业的实际情况配合起来。比如说,很多时候我们可以结合自身的消费体验来判断企业状况,我自己就曾经同时购买了四五个品牌的烧水壶,最后发现其中一个品牌的烧水壶产品性价比最好、设计最科学,而结合其财务报表,又可见其经营状态果然良好。诸如此类的商业观察,就可以与投资者对财务报表的理解匹配起来。

在唐代名臣魏徵所写的《谏太宗十思疏》中,有这样一段话:"求木之长者,必固其根本;欲流之远者,必浚其泉源;思国之安者,必积其德义。"这段话的意思就是想要得到好的结果,必须从开头就把事情理顺。想要让国家安定繁荣,那么治国之德必须优良。对于企业来说,好的财务报表是结果,优秀的企业治理才是源头。如果企业治理完善、企业战略稳健而正确,那么好的财务报表会不请自来。反之,如果企业管理层不称职、德不配位、胡乱作为,再好看的财务报表,也有一天会变得糟糕。

[资料来源:贾宁.贾宁财务讲义:人人都需要的财务思维[M].北京:中信出版社,2020,部分节选,有改动。]

2-1 拓展阅读

2-2 微课视频

第三章
企业战略及行业概况分析

CAIWU BAOBIAO FENXI
JIAOCHENG

第三章 企业战略及行业概况分析

学习目标

本章的学习目标是使学生掌握企业战略分析和行业概况分析的相关内容。

◇ **知识目标**

理解企业战略分析的内涵，掌握SWOT分析法、企业竞争战略分析的方法，理解企业战略与企业财务分析的关系，掌握PEST分析法和波特五力模型分析法，理解行业发展状况与企业财务分析的关系。

◇ **能力目标**

能够利用SWOT分析法和企业竞争战略分析的方法对企业基本情况及战略进行分析，能够利用PEST分析法和波特五力模型分析法对行业基本情况进行分析，能够用企业战略及行业发展程度解释企业财务数据。

◇ **德育目标**

能够结合国家经济政策，对企业和行业的发展状况、发展前景进行分析，理解掌握国家的经济方针和经济政策。

思维导图

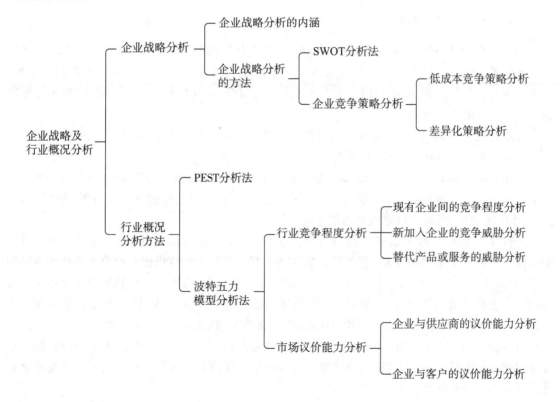

第一节 企业战略分析

一、企业战略分析的内涵

在明确财务分析目的、收集整理财务分析信息的基础上,企业战略分析成为财务分析的新起点。所谓企业战略分析,其实质在于通过对企业所在行业或企业拟进入行业的分析,明确企业自身地位及应采取的竞争战略,以权衡收益与风险,了解与掌握企业的发展潜力,特别是企业在价值创造或盈利方面的潜力。因此,企业战略分析通常包括行业分析和企业竞争策略分析。企业战略分析是会计分析和财务效率分析的导向,通过企业战略分析,分析人员能深入了解企业的经济状况和经济环境,从而能进行客观、正确的会计分析与财务效率分析。

二、企业战略分析的方法

(一)SWOT 分析法

SWOT 分析法,即基于内外部竞争环境和竞争条件下的态势分析,就是将与研究对象密切相关的各种主要内部优势、劣势和外部的机会、威胁,通过调查列举出来,并依照矩阵形式排列,然后用系统分析的思想,把各种因素相互匹配起来加以分析,从中得出一系列结论,而这些结论通常带有一定的决策导向。

运用这种方法,可以对研究对象所处的情景进行全面、系统、准确的研究,从而根据研究结果确定相应的发展战略、计划以及对策等。

其中,S(strengths)、W(weaknesses)是内部因素,O(opportunities)、T(threats)是外部因素。按照企业战略的完整概念,战略应是一个企业"能够做的"(即组织的强项和弱项)和"可能做的"(即环境的机会和威胁)之间的有机组合。

SWOT 分析法一般来说属于综合分析方法,其既要分析内部因素,又要分析外部条件。SWOT 分析法有其形成的基础,著名的竞争战略专家迈克尔·波特提出的竞争理论从产业结构入手,对一个企业"可能做的"方面进行了透彻的分析和说明,而能力学派管理学家则运用价值链解构企业的价值创造过程,注重对企业的资源和能力进行分析。SWOT 分析法就是在综合了前面两者的基础上,以资源学派学者为代表,将企业的内部分析(即 20 世纪 80 年代中期管理学界权威专家们所关注的研究取向,以能力学派学者为代表)与产业竞争环境的外部分析(即更早期战略研究所关注的中心主题,以安德鲁斯与迈克尔·波特为代表)结合起来,形成了自己结构化的平衡系统分析体系。

与其他的分析方法相比较,SWOT 分析法从一开始就具有显著的结构化和系统性特征。就结构化而言,一是在形式上,SWOT 分析法表现为构造 SWOT 结构矩阵,并对矩阵的不同区域赋予不同的分析意义;二是在内容上,SWOT 分析法的主要理论基础也强调从结构分析入手对企业的外部环境和内部资源进行分析。另外,早在SWOT分析法诞生之前的20世纪60年代,就已经有学者提出过SWOT分析法中涉及的内部优势、劣势、外部机会、威胁这些变化因素,但只是孤立地对它们加以分析。SWOT分析法的重要贡献就在于用系统的思想将这些似乎独立的因素相互匹配起来进行综合分析,使得制订的企业战略计划更加科学、全面(图3-1)。

优势	劣势
机会	威胁

图3-1 SWOT分析法图

(二)企业竞争策略分析

企业进行竞争的策略有许许多多,其中最重要的有两种,即低成本竞争策略和差异化策略。

1. 低成本竞争策略分析

低成本竞争策略是指企业能以较低的成本提供与竞争对手相同的产品或服务。这时企业可以以较低的价格与竞争对手争夺市场份额。低成本竞争策略通常是取得竞争优势最明显的方式。企业要使其成本低于同行业其他企业的成本,即取得低成本竞争优势,需要在降低成本方面下功夫,具体做法有以下五种。

第一,优化企业规模,降低产品或服务成本。

第二,改善资源利用率,降低产品或服务成本。

第三,运用价值工程,降低产品或服务成本。

第四,提高与供应商的议价能力,降低采购成本。

第五,强化管理控制,降低各项费用。

当企业所处行业的替代产品或服务构成的威胁较小、新企业进入威胁较大时,企业往往愿意选择低成本竞争策略。

2. 差异化策略分析

差异化策略是指企业通过其产品或服务的独特性与其他企业竞争,以争取在相同价格或较高价格的基础上占领更大市场份额,取得竞争优势与超额利润。产品或服务差异包括较高的产品或服务质量、较多的产品或服务类别、良好的销售或售后服务、独特的品牌形象。

企业选择差异化策略,必须做好以下工作。

第一,明确企业的产品或服务差异将满足哪一部分消费群体的需求。

第二,使企业的产品或服务差异(特色)与消费者的需求完全一致。

第三,企业提供的差异产品或服务,其成本应低于消费者愿意接受的价格。

而要做好这些工作,企业要在研究与开发、工程技术和市场容量等方面进行投资,同时要鼓励创造与革新。

传统的企业竞争策略支持者认为,低成本竞争策略和差异化策略是相互排斥的,处于两种策略中间的企业是危险的。实际上,成功的企业在选择某一竞争策略时,不应完全忽视另一种竞争策略,即追求产品或服务的差异,不能忽视成本;追求低成本竞争策略,不能完全忽视产品或服务的差异。

企业采取不同的竞争策略,其财务状况和经营成果是不同的,对财务状况和经营成果的评价标准也是不同的。因此,企业竞争策略分析与会计分析、财务效率分析是密切相关的。

> **【例 3-1】光明乳业基本情况及企业战略分析**

一、光明乳业基本信息

光明乳业股份有限公司(以下简称光明乳业)成立于1911年,逐渐从一个民营小企业发展成为现在的光明乳业股份有限公司。经过一百多年的发展,光明乳业旗下已拥有"畅优""优倍""莫斯利安"等众多知名品牌,成为中国乳制品行业的领军企业。

二、光明乳业经营模式

光明乳业主要从事各类乳制品的开发、生产和销售,奶牛的饲养、培育,物流配送等业务。光明乳业主要生产和销售新鲜牛奶、新鲜酸奶、常温白奶、常温酸奶、乳酸菌饮品、冷饮、婴幼儿及中老年奶粉、奶酪、黄油等产品。光明乳业主要经营模式有如下六种。

(一)牧场管理

光明乳业下属子公司光明牧业拥有悠久的奶牛饲养历史,是国内最大的牧业综合性服务公司。牧场管理采用"千分牧场"评价标准体系,对所有牧场兽医保健、繁殖育种、饲料饲养、生奶质量、防暑降温、安全生产等六大板块进行评分,确保生牛乳品质安全、可靠、优质。环保千分制考核机制有效提升牧场废弃物的处理能力及利用率,切实推进"美丽牧场"建设。

(二)生产模式

光明乳业工厂遍布全国各地。在管理上,实施"千分工厂"审核标准,对乳制品生产厂的质量系统、工厂环境、产品控制、工艺控制、员工管理五个板块进行考核评价管理。精确掌握全国各地工厂的质量和生产管理水平,时时把握产品的安全性。

(三)物流配送

光明乳业坚持"食品物流专家、领鲜品质保证"的经营目标,秉承"新鲜、迅捷、准确、亲切"的服务理念,致力于为社会和广大客户提供高品质的现代食品物流服务。采用仓库管理系统WMS、文档管理系统DPS、运输管理系统TMS、车载定位系统GPS及北斗卫星导航系统BDS等现代化信息系统,为物流运作和管理提供强有力的支持。

(四)销售模式

光明乳业主要采用直销和经销相结合的销售模式,销售网点遍布全国各地。

(五)采购模式

光明乳业按采购物料的类型,使用公开招标、邀请招标、竞争性谈判、询价、单一来源及紧急采购相结合的方式进行采购,从而提高资金使用效率。

(六)海外业务

光明乳业境外子公司新西兰新莱特乳业有限公司主要从事工业奶粉、婴幼儿奶粉、奶酪、液态奶生产和销售,产品销往新西兰和世界其他各地。

三、光明乳业 SWOT 分析

(一)优势

1.品牌优势

光明乳业拥有一百多年的历史,成立到现在从众多企业中脱颖而出,成为全国著名乳制品企业。光明乳业始终把"新鲜"作为企业的品牌吸引力,拥有众多忠诚客户。

2.技术优势

光明乳业的乳业生物技术国家重点实验室是我国比较先进的研究室。其在乳制品的质量把控和开发创新性功能技术方面研究成果较为突出。另外,光明乳业有自己的研究室和科研队伍,经常组织与其他相关行业的学术交流活动。2014年,光明乳业与中国探月工程合作,是国内食品行业首个把菌株送上太空的企业。

3.产品优势

光明牧业"千分牧场"评价标准体系是全球首创。从生产源头到乳制品再加工,再到冷链配送、销售。光明乳业的全产业链为消费者提供健康、放心的产品,而且还不断开发新的产品。

4.物流优势

光明乳业一直秉持"新鲜"的理念。光明乳业旗下的上海领鲜物流有限公司(以下简称领鲜物流)为光明乳业提供仓储和配送的服务。领鲜物流配送业务覆盖全国各地,每天要向全国各地的销售网点配送鲜奶,高效率的管理保障了鲜奶的品质。

(二)劣势

光明乳业在华东地区市场份额占比较高,但是在华北和西北的某些区域,光明乳业甚至比不上一些地方企业。这些区域有自己的地方品牌,当地消费者也形成了固有的消费习惯,光明乳业难以在市场上突显优势。在华中地区,光明乳业产品的主要销售渠道是KA卖场,和蒙牛、伊利等企业相比,光明乳业的销售渠道缺乏深度。

(三)机会

1.科技发展迅速

技术是硬道理,企业只有加快科技发展,才能跟上时代步伐,不断推陈出新,满足消费者需求。目前,光明乳业在国内乳制品企业的国际发明专利数量方面处于领先地位。光明乳业凭借自身拥有研究室的优势,在产品研发创新方面能突出"光明"优势,能保障技术与时代同步发展,为产品创造更好的研发条件。

2.国家政策支持

目前,居民对饮食的重视程度越来越高,政府也注重提高国民饮食健康意识,逐渐加大对乳制品行业的监管力度,这有利于管理我国现有的乳制品企业。

3.产品特色

在低温乳制品领域,光明乳业在乳制品行业中有着更为突出的优势。光明乳业可充分利用这个优势,在市场上占据有利地位。

(四)威胁

光明乳业被人们戏称为中国乳制品行业的"老三"。上面有蒙牛、伊利两个企业的"压制"。2016年上半年,伊利实现收入300.87亿元,利润总额达到38.07亿元;蒙牛乳业实现收入272.6亿元,净利润为10.77亿元;而光明乳业的收入仅约伊利的1/3,实现净利润约蒙牛的1/3。在低温乳制品业务方面,光明乳业比较占优势,但是在常温乳制品业务方面,蒙牛和伊利有着难以赶超的地位。除了来自国内两大巨头的压力,光明乳业还要注意来自进口乳制品企业的威胁。国内消费者对于来自国外的进口产品或服务,有一定的好奇心和消费欲望。如果国外产品或服务宣传得好,很容易吸引消费者购买。

第二节 行业概况分析方法

在对行业概况进行分析时,可使用PEST分析法及波特五力模型分析法。

一、PEST分析法

PEST分析法是企业外部环境分析的基本工具,它通过政治(politics)、经济(economy)、社会(society)和技术(technology)四个方面的因素分析,从总体上把握宏观环境,并评价这些因素对企业战略目标和战略制定的影响。

(一)P 即 politics

Politics即政治要素,是指对企业经营活动产生实际或潜在影响的政治力量和有关的法律法规等因素。当政治制度与体制、政府对企业所经营业务的态度发生变化时,当政府发布了对企业经营具有约束力的法律法规时,企业的经营战略必须随之作出调整。政治、法律环境实际上是和经济环境密不可分的。处于竞争中的企业必须仔细研究政府和商业有关的政策和思路,如研究国家的税法、反垄断法以及取消某些管制的趋势,同时了解与企业相关的一些国际贸易规则、知识产权法规、劳动保护和社会保障等相关法规。这些相关的政策和法律能够影响各个行业的运作和发展前景。

具体的影响因素主要有:一是企业和政府之间的关系;二是环境保护法;三是外交状况;四是产业政策;五是专利法;六是政府财政支出;七是政府换届;八是政府预算;九是政府其他法规。

(二)E 即 economy

Economy即经济要素,是指一个国家的经济制度、经济结构、产业布局、资源状况、经济发展水平以及未来的经济走势等。构成经济环境的关键要素包括GDP的变化发展趋势、利率水平、通货膨胀程度及趋势、失业率、居民可支配收入水平、汇率水平、能源供给成本、市场机制的完善程度、市场需求状况等。由于企业是处于宏观大环境中的微观个体,经济环境决定和影响其自身战略的制定,经济全球化还带来了国家之间在经济上的相互依赖,企业在各种战略的决策过程中还需要关注、监测、预测和评估本国以外其他国家的经济状况。

(三)S 即 society

Society即社会要素,是指企业所在社会中成员的民族特征、文化传统、价值观念、宗教信仰、教育水平以及风俗习惯等因素。构成社会环境的要素包括人口规模、年龄结构、种族结构、收入分布、消费结构和水平、人口流动性等。其中人口规模直接影响着一个国家或地区市场的容量,年龄结构则决定消费品的种类及推广方式。

每一个社会都有其核心价值观,它们常常具有高度的持续性,这些价值观和文化传统是历史的沉淀,通过家庭繁衍和社会教育而传播延续,因此具有稳定性。而一些非核心价值观是比较容易改变的。每一种文化都是由许多亚文化组成的,它们由共同语言、共同价值观念体系及共同生活经验或生活环境的群体所构成,不同的群体有不同的社会态度、爱好和行为,从而表现出不同的市场需求和不同的消费行为。

不同的国家之间有人文的差异,不同的民族之间同样也有差异,我国有众多民族,虽同是中华民族,但各民族之间存在着较大的人文差异,如藏族的生活方式和藏传佛教的宗教色彩联系紧密。牛是藏族的吉祥动物,在西藏地区的越野车市场中,日本丰田越野车占据着绝对优势的市场份额,原因是其标识形似牛头,因此广受藏族同胞的欢迎。可见文化对于企业战略的影响有时是巨大的。

自然环境是指企业业务涉及地区的地理、气候、资源、生态等环境。不同地区的企业由于所处自然环境的不同,对于企业战略会有一定程度的影响。我国是一个幅员辽阔的国家,这种影响尤其明显,比如同一种产品或服务在我国东南部的广东地区,其市场的营销战略和西藏等西北高寒地区有较大差距,但很多时候这一点会被企业所忽略。

(四)T 即 technology

Technology 即技术要素,不仅包括那些引起革命性变化的发明,还包括与企业生产有关的新技术、新工艺、新材料的出现和发展趋势,以及应用前景。在过去的半个世纪里,最迅速的变化就发生在技术领域,像微软、惠普、通用电气等高新技术企业的崛起改变着世界和人类的生活方式。同样,技术领先的医院、大学等非营利性组织,也比没有采用先进技术的同类组织具有更强的竞争力。

二、波特五力模型分析法

行业分析为企业财务分析指明方向,即通过对企业所在行业的分析,明确企业所处行业的竞争程度与地位,有利于分析者作出正确的决策。行业分析主要包括行业竞争程度分析和市场议价能力分析两个方面。

(一)行业竞争程度分析

一个行业的竞争程度和盈利水平主要受三个因素的影响:一是现有企业间的竞争;二是新加入企业的竞争威胁;三是替代产品或服务的威胁。

1. 现有企业间的竞争程度分析

现有企业间的竞争程度影响着行业的盈利水平,通常竞争程度越高,价格越接近于边际成本,盈利水平也越低。行业现有企业间的竞争程度分析主要应从影响企业间竞争的因素入手,通常包括以下内容。

(1)行业增长速度分析。行业增长速度越快,现有企业间不必为相互争夺市场份额而展开价格战;反之,如果行业增长较慢或停滞不前,则竞争势必加剧。

(2) 行业集中程度分析。如果行业市场份额主要集中在少数企业,即集中程度高,则竞争程度度较低;反之,则竞争程度较高。

(3) 差异程度与替代成本分析。行业现有企业间要避免正面价格竞争,关键在于其产品或服务的差异程度,差异程度越大,竞争程度越低。当然,差异程度与替代成本相关,当替代成本较低时,企业间仍可进行价格竞争。

(4) 规模经济性分析。具有规模经济性的行业,其固定成本与变动成本之比往往较高,此时企业为争夺市场份额进行的价格竞争就越激烈。

(5) 退出成本分析。当行业生产能力大于市场需求,而行业退出成本又较高时,势必会引起激烈的价格竞争,以充分发挥其生产能力;如果退出成本较低,则竞争将减弱。

2. 新加入企业的竞争威胁分析

当行业平均利润率超过社会平均利润率,即行业能取得超额利润时,行业必然面临新企业加入的威胁。影响新企业加入的因素有许多,其主要因素如下。

(1) 规模经济性因素。规模经济性程度越高,新企业加入难度越大。因为要加入该行业,企业必须进行大规模投资。否则,如果投资规模小而达不到规模经济性,企业很难获得竞争优势,因此增加了新企业加入的困难。

(2) 先进入优势因素。新加入企业与行业现有企业相比,在竞争上总是处于相对不利的地位。因为先进入企业为防止新企业加入,在制定行业标准或规则方面总是偏向于现有企业;同时现有企业通常具有成本优势,这也增加了新企业加入的难度。

(3) 销售网与关系网因素。新加入企业要生存与发展,必然要想办法打入现有企业的销售网与关系网。因此,现有企业销售网与关系网的规模与程度将影响新企业加入的难易程度。

(4) 法律障碍因素。许多行业对新加入企业在法律上有所规定与限制,如许可证、专利权等。因此,法律限制程度就直接影响着新企业加入的难易程度。

3. 替代产品或服务的威胁分析

替代产品或服务对行业竞争程度有重要影响。当行业存在许多替代产品或替代服务时,其竞争程度加剧;反之,替代产品或服务少,则竞争程度较小。消费者在选择替代产品或服务时,通常考虑产品或服务的效用和价格两个因素。如果替代效用相同或相似,价格竞争就会变得激烈。

(二) 市场议价能力分析

虽然行业竞争能力是行业盈利能力的决定因素,但行业实际盈利水平的高低,还取决于本行业企业与供应商、客户的议价能力。

1. 企业与供应商的议价能力分析

影响企业与供应商议价能力的因素主要包括以下几种。

(1) 供应商的数量对议价能力的影响。当企业的供应商越少,可供选择的产品或服务也越少时,供应商方面的议价能力就越强;反之,则企业的议价能力越强。

(2) 供应商的重要程度对议价能力的影响。供应商对企业的重要程度取决于其供应的产品或服务对企业产品或服务的影响程度。如果供应商的产品或服务是企业产品或服务的核心部分,且替代产品或服务较少,则供应商的议价能力增强;反之,企业具有更强的议价能力。

(3) 单个供应商的供应量。单个供应商对企业的供应量越大,往往对企业的影响与制约程度越大,其议价能力也越强。

2. 企业与客户的议价能力分析

影响企业与客户议价能力的因素有很多,如替代成本、产品或服务的差异、成本与质量的重要性、客户数量等。将这些因素归纳起来主要体现为以下两点。

(1) 价格敏感程度的影响。价格敏感程度取决于产品或服务差别程度及替代成本水平。产品或服务差别越小,替代成本越低,价格敏感度越高,客户的议价能力越强。另外,客户对价格的敏感程度还取决于企业产品或服务对客户的成本构成影响的程度。如果企业产品或服务在客户成本中占较大比重,客户将对其价格十分敏感;反之,则敏感程度越低。

(2) 相对议价能力的影响。价格敏感程度虽然会对价格产生影响,但实际价格还取决于客户相对议价能力。影响其议价能力的因素有:企业(供应商)与客户的供需平衡状况、单个客户的购买量、可供选择的替代产品或服务数量、客户选择替代产品或服务的成本水平、客户的逆向合并威胁等。

▶【例 3-2】乳制品行业分析

一、乳制品行业基本情况分析

近年来,我国乳制品行业发展成绩显著。乳制品行业素质全面提升,质量安全水平大幅提高,转型升级明显加快。目前,大型规模化养殖、全产业链一体化企业为主体的中国乳制品行业发展格局已初步形成。

2021 年,在充分发挥内需潜力、不断完善国内大循环的背景下,面对超大规模的国内市场和日趋完善的国内产业链,中国乳制品行业走高质量发展道路,以高品质产品满足消费者需求。随着居民消费模式的改变、消费需求的多样化,乳制品企业越来越注重奶源建设、产品研发、营销渠道建设。乳制品企业已经进入奶源、产品、渠道全产业链竞争的时期。鉴于乳制品消费广阔的市场空间和居民收入水平不断提高,全产业链的均衡发展将引领乳制品行业进入稳步增长期。

目前我国乳制品消费以饮用奶为主,2020 年其销售规模为 2,507 亿元,市场占比达 39.26%。婴幼儿奶粉和酸奶消费分别位列第二、第三,2020 年它们的销售规模分别为 1,764 亿元、1,507 亿元,市场占比分别为 27.62%、23.60%。

2019 年我国乳制品人均消费金额为 299.7 元,远低于世界平均水平的 65.3 美元,和日本的 174.1 美元相比更是相差甚远。从全球乳制品人均消费量和人均消费金额来看,我国仍然具有较大消费潜力,预计到 2025 年我国乳制品市场规模将达到 8,100 亿元。

二、乳制品行业产业链分析

1. 产业链结构

我国乳制品行业产业链上游为原奶生产等;中游为乳制品(液态奶、奶粉、其他乳制品等)的生产、加工、供应环节;下游主要为超市、便利店、自助售货机、线上平台等销售环节(图 3-2)。

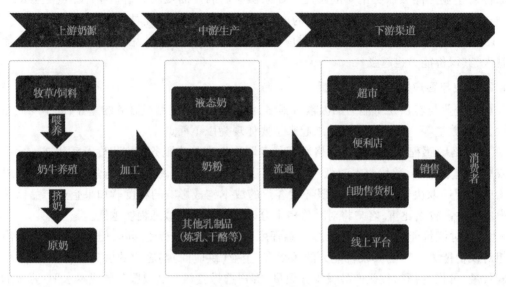

图 3-2　乳制品产业链结构示意图

2.上游端分析

我国乳制品的主要原材料为生牛乳,而生牛乳由奶牛生产供应。过去我国奶牛养殖主要以小规模散户养殖为主,但随着我国不断提升乳制品安全意识及不断加大奶牛养殖监管力度,大量小规模散户被取缔,奶牛养殖规模化程度不断提升。资料显示,2020 年我国奶牛数量为 615 万头,同比 2019 年增长 0.8%(图 3-3)。

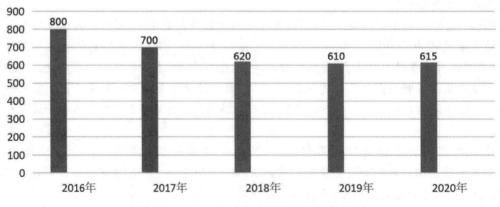

图 3-3　2016—2020 年中国奶牛数量（万头）

3.下游端分析

随着我国经济的不断发展,人均可支配收入的提高,人们对于饮食的营养结构也越来越重视,我国乳制品人均消费量及人均消费金额也不断增加。消费的增长促进了我国乳制品行业的发展。资料显示,2020 年我国居民人均乳制品消费金额为 293.7 元,人均乳制品消费量为 20.2 千克(图 3-4)。

图3-4 2016—2020年中国人均乳制品消费情况

三、乳制品行业PEST分析法

1. 政治环境

我国乳制品行业的发展先后经历了缓慢发展、快速发展、调整和高速发展时期。中华人民共和国刚成立时,我国实施计划经济政策,农业区和牧区缺乏一定的政府激励机制,奶牛养殖受到管制,乳制品的生产效率比较低。奶牛数量和鲜奶产量年均增长速度均在5.2%左右,我国乳制品行业发展相对缓慢。后来,随着中国乳制品行业的逐渐成熟,政府在此期间实施了促进乳制品行业健康发展的一系列政策。例如,不再限制私人饲养奶牛,提高原奶收购价,并适当限制鲜奶价格,政府提供便宜饲料,奶农买牛贷款可以优惠等。这期间有两个乳制品行业的支持主体:一个是"欧共体",另一个是世界粮食计划署。它们提供了大量的资金用于援助乳制品行业的发展,中国的生牛乳产量、乳制品产量年均增长率分别提高到了13.4%和16.9%,共20多个城市受到援助。我国的经济发展方式不断在尝试作出改革,以适应我国经济发展速度,但与此同时,乳制品行业调控政策没有跟上,发展受到了阻碍。国家对乳制品的价格管控相对放宽,也顺应环境,调整了其他支持项目。一方面我国国内企业发展受限情况得到改善,另一方面外资企业的流入导致乳制品行业内竞争越来越激烈,从而乳制品行业发展速度减慢。1993年,我国乳制品产量第一次出现下跌趋势,乳制品生产出现过剩,乳制品积压滞销。

2000年至今,中国经济高速发展,乳制品销量旺盛,由于农村产业结构调整,乳制品在城市和农村都受到了重视,乳制品行业逐步进入高速发展时期。政府接连颁布一系列对乳制品行业发展有利的政策,促进企业健康持续发展。2001年,国务院办公厅在《中国食物与营养发展纲要(2001—2010年)》中指出,加快发展奶业,提高居民奶类消费水平。扶持奶源基地建设,调整奶畜群结构,改善奶业基础薄弱的状况。加快发展乳制品加工业,支持开发新的奶产品,促进奶产品的升级换代。2007年颁布的《国务院关于促进奶业持续健康发展的意见》,强调了奶业健康发展的意义。2009年工业和信息化部、发改委联合发布《乳制品工业产业政策(2009年修订)》,随之乳制品行业进入门槛变得更高,促使乳制品企业合理利用现有的资源、合理规划产业布局。

2. 经济环境

消费者的收入水平是决定消费者是否购买乳制品的主要因素之一。根据国家统计局的数据,2019年我国GDP已突破99万亿元,我国居民收入总体呈上升趋势,居民生活质量显著提高。充分就业是稳定经济增长的目标和底线,我国就业人数也十分可观。截至2019年末,全国就业人员达到77,471万人,城乡居民人均可支配收入增加,生活水平大幅度提高,贫困人口逐渐减少,大多数人已经有能力购买乳制品,并且对乳制品接受程度普遍提高,从而促使乳制品的消费需求不断增加。

3.社会环境

中华人民共和国成立初期,我国居民收入普遍偏低,对营养品的需求不大,因而对乳制品需求也很小。当时限制私人饲养奶牛,导致乳制品供给紧张。大中城市的乳制品供应量只能满足城市的小孩、老人的需求,农村的小孩和老人的需求却得不到保障。虽然随着时代的发展,居民生活水平稍有改善,但是大多数居民没有消费乳制品的意识和习惯,奶牛在中国并不是常见的传统家畜。此外,由于城乡居民收入和城乡居民思想上的差距,我国乳制品整体上不是特别畅销。直到中国乳制品行业进入高速发展时期,乳制品才成为人们经常选购的消费品,我国乳制品市场的发展前景才变得十分广阔。

我国不同地区的居民有不同的生活习惯。据调查,西南、华北地区乳制品消费习惯比较好,乳制品消费支出占食品总支出的6%。华中地区最低,为3.79%。所以,对于乳制品行业来说,西南和华北区域的市场应该作为开拓重点。

图3-5清晰地呈现了2010—2019年我国城镇和乡村的人口结构趋势变化情况。我国总人口总体呈现逐渐增长的趋势,城镇人口一直处于增长状态,由于城镇化的普及,城镇人口数量越来越多,乡村人口数量越来越少,变化趋势较为明显。2010年我国城镇人口和乡村人口大致保持数量相等,2010年以后两者开始反向变动。到2019年我国总人口数量已超14亿人,其中城镇人口数量占绝大多数。中国对乳制品的需求大部分来自城镇人口,而城镇人口数量的增长对乳制品需求的增加具有促进作用。此外,随着我国人口老龄化趋势日益显著,乳制品企业应当积极通过市场手段培育消费者健康的消费观念,打破消费群体年龄的传统界限,进而拓宽乳制品的消费客群。

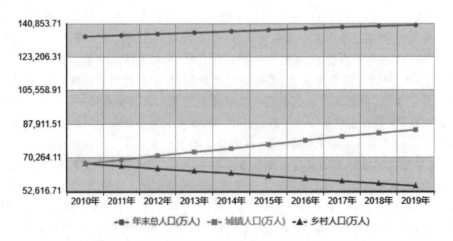

图3-5 2010—2019年我国城乡人口结构趋势变化图

4.技术环境

我国乳制品行业刚起步时期,资本和技术都十分匮乏,乳制品企业缺乏动力和效率。技术问题是乳制品产业链面临的关键难题。技术进步是推进乳制品行业质量进步的原动力。我国目前主要目标是突破制约中国乳制品行业发展的重要技术瓶颈,中国乳制品行业科技创新能力将极大增强,将建立中国乳制品行业科技创新体系和现代乳制品行业产业化生产模式,以提高乳制品的国际竞争力。我国乳制品行业的技术问题主要有以下几方面:一是原料奶的质量问题。中国有大量的私人养殖户采用人工挤奶,也有大型企业采用机器挤奶。这都会存在清洁不及时、不到位等问题,导致乳制品卫生不达标。还有对奶牛滥用药品,导致乳制品药物残留过多。二是我国良种奶牛并不多,而且大多数是改良牛。由于品种贫乏,育种技术落后,我国平均产奶量很低,还不到美国等乳制品发达国家的一半。三是乳制品种类比较单一,而我国消费者的消费需求比较多元化,两者无法协调。在我国乳制品市场中,占有主要销售地位的是液态奶,其优势是饮用方便,而奶油、奶酪等乳制品生产比重小于5%。我国现存的乳制品企业中,像蒙牛、伊利、光明乳业这样叫得上名字的大型企业较少,剩余的中小型企业生产水平达不到高标准。四是乳制品行业的产业化组织程度需要提高。我国奶牛养殖较分散,养殖规模小,生产方式相对落后。中国的一些大型乳制品企业更加重视奶源基地的建设,而对于奶牛饲料、生牛乳再加工等生产流程中新技术的应用较少,这导致乳制品行业乃至整个产业的发展技术含量都较低。

四、中国乳制品市场现状

由于乳制品行业严格的准入制度和对现有企业的整顿,乳制品行业的市场集中度得到提高,知名的大型乳制品企业由于已经积攒了消费者的信任,在市场中的地位已经很牢固。而没有产品优势的小企业将在竞争激烈的环境下面临被淘汰的风险。我国比较知名的大型乳制品企业有蒙牛、伊利、光明乳业等,中低档市场中,有科迪等。2017年全国乳制品销售总额超过3,590.41亿元,比上年同期增长了6.77%,这相比我国乳制品行业刚兴起时期增长了很多,但中国的液态奶消费量仅占全球的8%左右。乳制品种类也日益丰富,我国主要乳制品分为液态乳制品、固态乳制品、冷冻乳制品三大类。液态乳制品种类比较丰富,有酸奶、纯牛奶以及各种口味的牛奶等;固态乳制品主要是奶粉,奶粉工艺流程复杂,产品主要向高端婴幼儿奶粉靠拢,利润较可观;冷冻乳制品有雪糕等。此外,我国乳制品还可以满足不同层次、不同年龄阶段(如婴幼儿、青少年、中老年等)的消费需求,如减肥人群需要脱脂乳制品等。我国乳制品行业的发展有以下特点:首先行业之间竞争越来越激烈,企业想要做大品牌,在消费者中建立信任很不容易;其次乳制品生产逐渐能赶上消费需求的发展速度,保持协同发展;最后是乳制品行业的效用得到提高。我国居民在食品的选择上也越来越注重营养。城乡居民每人每年分别约食用38克和15克乳制品,这和《中国居民膳食指南(2022)》中建议的成年人乳制品食用量标准相差甚远,与国外相比更少。可以看出,未来中国的乳制品市场仍有很大的发展潜力。

(资料来源:华经产业研究院。)

本章总结

本章的学习重点是能够对企业和行业基本情况进行分析。从企业角度而言,除了了解企业基本情况等相关信息外,还应该对企业战略进行分析,如利用SWOT分析法了解企业的优势、劣势、机会及威胁,另外还可以对企业的竞争战略进行分析,往往不同的竞争战略也会带来不同的财务状况和经营成果,从而影响利润率等企业财务指标。从行业角度而言,可以利用PEST

分析法对行业基本情况进行分析,还可以利用波特五力模型法分析行业的竞争程度,一般竞争程度较高的行业会有较低的利润率,而竞争程度较低的行业会有较高的利润率。企业战略分析和行业概况分析是财务分析的基础,可以帮助我们理解该企业或者该行业财务数据为何会有这样或那样的表现。

思政小课堂

相较于发达国家,中国乳制品行业起步较晚,但受益于中国经济快速发展以及庞大的人口基数,我国乳制品行业快速发展,渗透率迅速提升,现已成为世界第二大乳制品市场。

我国成为世界第二大乳制品市场,离不开国家政策的支持。2008年"三聚氰胺"事件后,国务院颁布了《乳品质量安全监督管理条例》,保障行业的健康稳定发展。"十二五"规划期间,《食品工业"十二五"发展规划》提出,加快乳制品工业结构调整,积极引导企业通过跨地区兼并、重组,淘汰落后生产能力,培育技术先进、具有国际竞争力的大型企业集团,加快淘汰规模小、技术落后的乳制品加工产能。"十三五"规划期间,《全国奶业发展规划(2016—2020年)》首次明确奶业发展战略定位,确定奶业发展主要任务,促进奶业全面振兴。"十四五"规划期间,《"十四五"奶业竞争力提升行动方案》提出,用好"本土"优势,打好"品质""新鲜"牌;加强消费宣传引导;到2025年,全国奶类产量达到4100万吨左右,百头以上规模养殖比重达到75%左右。

随着人民生活水平的提高和逐渐形成健康消费理念,消费者需求从"温饱型"向"品质型"过渡,"品质消费"成为热点,乳制品市场向高端化发展。根据《食品安全国家标准 灭菌乳》(GB 25190-2010)规定,牛乳中的蛋白质含量要≥2.9 g/100 ml,而目前市场高端奶的蛋白质含量远超国家标准。2005年,蒙牛最早推出高端常温白奶品牌——特仑苏;特仑苏问世后的第二年,伊利也推出其高端常温白奶品牌——金典。经过多年的产品升级,特仑苏"M-PLUS高蛋白"系列和金典"超滤"系列都能实现蛋白质含量6.0 g/100 ml,其单价也分别再创新高。2000年开始,我国酸奶市场品牌和产品逐渐多元化,常温酸奶逐渐占领市场。近几年,传统乳制品企业通过口味、功能等创新布局30~80元/L的高端酸奶,并通过加速布局冷链物流拉开了低温酸奶生产和销售的帷幕。

企业的发展离不开行业的发展,而行业的发展离不开国家的发展,有国才有家,正是有了国家一系列政策的支持,无数的乳制品企业才能得到飞速增长,因此在进行企业财务报表分析之前,要对行业政策和发展有基本的了解,否则企业的财务报表分析无疑是片面的。

(资料来源:万联证券.乳制品行业专题报告:乳制品行业产业链图谱解析[EB/OL].[2024-02-24].https://baijiahao.baidu.com/s?id=1775633192809838892&wfr=spider&for=pc.)

3-1 拓展阅读

3-2 微课视频

第四章

资产负债表分析

CAIWU BAOBIAO FENXI JIAOCHENG

学习目标

本章的学习目标是使学生掌握对资产负债表进行分析的方法。

◇ **知识目标**

理解资产负债表分析的目的和内容，掌握资产负债表中具体项目的分析方法。

◇ **能力目标**

能够分别从投资角度及筹资角度对资产负债表进行分析，明确企业资产负债表的特点，发现企业存在的财务问题并提出合理的解决对策。

◇ **德育目标**

能够编制好人生的第二张资产负债表，懂得只有当付出大于索取、爱心大于贪婪的时候，才能留下对社会的净贡献。

思维导图

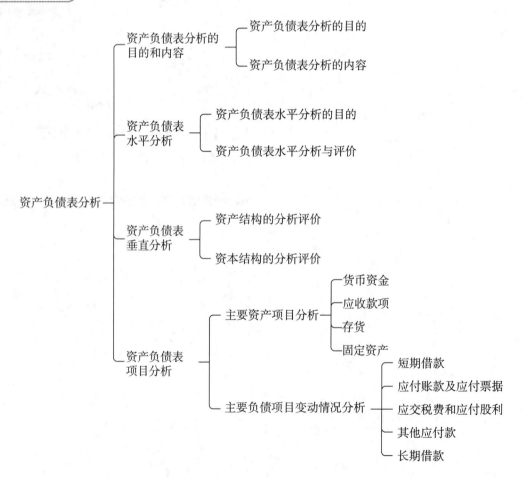

第一节 资产负债表分析的目的和内容

一、资产负债表分析的目的

(一) 揭示资产负债表及相关项目的内涵

从根本上讲,资产负债表上的数据是企业经营活动的直接结果,但这种结果是企业管理人员依据某种会计政策,按照某种具体会计处理方法进行会计处理后编制出来的。因此,企业采用何种会计政策,使用何种会计处理方法,必然会对资产负债表上的数据产生影响。例如,某一经营期间耗用的材料一定时,采用不同存货计价方法进行会计处理,期末资产负债表上的存货金额就会有很大差异。如果不能通过分析弄清资产负债表及相关项目的内涵,就会把由企业会计处理产生的差异看作生产经营活动导致的结果,从而得出错误的分析结论。

(二) 了解企业财务状况的变动情况

在企业经营过程中,企业资产规模和结构会不断发生变动,与之相适应的是资金来源也会发生相应的变动,资产负债表只是静态地反映出变动后的结果。企业的资产、负债及股东权益在经过一段时期的经营后,发生了什么样的变化,这种变动对企业未来经营会产生什么影响,只有通过对资产负债表进行分析才能知道,在此基础上,再对企业财务状况的变动情况作出合理的解释和评价。

(三) 评价企业会计报表对企业经营状况的反映程度

资产负债表是否充分反映企业的经营状况,其真实性如何,资产负债表本身不能说明这个问题。企业管理者出于某种需要,既可能客观地、全面地通过资产负债表反映企业的经营状况,也可能隐瞒企业经营中的某些重大事项。根据一张不能充分真实反映企业经营状况的资产负债表,是不能对企业财务状况的变动及其原因作出合理解释的。虽然这种评价具有相当大的难度,特别是对那些不了解企业真实经营状况的外部分析者来说,其难度更大,却是资产负债表分析的重要目标之一。

(四) 评价企业的会计政策

企业的会计核算必须在企业会计准则指导下进行,但企业在会计政策选择和会计处理方法选择上也有相当的灵活性,如存货计价方法、折旧政策等。采用不同的会计政策和会计处理方法,体现在资产负债表上的结果往往不同,某种会计处理的背后,总是代表着企业的会计政策和会计目的。企业所选择的会计政策和会计处理方法是否合适,企业是否利用会计政策选择达到某种会计目的,深入分析资产负债表及相关项目的不正常变动,了解企业会计政策选择的动机,可以揭示出企业的倾向,评价企业的会计政策,消除会计报表外部分析者对企业会计信息的疑惑。

(五)修正资产负债表的数据

资产负债表是进行财务分析的重要基础资料,即使企业不是出于某种目的进行调整,资产负债表数据的变化也不完全是企业经营影响的结果。会计政策变更、会计估计及变更等企业经营以外的因素对资产负债表数据也有相当大的影响,通过资产负债表分析,要揭示出资产负债表数据所体现的财务状况与真实财务状况的差异,通过差异调整,修正资产负债表数据,尽可能消除会计信息失真,为进一步利用资产负债表进行财务分析奠定资料基础,以保证财务分析结论的可靠性。

二、资产负债表分析的内容

资产负债表分析主要包括以下四点内容。

(一)资产负债表水平分析

资产负债表水平分析,就是指通过对企业各项资产、负债和股东权益进行对比分析,揭示企业筹资与投资过程的差异,从而分析与揭示企业生产经营活动、经营管理水平、会计政策及会计估计变更对筹资与投资的影响。

(二)资产负债表垂直分析

资产负债表垂直分析,就是指通过将资产负债表中各项目与总资产或权益总额进行对比,分析企业的资产构成、负债构成和股东权益构成,揭示企业资产结构和资本结构的合理程度,探索企业资产结构优化、资本结构优化的思路。

(三)资产负债表趋势分析

资产负债表趋势分析,就是指通过对较长时期企业总资产及主要资产项目、负债及主要负债项目、股东权益及主要股东权益项目变化趋势的分析,揭示筹资活动和投资活动的状况、规律及特征,推断企业发展的前景。

(四)资产负债表项目分析

资产负债表项目分析就是指在资产负债表全面分析的基础上,对资产负债表中资产、负债和股东权益的主要项目进行深入分析,包括会计政策、会计估计等变动对相关项目影响的分析。

第二节 资产负债表水平分析

一、资产负债表水平分析的目的

资产负债表水平分析的目的之一就是从总体上概括了解资产、权益的变动情况,揭示资产、负债和股东权益变动的差异,分析其差异产生的原因。资产负债表水平分析的依据是资产负债表,通过采用水平分析法,将资产负债表的实际数与选定的标准进行比较,编制出资产负债表的水平分析表,在此基础上进行分析评价。

资产负债表水平分析要根据分析的目的来选择比较的标准(基期),当分析的目的在于揭示资产负债表实际变动情况、分析产生实际差异的原因时,其比较的标准应选择资产负债表的上期实际数。当分析的目的在于揭示资产负债表预算或计划执行情况、分析影响资产负债表预算或计划执行情况的原因时,其比较的标准应选择资产负债表的预算数或计划数。

资产负债表水平分析除了要计算某项目的变动额和变动率外,还应计算出该项目变动对总资产或权益总额的影响程度,以便确定影响总资产或权益总额的重点项目,为进一步分析指明方向。

二、资产负债表的水平分析与评价

企业总资产表明企业资产的存量规模,随着企业经营规模的变动,资产存量规模也处在变动之中。资产存量规模过小,将难以满足企业经营的需要,影响企业经营活动的正常进行。资产存量规模过大,将造成资产的闲置,使资金周转缓慢,影响资产的利用效率。资产作为保证企业经营活动正常进行的物质基础,它的获得必须有相应的资金来源。企业通过举债或吸收投资人投资来满足企业资产的资金融通需求,从而产生了债权人、投资人对企业资产的两种不同要求权,即权益。资产、权益分别列示在资产负债表左右两方,反映出企业的基本财务状况,对资产负债表变动情况的分析评价也应当从这两大方面进行。

(一)从投资或资产角度进行分析评价

虽然从资金流动的先后顺序来看,企业需要先进行融资,待取得资金后才能进行投资;但是,从逻辑上看,只有先确定能够实现资本保值增值的投资机会,才可能获得资金提供方的资金。投资或资产角度的分析评价主要从以下三个方面进行。

第一,分析总资产规模的变动状况以及各类、各项资产的变动状况,揭示出资产变动的主要方面,从总体上了解企业经过一定时期经营后资产的变动情况。

第二,发现变动幅度较大或对总资产变动影响较大的重点类别和重点项目。分析时,首先要注意那些变动幅度较大的资产类别或资产项目,特别是发生异常变动的项目。其次要把对总资产影响较大的资产项目作为分析重点。某资产项目变动自然会引起总资产发生同方向变动,但不能完全根据该项目本身的变动来说明对总资产的影响。该项目变动对总资产的影响,不仅取决于该项目本身的变动程度,还取决于该项目在总资产中所占的比重。当某项目本身变动幅度较大时,如果该项目在总资产中所占比重较小,则该项目变动对总资产变动的影响就不会太大;反之,即使某个项目本身变动程度较小,如果其比重较大时,其影响程度也很大。

第三,注意分析会计政策变动的影响。企业资产的变动更主要地受到生产经营规模的影响,但企业管理人员在进行会计核算和编制财务报表时所采用的会计政策和会计方法等,对企业资产变动的影响也不可忽视。尽管会计准则和会计制度对会计核算乃至财务报表的编制都有相应的要求,但会计准则和会计制度也给企业灵活选择会计政策和会计方法留有相当大的余地,企业管理人员可以通过会计政策变更或灵活地选用会计方法对资产负债表的数据作出调整。例如,改变存货计价方法,就会引起资产负债表上存货的变化。此外,企业大量的经营业务需要会计作出判断。例如,对于企业当期的坏账损失占应收账款的比率,会计的不同职业判断就会使应收账款净值发生变动。因此,分析时首先要了解企业所采用的会计政策,把会计政策变更或会计随意性所造成的影响充分地揭示出来,以便纠正失真的会计数据,使财务分析能够依据真实可靠的会计资料进行,保证财务分析结论的正确性。

(二)从筹资或权益角度进行分析评价

筹资或权益角度的分析评价主要从以下四个方面进行。

第一,分析权益总额的变动状况以及各类、各项筹资的变动状况,揭示权益总额变动的主要方面,从总体上了解企业经过一定时期经营后权益总额的变动情况。

第二,发现变动幅度较大或对权益总额变动影响较大的重点类别和重点项目,为进一步分析指明方向。

第三,分析评价权益资金变动对企业未来经营的影响。在资产负债表上,资产总额等于负债与所有者权益总额之和,当资产规模发生变动时,必然要有相应的资金来源,如果资产总额的增长幅度大于股东权益的增长幅度,表明企业债务负担加重,这虽然可能是企业筹资政策变动而引起的,但后果是引起偿债保证程度下降,偿债压力加重。因此,不仅要分析评价权益资金发生了怎样的变动,而且要注意分析评价这种变动对企业未来经营的影响。

第四,注意分析评价表外业务的影响。例如,按目前会计准则规定,资产负债表仅反映了企业按历史成本原则核算的现实负债,一个企业所承担的或有负债并不反映在资产负债表上,而这种可能成为企业现实负债的事项及对企业财务状况可能产生的影响,也是分析评价时要特别关注的。

(三)资产负债表变动的合理性与效率性分析评价

对总资产变动情况进行分析,不仅要考查其增减变动额和变动幅度,还要对其变动的合理性与效率性进行分析,特别是企业经营者进行分析时,更要注意到这一点。任何企业取得资产都不是为了单纯占有资产,而是为了运用资产进行经营活动以实现企业的目标。资产变动是否合理,直接关系到资产生产能力的形成与发挥,并通过资产的利用效率体现出来,因此,对资产变动合理性与效率性的分析评价,可借助企业产值、营业收入、利润和经营活动现金净流量等指标来进行。

(四)权益变动对企业未来经营影响的分析评价

企业经营规模变动的一种表现形式是企业资产规模的变动,当企业资产规模变动时,必然要有相应的资金来源满足其需求。无论哪一个企业,都可以通过增加或减少负债、投资者追加或收回投资和留存收益这三种方式解决其资金来源问题。不同的资金来源方式会影响企业未来的财务状况和经营成果,因此,要注意分析评价不同资金来源方式可能产生的影响,以便对企业未来发展作出推断。

1. 举债

在企业资产规模发生变动时,如果企业通过举债方式满足其资金需求,这是一种外延型扩大再生产,对企业未来经营可能产生如下影响。

(1) 负债比重提高，债务负担加重。在其他权益资金项目不变时，企业举债必然会提高资产负债率，企业的资本结构因此而发生变化，财务风险会提高。企业债务负担加重，会加大企业的偿债压力，对企业资产流动性要求更高。资金安全是债权人进行信贷决策时要考虑的最重要的因素，当企业不断地通过举债扩大其经营规模时，随着企业财务风险的不断增加，债权人会感到其资金安全受到威胁，会采取减少贷款或停止贷款等相应措施以保证其资金的安全性。如果一个企业单纯地依靠举债扩大其经营规模，没有任何一个债权人会无条件地承诺随时会满足企业的资金需求，一旦资金链断裂，企业的经营会受到严重影响甚至威胁到企业的生存。从极端情况来看，企业负债水平的不断提升，会导致企业破产可能性的不断增加。特别是当企业所在行业处于下行阶段时，必须对负债率的上升给予足够的警惕和重视。

(2) 资金制约。理论上，企业能够举借债务的数额存在上限。当企业根据投资需求提升负债水平时，可能很快触及债务上限。这会导致面对未来投资机会时，企业无法通过债务渠道继续获得资金来源。为此，在分析负债水平时，必须考虑企业未来投资机会和潜在债务上限所产生的资金约束，避免因负债水平过高而无法募集资金，错失投资机会。

(3) 财务杠杆作用加大。负债经营必然会产生相应的财务杠杆作用，负债比率越高，财务杠杆作用越大。需要注意的是，财务杠杆是一把"双刃剑"，既能帮助企业产生更高的财务收益，也会增加企业的财务风险。企业获取财务杠杆利益的基本前提是总资产报酬率大于负债利息率，企业在进行负债筹资决策时，不能仅考虑资金需求，还要结合其盈利水平，以避免造成财务杠杆损失。

(4) 负债能够约束经理人员的自利行为，产生治理效果。负债水平的提升会增加破产的可能性，这会对企业管理人员形成约束机制。企业破产不但会导致管理人员失去现有的工作，也会导致其声誉受到损失，降低未来收益水平。同时，债务利息的支付会降低管理人员可以自由支配的资源，从而降低其浪费资源的可能性。

2. 追加投资

企业经营规模的扩张，也可以通过投资人追加投资来实现，从本质上讲，这也是一种外延型扩大再生产，可能对企业未来经营产生如下影响。

(1) 资金制约。企业的投资人数量是有限的，这些投资人所拥有的资本也是有限的，任何一个企业，其经营规模的扩张不可能完全依赖投资人的不断追加投资来实现。

(2) 资金运用不当会失去投资人的支持。通过投资人追加投资满足企业规模扩张的资金需求，是企业普遍使用的筹资策略，但若运用不当，会产生消极作用，因为这种策略通常与投资人的最佳利益相悖。投资人将其拥有的资本投资于企业，是期望通过企业的经营活动在保值的基础上增值，如果企业无视投资人的这种利益要求，一味地要求投资人追加投资来满足企业规模扩张的资金需求，把投资人当成提款机，就会引起投资人的反感，甚至失去投资人的支持。

(3) 有助于企业财务实力的提升。投资人投资是企业成立的基本前提，其投资规模是企业财务实力的直观表现。投资人追加投资，可以增强企业的财务实力，减轻债务负担，为企业进行资本结构调整、资金筹集、降低财务风险等奠定物质基础。

3. 留存收益

留存收益由两部分组成：一是提取的盈余公积；二是保留的未分配利润。留存收益的数量取决于企业的盈利、盈余公积的提取比例和企业的利润分配政策。

(1) 为企业可持续发展提供源源不断的资金来源。企业经营规模的扩张，无论是依靠举债还是投资人追加投资都会受到资金制约，而留存收益来源于企业经营所得，是企业主观努力的结果，属于内涵型扩大再生产，是一种"滚雪球式"的增长。

(2) 促进企业经营步入良性循环。任何一个企业要想健康发展，单纯依赖外部"输血"是不行的，必须提升自身"造血"能力。通过企业卓有成效的经营，增加自身积累，才能从根本上为企业提高偿债能力、改善财务状况、满足各方利益要求、树立企业形象和争取投资人支持等方面提供保障，从而使企业步入良性循环的轨道。

> **【例 4-1】** 光明乳业资产负债表水平分析

步骤一：收集上市公司财务数据

对于上市公司而言，可在证券交易所官方网站查找到企业的年报数据，也可以借助 WIND 等数据软件。对于非上市公司而言，由于数据不公开，一般难以获得，只有内部人士可以提供财务数据，所以在选择分析对象和对比企业的时候，最好选择上市公司作为研究对象（表 4-1）。

表 4-1 光明乳业 2021—2022 年资产负债表数据分析表（万元）

项目	2022 年年报	2021 年年报
流动资产：		
货币资金	264,872.99	320,611.33
交易性金融资产	118.38	
衍生金融资产	626.41	43.80
应收票据及应收账款	226,847.31	191,427.98
应收票据		
应收账款	226,847.31	191,427.98
预付款项	48,814.53	55,471.69
其他应收款（合计）	6,292.17	4,635.10
应收股利		
应收利息		
其他应收款	6,292.17	4,635.10
买入返售金融资产		
存货	419,670.01	311,451.03
其中：消耗性生物资产		
合同资产		
划分为持有待售的资产	1,814.82	1,814.82

续表

项目	2022年年报	2021年年报
其他流动资产	21,790.63	32,373.44
流动资产合计	990,847.24	917,829.18
非流动资产：		
其他权益工具投资	223.58	222.91
其他非流动金融资产	7,122.49	2,188.55
长期股权投资	8,058.33	13,008.99
固定资产（合计）	859,842.13	806,660.43
在建工程（合计）	102,804.38	143,987.25
生产性生物资产	186,371.27	119,371.78
使用权资产	102,704.47	167,248.69
无形资产	78,611.01	57,120.09
商誉	82,257.91	82,712.56
长期待摊费用	2,406.81	2,124.10
递延所得税资产	15,874.22	12,882.83
其他非流动资产	8,109.84	19,682.74
非流动资产合计	1,454,386.43	1,427,210.92
资产总计	2,445,233.67	2,345,040.10
流动负债：		
短期借款	120,275.98	71,258.01
交易性金融负债		
衍生金融负债	8,266.99	6,614.37
应付票据及应付账款	390,411.10	331,470.99
应付票据		1,000.00
应付账款	390,411.10	330,470.99
合同负债	106,837.54	102,491.17
应付职工薪酬	54,161.02	47,573.24
应交税费	14,730.07	17,042.85
其他应付款（合计）	263,408.86	254,042.17
应付利息	0.00	0.00

续表

项目	2022年年报	2021年年报
应付股利	2,200.80	2,314.19
其他应付款	261,208.06	251,727.98
一年内到期的非流动负债	103,343.32	26,930.61
其他流动负债	12,016.81	11,490.70
流动负债合计	1,073,451.69	868,914.10
非流动负债：		
长期借款	20,178.94	91,000.41
应付债券	78,870.66	77,489.82
租赁负债	80,299.82	144,019.67
长期应付款（合计）	1,968.09	2,674.28
长期应付款	1,968.09	2,674.28
专项应付款	0.00	0.00
预计负债	1,071.51	1,087.04
递延所得税负债	33,329.36	26,565.39
递延收益－非流动负债	50,226.76	48,207.26
其他非流动负债	51,011.59	49,891.91
非流动负债合计	316,956.73	440,935.78
负债合计	1,390,408.43	1,309,849.88
所有者权益（或股东权益）：		
实收资本（或股本）	137,864.09	137,864.09
资本公积金	292,259.91	291,932.48
减：库存股	19.32	19.32
其他综合收益	-22,349.91	-21,899.04
盈余公积金	68,932.04	67,718.36
未分配利润	323,266.25	310,469.36
归属于母公司所有者权益合计	799,953.05	786,065.93
少数股东权益	254,872.19	249,124.29
所有者权益合计	1,054,825.24	1,035,190.22
负债和所有者权益总计	2,445,233.67	2,345,040.10

步骤二：计算出增加额和增长率

计算公式为：

$$增加额 = 实际数 - 基期数$$

$$增长率 = 增加额 / 基期数 \times 100\%$$

需要注意的是，在进行水平分析时要关注数据是否具有可比性，比如企业会计准则或者会计政策发生了变更，将会导致数据的可比性降低。另外在实际运用时，可以借助 Excel 等工具完成计算（表 4-2）。

表 4-2　光明乳业 2021—2022 年资产负债表水平分析表

项目	2022 年年报（万元）	2021 年年报（万元）	增加额（万元）	增长率
流动资产：				
货币资金	264,872.99	320,611.33	-55,738.34	-17.39%
交易性金融资产	118.38		118.38	——
衍生金融资产	626.41	43.80	582.61	1330.16%
应收票据及应收账款	226,847.31	191,427.98	35,419.33	18.50%
应收票据				
应收账款	226,847.31	191,427.98	35,419.33	18.50%
预付款项	48,814.53	55,471.69	-6,657.16	-12.00%
其他应收款（合计）	6,292.17	4,635.10	1,657.07	35.75%
应收股利				
应收利息				
其他应收款	6,292.17	4,635.10	1,657.07	35.75%
买入返售金融资产				
存货	419,670.01	311,451.03	108,218.98	34.75%
其中：消耗性生物资产				
合同资产				
划分为持有待售的资产	1,814.82	1,814.82	0	0.00%
其他流动资产	21,790.63	32,373.44	-10,582.81	-32.69%
流动资产合计	990,847.24	917,829.18	73,018.06	7.96%
非流动资产：				
其他权益工具投资	223.58	222.91	0.67	0.30%
其他非流动金融资产	7,122.49	2,188.55	4,933.94	225.44%
长期股权投资	8,058.33	13,008.99	-4,950.66	-38.06%

续表

项目	2022年年报（万元）	2021年年报（万元）	增加额（万元）	增长率
固定资产（合计）	859,842.13	806,660.43	53,181.70	6.59%
在建工程（合计）	102,804.38	143,987.25	−41,182.87	−28.60%
生产性生物资产	186,371.27	119,371.78	66,999.49	56.13%
使用权资产	102,704.47	167,248.69	−64,544.22	−38.59%
无形资产	78,611.01	57,120.09	21,490.92	37.62%
商誉	82,257.91	82,712.56	−454.65	−0.55%
长期待摊费用	2,406.81	2,124.10	282.71	13.31%
递延所得税资产	15,874.22	12,882.83	2,991.39	23.22%
其他非流动资产	8,109.84	19,682.74	−11,572.90	−58.80%
非流动资产合计	1,454,386.43	1,427,210.92	27,175.51	1.90%
资产总计	2,445,233.67	2,345,040.10	100,193.57	4.27%
流动负债：				
短期借款	120,275.98	71,258.01	49,017.97	68.79%
交易性金融负债				
衍生金融负债	8,266.99	6,614.37	1,652.62	24.99%
应付票据及应付账款	390,411.10	331,470.99	58,940.11	17.78%
应付票据		1,000.00	−1,000	−100.00%
应付账款	390,411.10	330,470.99	59,940.11	18.14%
合同负债	106,837.54	102,491.17	4,346.37	4.24%
应付职工薪酬	54,161.02	47,573.24	6,587.78	13.85%
应交税费	14,730.07	17,042.85	−2,312.78	−13.57%
其他应付款（合计）	263,408.86	254,042.17	9,366.69	3.69%
应付利息	0.00	0.00	0.00	
应付股利	2,200.80	2,314.19	−113.39	−4.90%
其他应付款	261,208.06	251,727.98	9,480.08	3.77%
一年内到期的非流动负债	103,343.32	26,930.61	76,412.71	283.74%
其他流动负债	12,016.81	11,490.70	526.11	4.58%
流动负债合计	1,073,451.69	868,914.10	204,537.59	23.54%
非流动负债：				

续表

项目	2022年年报（万元）	2021年年报(万元)	增加额（万元）	增长率
长期借款	20,178.94	91,000.41	−70,821.47	−77.83%
应付债券	78,870.66	77,489.82	1,380.84	1.78%
租赁负债	80,299.82	144,019.67	−63,719.85	−44.24%
长期应付款（合计）	1,968.09	2,674.28	−706.19	−26.41%
长期应付款	1,968.09	2,674.28	−706.19	−26.41%
专项应付款	0.00	0.00	0.00	0.00%
预计负债	1,071.51	1,087.04	−15.53	−1.43%
递延所得税负债	33,329.36	26,565.39	6,763.97	25.46%
递延收益—非流动负债	50,226.76	48,207.26	2,019.50	4.19%
其他非流动负债	51,011.59	49,891.91	1,119.68	2.24%
非流动负债合计	316,956.73	440,935.78	−123,979.05	−28.12%
负债合计	1,390,408.43	1,309,849.88	80,558.55	6.15%
所有者权益（或股东权益）：				
实收资本（或股本）	137,864.09	137,864.09	0.00	0.00%
资本公积金	292,259.91	291,932.48	327.43	0.11%
减：库存股	19.32	19.32	0.00	0.00%
其他综合收益	−22,349.91	−21,899.04	−450.87	2.06%
盈余公积金	68,932.04	67,718.36	1,213.68	1.79%
未分配利润	323,266.25	310,469.36	12,796.89	4.12%
归属于母公司所有者权益合计	799,953.05	786,065.93	13,887.12	1.77%
少数股东权益	254,872.19	249,124.29	5,747.90	2.31%
所有者权益合计	1,054,825.24	1,035,190.22	19,635.02	1.90%
负债和所有者权益总计	2,445,233.67	2,345,040.10	100,193.57	4.27%

步骤三：分析资产、负债和所有者权益的变化情况，重点关注变动程度较大的项目

根据表4-2及光明乳业年度财务报告，针对变动金额或变动比例较大的项目进行分析，可得出如下分析结论。

1. 资产项目

光明乳业2022年资产比2021年增长100,193.57万元，增长比率为4.27%。其中流动资产增长7,3018.06万元，增长比率为7.96%。非流动资产增长27,175.51万元，增长比率为

1.90%。

其中流动资产变动的主要项目和原因分析如下。

(1)货币资金下降了55,738.34万元(−17.39%),主要是由于本报告期收回联营企业经营性往来减少、本报告期固定资产处置利得减少等原因造成的。

(2)交易性金融资产增加118.38万元,主要原因是本报告期收到家得利超市破产重整偿付债权的股票。

(3)衍生金融资产增加582.61万元(1,330.16%),主要原因是本报告期汇率变动导致以公允价值计量且其变动计入当期损益的金融资产增加。

(4)应收账款增加了35,419.33万元(18.50%),主要原因是客户欠款增加。

(5)其他应收款增加了1,657.07万元(35.75%),主要原因是本报告期往来款增加。

(6)存货增加了108,218.98万元(34.75%),主要原因是本报告期末原材料和库存商品增加。

(7)其他流动资产下降了10,582.81万元(−32.69%),主要原因是本报告期末待抵扣进项税额减少。

非流动资产变动的主要原因分析如下。

(1)长期股权投资减少了4,950.66万元(−38.06%),主要原因是本报告期转让了联营企业股权。

(2)其他非流动金融资产增加4,933.94万元(225.44%),主要原因是本报告期的远期外汇合同增加。

(3)生产性生物资产增加66,999.49万元(56.13%),主要原因是本报告期新牧场购买了牛只。

(4)使用权资产减少64,544.22万元(−38.59%),主要原因是本报告期牧场用于种植的土地租赁协议变更,缩短了使用年限,导致使用权资产减少。

(5)无形资产增加21,490.92万元(37.62%),主要原因是本报告期新西兰新莱特乳业有限公司的业财系统投入使用。

(6)其他非流动资产减少11,572.90万元(−58.80%),主要原因是本报告期预付设备款减少。

2.负债项目

光明乳业总负债2022年较2021年增加了80,558.55万元(6.15%),其中流动负债增加204,537.59万元(23.54%),主要是由于短期借款、应付账款、其他应付款、一年内到期的非流动负债等项目的增加造成;非流动负债减少123,979.05万元(−28.12%),主要是由于长期借款和租赁负债等项目的减少造成的,具体原因如下。

(1)短期借款增加了49,017.97万元(68.79%),主要原因是本报告期新西兰新莱特乳业有限公司的银行借款增加。

(2)应付账款增加59,940.11万元(18.14%),主要是由增加应付货款造成的。

(3)其他应付款增加9,480.08万元(3.77%),主要是由应付运费、应付租赁费、应付修理费等上升造成的。

(4)一年内到期的非流动负债增加76,412.71万元(283.74%),主要原因是本报告期有一年内到期的长期借款。

(5)长期借款减少70,821.47万元(−77.83%),主要原因是本报告期有一年内到期的长期借款。

(6)租赁负债减少 63,719.85 万元（−44.24%），主要原因是本报告期牧场用于种植的土地租赁协议变更，缩短了使用年限，导致租赁负债减少。

3.所有者权益项目

所有者权益 2022 年比 2021 年增加 19,635.02 万元(1.90%)，增加的主要原因是盈余公积金增加了 1,213.68 万元(1.79%)、未分配利润增加了 12,796.89 万元(4.12%)、少数股东权益增加了 5,747.90 万元(2.31%)，总的来看，就是该年度由于收益增加而产生了盈余。

步骤四：综合评价

根据对光明乳业资产负债表数据进行水平分析，可以得出结论：该企业流动资产增加，说明资产流动性增加，但流动资产中，增加的项目是应收账款、其他应收款以及存货，货币资金减少，要谨防现金短缺的风险；同时短期借款和应付账款有所增加，要防范短期偿债风险，企业的非流动负债下降的同时所有者权益增加，说明长期偿债能力较去年有所增加，但是由于短期内加大了存货采购，下游客户拖欠的货款增加，同时企业欠上游供应商的货款也增加，因此要加快现金回收，避免出现"三角债"现象。

第三节　资产负债表垂直分析

资产负债表的结构反映了资产负债表各项目的相互关系及各项目所占的比重。资产负债表垂直分析是通过计算资产负债表中各项目占总资产或权益总额的比重，分析评价企业资产结构和权益结构的变动情况及合理程度。具体来讲，第一，分析评价企业资产结构的变动情况及变动的合理性；第二，分析评价企业资本结构的变动情况及变动的合理性。

资产负债表垂直分析可以从静态角度和动态角度两方面进行。从静态角度分析就是以本期资产负债表为分析对象，分析评价其实际构成情况。从动态角度分析就是将资产负债表的本期实际构成与选定的标准进行对比分析，对比的标准可以是上期实际数、预算数、同行业的平均数或可比企业的实际数。对比标准的选择视分析目的而定。

资产负债表结构变动情况的分析评价可从以下两个方面进行。

一、资产结构的分析评价

资产结构是指总资产中流动资产与非流动资产的比重，企业资产结构分析评价的思路如下。

第一，从静态角度观察企业资产的配置情况，特别关注流动资产和非流动资产的比重以及其中重要项目的比重，分析时可通过与行业的平均水平或可比企业资产结构的比较，对企业资产的流动性和资产风险作出判断，进而对企业资产结构的合理性作出评价。从整体上看，流动资产和非流动资产的比重，主要受制于企业所处的行业。比如，交通运输业的非流动资产所占比重较大；而在教育文化等行业中，非流动资产所占比例并不大。

通常流动资产多意味着资产可以较快变现,转换成现金的能力比较强,风险性较小,也较为稳健,但是资产盈利性会相对较差;非流动资产多意味着资产不容易变现,转换成现金的能力较弱,风险性较大,但是资产的盈利性相对较好,因为较多的非流动资产容易形成进入壁垒,导致一部分企业难以进入,进而增加盈利性。需要注意的是,这里的盈利性和风险性受到所在行业、行业地位、宏观经济、企业经营战略等多方面因素的影响,不可一概而论。

第二,从动态角度分析企业资产结构的变动情况,对企业资产结构的稳定性作出评价,进而对企业资产结构的调整情况作出评价,如果资产结构较为稳定,说明总资产中的流动资产和非流动资产呈同比例变动,如果资产结构变动较大,说明企业可能有大额资产项目波动。

图4-1显示了资产结构的特点。

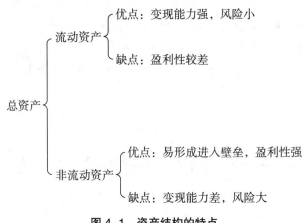

图4-1 资产结构的特点

二、资本结构的分析评价

企业资本结构是指企业各种资本的价值构成及其比例关系,是企业一定时期筹资组合的结果。企业资本结构分析评价的思路如下。

第一,从静态角度观察资本的构成,衡量企业的财务实力,评价企业的财务风险,同时结合企业的盈利能力和经营风险,评价其资本结构的合理性。通常当负债占比较高时,说明企业的资产主要由负债构成,企业将会面临较高的财务风险及偿债压力,但同时负债程序简单,资金成本低,而且可以发挥财务杠杆效应,提高股东的收益率。当所有者权益占比较高时,说明企业主要采取了发行股票的方式进行融资,由于股票融资无须偿还,因此财务风险相对较低,但是股票融资会分散原始股东的控制权。因此资本结构代表了不同的财务特点,分析时要注意结合行业及业务情况进行分析。

第二,从动态角度分析企业资本结构的变动情况,对资本结构的调整情况及对股东收益可能产生的影响作出评价。当企业的负债占比增加时,说明企业加大了负债融资,企业的财务风险将会增加,同时说明企业有一定的资金短缺。当企业的所有者权益占比增加时,要注意分析是由于发行股票造成的,还是由于盈余公积增加造成的,若是由于发行股票造成的,说明企业有资金需求,但由于股票无须偿还,所以财务风险并不会因此增加,若是由于盈余公积增加造成的,说明企业存在盈余,企业盈利情况较好。

图 4-2 显示了资本结构的特点。

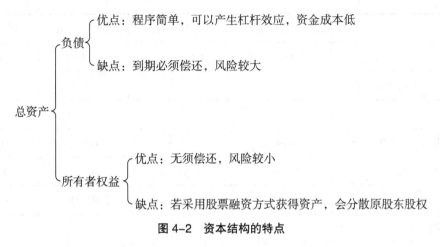

图 4-2　资本结构的特点

> 【例 4-2】光明乳业 2021—2022 年资产负债表垂直分析

步骤一：收集财务数据

通过证券交易所官网下载光明乳业的年度报表如表 4-3 所示。

表 4-3　光明乳业 2021—2022 年资产负债表垂直分析表

项目	2022 年报（万元）	2021 年报（万元）	2022 年占比	2021 年占比
流动资产：				
货币资金	264,872.99	320,611.33	10.83%	13.67%
交易性金融资产	118.38		0.00%	
衍生金融资产	626.41	43.80	0.03%	0.00%
应收票据及应收账款	226,847.31	191,427.98	9.28%	8.16%
应收票据				
应收账款	226,847.31	191,427.98	9.28%	8.16%
预付款项	48,814.53	55,471.69	2.00%	2.37%
其他应收款（合计）	6,292.17	4,635.10	0.26%	0.20%
应收股利				
应收利息				
其他应收款	6,292.17	4,635.10	0.26%	0.20%
买入返售金融资产				

续表

项目	2022年报（万元）	2021年报（万元）	2022年占比	2021年占比
存货	419,670.01	311,451.03	17.16%	13.28%
其中：消耗性生物资产				
合同资产				
划分为持有待售的资产	1,814.82	1,814.82	0.07%	0.08%
其他流动资产	21,790.63	32,373.44	0.89%	1.38%
流动资产合计	990,847.24	917,829.18	40.52%	39.14%
非流动资产：				
其他权益工具投资	223.58	222.91	0.01%	0.01%
其他非流动金融资产	7,122.49	2,188.55	0.29%	0.09%
长期股权投资	8,058.33	13,008.99	0.33%	0.55%
固定资产（合计）	859,842.13	806,660.43	35.16%	34.40%
在建工程（合计）	102,804.38	143,987.25	4.20%	6.14%
生产性生物资产	186,371.27	119,371.78	7.62%	5.09%
使用权资产	102,704.47	167,248.69	4.20%	7.13%
无形资产	78,611.01	57,120.09	3.21%	2.44%
商誉	82,257.91	82,712.56	3.36%	3.53%
长期待摊费用	2,406.81	2,124.10	0.10%	0.09%
递延所得税资产	15,874.22	12,882.83	0.65%	0.55%
其他非流动资产	8,109.84	19,682.74	0.33%	0.84%
非流动资产合计	1,454,386.43	1,427,210.92	59.48%	60.86%
资产总计	2,445,233.67	2,345,040.10	100.00%	100.00%
流动负债：				
短期借款	120,275.98	71,258.01	4.92%	3.04%
交易性金融负债				
衍生金融负债	8,266.99	6,614.37	0.34%	0.28%
应付票据及应付账款	390,411.10	331,470.99	15.97%	14.13%

续表

项目	2022年报（万元）	2021年报（万元）	2022年占比	2021年占比
应付票据		1,000.00	0.00%	0.04%
应付账款	390,411.10	330,470.99	15.97%	14.09%
合同负债	106,837.54	102,491.17	4.37%	4.37%
应付职工薪酬	54,161.02	47,573.24	2.21%	2.03%
应交税费	14,730.07	17,042.85	0.60%	0.73%
其他应付款（合计）	263,408.86	254,042.17	10.77%	10.83%
应付利息	0.00	0.00	0.00%	0.00%
应付股利	2,200.80	2,314.19	0.09%	0.10%
其他应付款	261,208.06	251,727.98	10.68%	10.73%
一年内到期的非流动负债	103,343.32	26,930.61	4.23%	1.15%
其他流动负债	12,016.81	11,490.70	0.49%	0.49%
流动负债合计	1,073,451.69	868,914.10	43.90%	37.05%
非流动负债：				
长期借款	20,178.94	91,000.41	0.83%	3.88%
应付债券	78,870.66	77,489.82	3.23%	3.30%
租赁负债	80,299.82	144,019.67	3.28%	6.14%
长期应付款（合计）	1,968.09	2,674.28	0.08%	0.11%
长期应付款	1,968.09	2,674.28	0.08%	0.11%
专项应付款	0.00	0.00	0.00%	0.00%
预计负债	1,071.51	1,087.04	0.04%	0.05%
递延所得税负债	33,329.36	26,565.39	1.36%	1.13%
递延收益-非流动负债	50,226.76	48,207.26	2.05%	2.06%
其他非流动负债	51,011.59	49,891.91	2.09%	2.13%
非流动负债合计	316,956.73	440,935.78	12.96%	18.80%
负债合计	1,390,408.43	1,309,849.88	56.86%	55.86%
所有者权益（或股东权益）：				

续表

项目	2022年报（万元）	2021年报（万元）	2022年占比	2021年占比
实收资本（或股本）	137,864.09	137,864.09	5.64%	5.88%
资本公积金	292,259.91	291,932.48	11.95%	12.45%
减：库存股	19.32	19.32	0.00%	0.00%
其他综合收益	−22,349.91	−21,899.04	−0.91%	−0.93%
盈余公积金	68,932.04	67,718.36	2.82%	2.89%
未分配利润	323,266.25	310,469.36	13.22%	13.24%
归属于母公司所有者权益合计	799,953.05	786,065.93	32.71%	33.52%
少数股东权益	254,872.19	249,124.29	10.42%	10.62%
所有者权益合计	1,054,825.24	1,035,190.22	43.14%	44.14%
负债和所有者权益总计	2,445,233.67	2,345,040.10	100.00%	100.00%

步骤二：编制资产负债表垂直分析表

将所有项目数值除以当期总资产金额，计算出该项目占总资产的比重，计算公式如下：

某项目所占比重＝该项目本期金额／本期总资产金额×100%

步骤三：对资产及资本结构情况进行分析

1. 资本结构分析

光明乳业2021—2022年资本结构较为稳定，资产负债率从55.86%上升到了56.86%，负债率较为合理，从负债率来看企业风险不是非常大，但是仅凭负债率判断还不够全面，还需要结合资产结构、负债结构、现金流量、企业利润等数据来判断。

2. 资产结构分析

光明乳业2021—2022年流动资产占比从39.14%上升到40.52%，非流动资产从60.86%下降到59.48%，资产结构较为稳定。流动资产比重略有增加，其中货币现金从13.67%下降到了10.83%，主要是本报告期收回联营企业经营性往来减少、本报告期固定资产处置利得减少等原因造成的；另外存货从13.28%上升到了17.16%，主要是原材料和库存商品增加造成，其余流动资产变动幅度不是很大，整体而言流动资产的变现能力下降。在非流动资产中，固定资产从34.40%上升到了35.16%，在建工程从6.14%下降到了4.20%，主要是部分在建工程完工，转化成了固定资产；生产性生物资产从5.09%上升到了7.62%，主要原因是本报告期新牧场购买了牛只；使用权资产从7.13%下降到了4.20%，主要原因是本报告期牧场用于种植的土地租赁协议变更，缩短了使用年限，导致使用权资产减少。

3. 负债结构分析

光明乳业2021—2022年流动负债从37.05%上升到43.90%，非流动负债从18.80%下降到12.96%，流动负债上升，非流动负债下降，说明企业的短期偿债压力上升，需要关注短期风险。从流动负债角度来看，短期借款从3.04%上升到了4.92%，应付账款从14.09%上升到了15.97%，一年内到期的非流动负债从1.15%上升到了4.23%，这三项是造成2022年流动负债比例较2021年增加的主要原因。另外值得注意的是，在2022年，光明乳业应付账款占15.97%，其他应付款占10.77%，这两项占了流动负债的一半以上，说明企业大部分的流动负债是由商业信用待付款项形成的。从非流动负债角度来看，长期借款从3.88%下降到了0.83%，租赁负债从6.14%下降到了3.28%，这两项是造成非流动负债下降的主要原因。

第四节　资产负债表项目分析

一、主要资产项目分析

（一）货币资金

货币资金包括现金、银行存款和其他货币资金。货币资金是企业流动性最强、最有活力的资产，同时又是盈利能力最低或者说几乎不产生收益的资产，其拥有量过多或过少对企业生产经营都会产生不利影响。

一般来说，企业货币资金存量规模过小，会降低企业的支付能力，影响企业的信誉，可能会因此而负担不必要的罚金支出，或丧失优惠进货的机会及最佳投资机会等；反之，如果货币资金存量规模过大，则会使企业丧失这部分资金的获利机会，影响企业资金的利用效果。企业管理人员对资金的调度会影响货币资金存量规模，如在货币资金存量规模过小时，通过筹资活动提高其存量规模，而在其存量规模较大时，通过短期证券投资的方法加以充分利用，就会降低其存量规模。此外，还会发生所筹资金尚未使用的情况，企业通过发行新股、债券和银行借款而取得大量现金，但由于时间关系而没来得及运用或暂时没有合适的投资机会进行投资，就会形成较大的货币资金余额。

（二）应收款项

应收款项主要包括应收账款（应收票据）和其他应收款，两者产生的原因不同，所以分析时也应分别进行。另外，坏账准备也是应收款项的备抵科目。

1. 应收账款（应收票据）

应收账款是由企业提供商业信用而产生的。单纯从资金占用角度讲，应收账款的资金占用是一种最不经济的行为，但这种损失往往可以通过企业扩大销售而得到补偿，所以，应收账款的资金占用又是必要的。对应收账款的分析，应从以下几个方面进行。

（1）关注企业应收账款的规模及变动情况。企业销售产品或服务是应收账款形成的直接原因，在其他条件不变时，应收账款会随销售规模的增加而同步增加。

（2）分析会计估计变更的影响。会计估计变更有两个原因：一是赖以进行估计的基础发生变化，或者由于取得新的信息、积累更多的经验以及后来的发展变化，可能需要对会计估计进行修订。二是会计信息可能被操纵。企业管理人员为达到特定的目的，如追求高盈利的账面数据，用带有倾向性的假设对当前业务的未来结果作出预测。如果会计估计变更是因为第一个原因，那么发生的这种变更会增加财务报表资料的真实性，但如果是因为第二个原因，那么随之产生的财务报表资料就可能会掩盖某些事实，造成财务信息人为失真。无论哪种情况发生，对应收账款的会计估计变更，最终都会使应收账款发生变动。

(3) 分析企业是否利用应收账款进行利润调节。企业利用应收账款进行利润调节的案例屡见不鲜，因此，分析时要特别关注两点。其一，应收账款的异常增长，特别是会计期末突发性产生的与营业收入相对应的应收账款。如果一个企业平时的营业收入和应收账款都很均衡，而唯独第四季度特别是12月份营业收入猛增，并且与此相联系的应收账款也直线上升，就有理由怀疑企业可能通过虚增营业收入或提前确认收入进行利润操纵。其二，应收账款中关联方应收账款的金额与比例。由于关联方之间的交易并不总是按照市场价格进行，因此关联方交易为企业提供了操纵利润的盈余管理机会。如果一个企业应收账款中关联方应收账款的金额增长异常或所占比例过大，应视为企业可能利用关联交易进行利润调节的信号。

(4) 要特别关注企业是否有应收账款巨额冲销的行为。一个企业巨额冲销应收账款，特别是其中的关联方应收账款，通常是不正常的，或者是在还历史旧账，或者是为今后进行盈余管理扫清障碍。这种行为通常被称为"洗大澡"。当企业发现某年业绩较差时，在该年度进行巨额的应收账款冲销，甚至将本能收回的应收账款进行部分冲销，以便为未来利润的转回提供空间。

> 【例4-3】光明乳业应收账款分析

一、应收账款明细情况

由表4-4可知，2021—2022年光明乳业，1年以内的应收账款占95%以上，从账龄角度来看，光明乳业应收账款风险不大。

表4-4 光明乳业2021年—2022年应收账款明细分析表

报告期	账龄	应收账款金额（元）	占总应收款比例
2022年	1年以内	2,353,888,340	96.79%
	1～2年	18,008,548	0.74%
	2～3年	10,849,333	0.45%
	3年以上	49,273,597	2.03%
	合计	2,432,019,818	100%
2021年	1年以内	1,984,243,640	95.85%
	1～2年	11,188,550	0.54%
	2～3年	6,292,678	0.30%
	3年以上	68,344,848	3.30%
	合计	2,070,069,716	100%

二、坏账准备计提方法

从表4-5光明乳业坏账准备的计提情况可以看出，光明乳业主要采用了单项计提和组合计提的方法。

表4-5 光明乳业2022年年报中披露的坏账准备计提方法分析表

项目	期末余额					期初余额					
	账面余额		坏账准备		账面价值（元）	账面余额		坏账准备		账面价值（元）	
	金额（元）	比例（%）	金额（元）	计提比例（%）		金额（元）	比例（%）	金额（元）	计提比例（%）		
按单项计提坏账准备	54,787,361	2	46,341,266	85	8,446,095	101,890,016	5	63,611,182	62	38,278,834	
按组合计提坏账准备	2,377,232,457	98	117,205,446	5	2,260,027,011	1,968,179,700	95	92,178,756	5	1,876,000,944	
其中：											
按信用风险特征组合计提坏账准备的应收账款－境内客户组合	1,593,864,659	66	101,801,604	6	1,492,063,055	1,353,741,623	65	77,275,251	6	1,276,466,372	
按信用风险特征组合计提坏账准备的应收账款－境外客户组合	783,367,798	32	15,403,842	2	767,963,956	614,438,077	30	14,903,505	2	599,534,572	
合计	2,432,019,818	/	163,546,712	7	2,268,473,106	2,070,069,716	/	155,789,938	8	1,914,279,778	

1. 单项计提

如果单项应收账款金额较大,对损益影响也大,有一定坏账风险,那么可以单独对这项重大的应收账款计提坏账准备,这就是单项计提坏账准备。简言之,单项计提坏账准备就是针对某一个客户单独计提坏账,要对客户进行单独评估。比如企业对应的应收客户有 100 个,其中一两个已经明确知道钱收不回来了,那就要对这一两个单独计提坏账。表 4-6 显示了光明乳业 2022 年年报中披露的按单项计提坏账准备分析表。

表 4-6 光明乳业 2022 年年报中披露的按单项计提坏账准备分析表

项目	期末余额			
	账面余额（元）	坏账准备（元）	计提比例（%）	计提理由
按单项计提坏账准备	54,787,361	46,341,266	85	债务人财务状况恶化
合计	54,787,361	46,341,266	85	/

2. 组合计提

与在同一地区生产和销售的产品或服务系列相关、具有相同或类似最终用途或目的,且难以与其他项目分开计量的应收账款,可以合并计提坏账准备。在组合计提中,大部分企业都会用到账龄组合,根据客户欠款时间长短设定不同比例来计提坏账,欠账时间越短,收回来的可能性越大;反之,收回来的可能性越小。表 4-7 和表 4-8 分别为光明乳业 2022 年年报中披露的境内客户、境外客户按组合计提坏账准备的情况。

表 4-7 光明乳业 2022 年年报中披露的按组合计提坏账准备分析表（境内客户）

项目	期末余额		
	应收账款（元）	坏账准备（元）	计提比例（%）
未逾期至逾期 180 天以内	1,465,812,564	41,147,955	3
逾期 180 天至 1 年	61,359,034	9,822,705	16
逾期 1 至 2 年	16,500,263	3,852,804	23
逾期 2 至 3 年	10,840,023	7,625,365	70
逾期 3 年以上	39,352,775	39,352,775	100
合计	1,593,864,659	101,801,604	6

表 4-8 光明乳业 2022 年年报中披露的按组合计提坏账准备分析表（境外客户）

项目	期末余额		
	应收账款（元）	坏账准备（元）	计提比例（%）
未逾期至逾期 180 天以内	783,367,798	15,403,842	2
合计	783,367,798	15,403,842	2

三、坏账准备的情况

从表4-9可知,2022年光明乳业应收账款坏账准备期初余额是155,789,938元,2022年计提了46,869,439元,收回了11,859,218元,转销或核销了27,471,156元,其他变动导致坏账准备增加了217,709元,期末余额是16,546,712元,2022年坏账准备期末余额较期初增加了7,756,774元。

表4-9 光明乳业2022年年报中披露的坏账准备情况统计表(元)

项目	期初余额	本期变动金额				期末余额
		计提	收回或转回	转销或核销	其他变动(汇率差异)	
应收账款	155,789,938	46,869,439	-11,859,218	-27,471,156	217,709	163,546,712
合计	155,789,938	46,869,439	-11,859,218	-27,471,156	217,709	163,546,712

其中,核销坏账是在债务双方未及时履行合同责任,且支付能力受到影响时,可以将坏账费用计入收入或准备金,不再收回。冲销坏账是将坏账账项中的本金和收益相等的数额冲抵,抵销坏账,然后归还剩余款项,冲销的款项不再收回。转销坏账是把坏账的资产转移给他人,并视为实际支付,由他人收回坏账款项;转销的款项仍可能收回,但由他人收回。2022年光明乳业转销和核销的金额是27,471,156元,其中17,971,265元是由客户A无法收回和客户B破产清算造成的(表4-10)。

表4-10 光明乳业2022年年报中本期实际核销的应收账款情况统计表(元)

单位名称	应收账款性质	核销金额	核销原因	履行的核销程序	款项是否由关联交易产生
客户A	应收货款	14,877,518	无法收回	内部审批	否
客户B	应收货款	3,093,747	破产清算	内部审批	否
合计	/	17,971,265	/	/	/

四、按欠款方归集的期末余额前五名的应收账款情况

通过按欠款方归集的期末余额前五名的应收账款情况,可以分析企业是否存在严重依赖单一客户的情况。如果来自企业前五大客户的应收账款占应收账款总额的比重达到80%以上,那么一旦这些客户破产了,或者不跟这个企业合作,改成跟它的竞争对手合作了,那么受到影响的不只是企业的营业收入,还包括企业账款的回收,进而影响到企业的资金链。由表4-11可知,光明乳业2022年应收账款客户A的欠款占期末余额的6%,余额前五名的应收账款总额占期末余额的21%,说明应收账款存在一定的集中,但并不严重。

表 4-11　光明乳业 2022 年年报中披露的按欠款方归集应收账款情况统计表

单位名称	期末余额（元）	占应收账款期末余额合计数的比例（%）	坏账准备期末余额（元）
客户 A	137,942,150	6	1,530,986
客户 B	105,363,423	4	16,904,533
客户 C	90,323,759	4	
客户 D	88,273,417	4	
客户 E	86,554,421	3	298,089
余额前五名的应收账款总额	508,457,170	21	18,733,608

2. 其他应收款

其他应收款的发生通常是由企业间或企业内部往来事项引起的。实务中，一些上市公司为了某种目的，常常把其他应收款作为企业调整成本费用和利润的手段，甚至企业大股东会通过该项目侵占企业利益，分析时对其他应收款项目应予以充分注意。其他应收款分析应关注以下方面。

1）其他应收款的规模及变动情况

分析时应注意观察其他应收款增减变动趋势，如果其他应收款规模过大，或有异常增长现象，如其他应收款余额远远超过应收账款余额，其他应收款增长率大大超过应收账款增长率，就应注意分析企业是否有利用其他应收款进行利润操纵的行为。

2）其他应收款包括的内容

一些企业常常把其他应收款项目当成蓄水池，任意调整成本费用，进而达到调节利润的目的。分析时要注意发现：其一，是否将应计入当期成本费用的支出计入其他应收款；其二，是否将本应计入其他项目的内容计入其他应收款。

3）关联方其他应收款余额及账龄

近年来，大股东占用上市公司巨额资金的事例频繁曝光，已严重威胁到上市公司的正常经营。分析时应结合会计报表附注，观察是否存在大股东或关联方长期、大量占用上市公司资金，造成其他应收款余额长期居高不下的现象。

4）是否存在违规拆借资金

上市公司以委托理财等名义违规拆借资金往往借助其他应收款来实现。需要特别注意的是，其他应收款是否成为大股东或者实际控制人占用企业资金的手段。针对该类问题，可以分析其他应收款是否涉及企业的关联方。

3. 坏账准备

坏账准备作为应收款项的备抵科目，也被经常用来进行费用调整，从而对资产负债表和利润表产生影响。坏账准备的分析应注意以下三点。

（1）分析坏账准备的提取方法、提取比例的合理性。按会计制度规定，企业可以自行确定计提坏账准备的方法和计提的比例。这可能导致一些企业出于某种动机，随意选择提取比例，随意选择计提方法，人为地调节应收款项净额和当期利润。

(2) 比较企业前后会计期间坏账准备提取方法、提取比例是否改变。一般说来,企业坏账准备的提取方法和提取比例一经确定,就不能随意变更了。企业随意变更坏账准备的提取方法和提取比例,往往隐藏着一些不可告人的目的。分析时应首先查明当企业坏账准备提取方法和提取比例变更时,企业是否按照信息披露制度的规定,对其变更原因予以说明。然后分析企业这种变更的理由是否充分合理,是正常的会计估计变更还是为了调节利润。

(3) 区别坏账准备提取数变动的原因。坏账准备提取数发生变动,既可能是由应收款项变动引起的,也可能是由会计政策或会计估计变更引起的,分析时应加以区别。

(三) 存货

1. 存货的范围

存货是指企业在日常活动中持有的以备出售的产成品或商品、处在生产过程中的在产品、在生产过程或提供劳务过程中耗用的材料和物料等。

存货是企业最重要的流动资产,通常占流动资产的一半以上。存货核算的准确性对资产负债表和利润表有较大的影响,因此,应特别重视对存货的分析。存货分析主要包括存货构成分析和存货计价分析。

2. 存货构成

企业存货资产遍布于企业生产经营全过程,种类繁多,按其性质可分为材料存货、在产品存货和产成品存货。存货构成分析既包括各类存货规模与变动情况分析,也包括各类存货结构与变动情况分析。

(1) 存货规模与变动情况分析。存货规模与变动情况分析,主要是观察各类存货的变动情况与变动趋势,分析各类存货增减变动的原因。在分析存货规模和变动情况时,需要将存货信息与企业所处行业的生产经营特点、上下游行业的联动效应,以及供应商和客户关系结合起来考查。

(2) 存货结构与变动情况分析。存货资产结构指各种存货资产在存货总额中的比重。各种存货资产在企业再生产过程中的作用是不同的,其中库存商品和发出商品存货是存在于流通领域的存货,不是保证企业再生产过程不间断进行的必要条件,必须压缩到最低限度。材料存货是维护再生产活动的必要物质基础,然而它只是生产的潜在因素,所以应把它限制在能够保证再生产正常进行的最低水平上。在产品存货是保证生产过程连续性的存货,企业的生产规模和生产周期决定了在产品存货的数量,在企业正常经营条件下,在产品存货应保持一个稳定的比例。

企业生产经营的特点决定了企业存货资产的结构,在正常情况下,存货资产结构应保持相对的稳定性。分析时,应特别注意对变动较大的项目进行重点分析。任何存货资产比重的剧烈变动,都表明企业生产经营过程中有异常情况发生,因此应深入分析其原因,以便采取有针对性的措施加以纠正。

3. 存货计价

存货资产是企业流动资产的重要组成部分,是生产经营活动的重要物质基础。存货资产的变动,不仅对流动资产的资金占用有极大的影响,而且对生产经营活动也会产生重大影响。存货变动主要受企业生产经营方面的影响,如生产经营规模的扩张和收缩、资产利用效率的高低、资金周转速度的快慢、存货管理水平的高低,等等。但存货的计价方法、存货的盘存制度和跌价准备的计提等因素的影响也不容忽视。虽然存货的计价方法不会改变存货实物量,但是计价方法能够反映出企业存货管理水平和管理人员对未来经营趋势的预期。

> **【例 4-4】光明乳业存货分析**

表 4-12 显示了光明乳业 2019—2022 年存货明细情况。

表 4-12 光明乳业 2019—2022 年存货明细表(万元)

项目	2022 年年报	2021 年年报	2020 年年报	2019 年年报
存货金额	441,073.35	321,987.68	295,883.13	244,395.07
产成品	—	—	—	153,830.60
库存商品	248,102.79	164,176.91	181,373.49	—
消耗性生物资产	6,346.38	2,662.28	1,206.41	1,881.32
原材料	186,624.18	155,148.49	113,303.23	88,683.15

根据表 4-12,可对光明乳业存货结构进行计算,如表 4-13 所示。

表 4-13 光明乳业 2019—2022 年存货结构表

项目	2022 年年报	2021 年年报	2020 年年报	2019 年年报
存货金额	100.00%	100.00%	100.00%	100.00%
产成品	—	—	—	62.94%
库存商品	56.25%	50.99%	61.30%	—
消耗性生物资产	1.44%	0.83%	0.41%	0.77%
原材料	42.31%	48.18%	38.29%	36.29%

由表 4-12 和表 4-13 可知,光明乳业的存货逐年增加,2019—2022 年,存货的金额从约 24.44 亿元增加到约 44.11 亿元,几乎翻倍。从存货构成来看,2022 年光明乳业有 56.25% 的存货是库存商品,有 42.31% 的存货是原材料,另外还有 1.44% 的消耗性生物资产,所以光明乳业的存货主要是以库存商品和原材料为主。

通过表 4-14,可知光明乳业的存货跌价主要是由库存商品跌价和原材料跌价造成的,其中原材料跌价占的比重更大。对于光明乳业来说,一方面大量增加存货金额,另一方面存货跌价金额不断增加,应当考虑适度控制存货金额。

表 4-14 光明乳业 2019—2022 年存货跌价准备(万元)

项目	2022 年年报	2021 年年报	2020 年年报	2019 年年报
跌价准备	21,403.34	10,536.65	9,649.21	13,697.55
产成品	—	—	—	5,342.40
库存商品	5,251.08	3,495.06	2,776.97	—
消耗性生物资产	—	—	—	—
原材料	16,152.26	7,041.59	6,872.24	8,355.15

(四)固定资产

根据《企业会计准则第4号——固定资产》的规定,固定资产是指同时具有下列特征的有形资产:其一,为生产商品、提供劳务、出租或经营管理而持有;其二,使用寿命超过一个会计年度。

固定资产是企业重要的劳动手段,对企业的盈利能力有重大影响。固定资产分析主要从固定资产规模与变动情况分析、固定资产结构与变动情况分析、固定资产折旧分析和固定资产减值准备分析四个方面展开。

1. 固定资产规模与变动情况分析

固定资产规模与变动情况分析主要从固定资产原值和净值两个方面来进行。

(1)固定资产原值变动情况分析。固定资产原值是反映固定资产占用量的指标,如果剔除物价变动的影响,也可以说固定资产原值是以价值形式表示固定资产实物量的指标。固定资产原值反映了企业固定资产规模,其增减变动受当期固定资产增加和当期固定资产减少的影响。

(2)固定资产净值变动情况分析。固定资产净值的变动取决于两个方面:一是固定资产原值的变动;二是折旧的变动,而折旧的变动完全取决于折旧政策的选择。固定资产净值变动情况分析就是分析固定资产原值变动和固定资产折旧变动对固定资产净值的影响。

2. 固定资产结构与变动情况分析

固定资产按使用情况和经济用途可以分为生产用固定资产、非生产用固定资产、租出固定资产、未使用和不需用固定资产、融资租入固定资产等。固定资产结构反映固定资产的配置情况,合理配置固定资产,既可以在不增加资金占用量的同时提高企业生产能力,又可以使固定资产得到充分利用。根据现行会计制度,企业无须对外披露固定资产的使用情况,企业外部分析人员通常无法获得这方面的相关信息。但是企业内部分析人员仍有必要分析固定资产的结构与变动趋势,考查固定资产分布和利用的合理性,为企业合理配置固定资产、挖掘固定资产利用潜力提供依据。固定资产结构分析应特别注意从以下三个方面进行:一是分析生产用固定资产与非生产用固定资产之间的比例变化情况;二是考查未使用和不需用固定资产比率的变化情况,查明企业在处置闲置固定资产方面的工作是否得力;三是考查生产用固定资产内部结构是否合理。

3. 固定资产折旧分析

企业会计准则和制度允许企业使用的折旧方法有平均年限法、工作量法、双倍余额递减法、年限总和法,后两种方法属于加速折旧法。不同的折旧方法由于各期所提折旧不同,会引起固定资产价值发生不同的变化。固定资产折旧方法的选择对固定资产的影响还隐含着会计估计对固定资产的影响,如对折旧年限的估计、对固定资产残值的估计等。

固定资产折旧分析应注重以下三个方面。

(1)分析固定资产折旧方法的合理性。企业应根据科技发展、环境及其他因素,合理选择固定资产折旧方法,对于利用固定资产折旧方法的选择及折旧方法的变更,达到调整固定资产净值和利润的目的的做法,要通过分析比较揭示出来。

(2)分析企业固定资产折旧政策的连续性。固定资产折旧方法一经确定,一般不得随意变更。企业未按照会计准则要求变更固定资产折旧方法,可能隐藏着一些不可告人的目的,因此,应分析其变更理由是否充分，同时确定折旧政策变更的影响。

(3) 分析固定资产预计使用年限和预计净残值确定的合理性。分析时，应注意固定资产使用年限和固定资产预计净残值的估计是否符合国家有关规定，是否符合企业实际情况。在实务中，一些企业在固定资产没有减少的情况下，往往通过延长固定资产使用年限，使折旧费用大幅减少，达到"扭亏增盈"的目的。对于这种会计信息失真现象，分析人员应予以揭示，并加以修正。

4. 固定资产减值准备分析

固定资产减值准备分析主要从以下三个方面进行。

(1) 固定资产减值准备变动对固定资产的影响。

(2) 固定资产可回收金额的确定，这是确定固定资产减值准备提取数的关键。

(3) 固定资产发生减值对生产经营的影响。固定资产发生减值使固定资产价值发生变化，既不同于折旧引起的固定资产价值变化，也不同于其他资产因减值而发生的价值变化。固定资产减值是由有形损耗或无形损耗造成的，如因技术进步已不可使用或已遭毁损不再具有使用价值和转让价值等，虽然固定资产的实物数量并没有减少，但其价值量和企业的实际生产能力都会相应变动。需要指出的是，根据现行准则规定，固定资产减值无法在将来转回，这会降低管理人员计提减值的意愿。如果固定资产实际上已发生了减值，企业不提或少提固定资产减值准备，不仅虚夸了固定资产价值，同时也虚夸了企业的生产能力。

> 【例 4-5】光明乳业固定资产分析

光明乳业 2022 年固定资产情况如表 4-15 所示。

表 4-15　光明乳业 2022 年固定资产情况统计表（元）

项目	房屋及建筑物	机器设备	运输工具	电子设备、器具及家具	合计
一、账面原值：					
1. 期初余额	4,381,664,052	8,796,960,867	283,764,968	342,974,970	13,805,364,857
2. 本期增加金额	593,111,546	732,935,705	16,169,631	53,065,430	1,395,282,312
（1）购置	49,615,111	222,711,145	12,504,669	37,454,713	322,285,638
（2）在建工程转入	520,803,150	461,975,610	3,664,962	13,815,200	1,000,258,922
（3）汇率差异	22,693,285	48,248,950		1,795,517	72,737,752
3. 本期减少金额	31,124,537	41,592,882	1,075,508	14,331,021	88,123,948
（1）处置或报废	31,124,537	41,592,882	1,075,508	14,331,021	88,123,948
4. 期末余额	4,943,651,061	9,488,303,690	298,859,091	381,709,379	15,112,523,221
二、累计折旧					
1. 期初余额	1,060,351,422	4,034,613,885	217,549,033	228,444,451	5,540,958,791
2. 本期增加金额	115,499,677	597,698,597	14,794,478	61,075,717	789,068,469
（1）计提	113,094,968	585,598,338	14,794,478	60,211,156	773,698,940

续表

项目	房屋及建筑物	机器设备	运输工具	电子设备、器具及家具	合计
（2）汇率差异	2,404,709	12,100,259		864,561	15,369,529
3. 本期减少金额	15,386,583	24,308,548	909,722	12,624,233	53,229,086
（1）处置或报废	15,386,583	24,308,548	909,722	12,624,233	53,229,086
4. 期末余额	1,160,464,516	4,608,003,934	231,433,789	276,895,935	6,276,798,174
三、减值准备					
1. 期初余额	60,670,306	128,691,092	128,691,092	5,556,330	197,801,755
2. 本期增加金额		54,015,897		3,043	54,018,940
（1）计提		50,899,359		3,043	50,902,402
（2）汇率差异		3,116,538			3,116,538
3. 本期减少金额	9,312,482	4,376,662	111,620	716,232	14,516,996
（1）处置或报废	9,312,482	4,376,662	111,620	716,232	14,516,996
4. 期末余额	51,357,824	178,330,327	2,772,407	4,843,141	237,303,699
四、账面价值					
1. 期末账面价值	3,731,828,721	4,701,969,429	64,652,895	99,970,303	8,598,421,348
2. 期初账面价值	3,260,642,324	4,633,655,890	63,331,908	108,974,189	8,066,604,311

光明乳业 2022 年度固定资产计提的折旧金额为 773,698,940 元(2021 年度：731,238,713 元)，其中计入营业成本、销售费用、管理费用及研发费用的折旧费用分别为 663,995,089 元、67,679,643 元、35,260,860 元及 6,763,348 元(2021 年度：624,013,433 元、72,219,875 元、30,218,635 元及 4,786,770 元)。由在建工程转入固定资产的原价为 1,000,258,922 元(2021 年度：437,513,624 元)。

二、主要负债项目变动情况分析

（一）短期借款

短期借款数额的多少，往往取决于企业生产经营和业务活动对流动资金的需求量、现有流动资产的沉淀和短缺情况等。企业应结合短期借款的使用情况和使用效果分析该项目。为了满足流动资产的资金需求，一定数额的短期借款是必需的，但如果数额过大，超过企业的实际需要，不仅会影响资金利用效果，还会因超出企业的偿债能力而给企业的可持续发展带来不利影响。短期借款适度与否，可以根据流动负债的总量、当前的现金流量状况和对未来会计期间现金流量的预期来确定。

短期借款发生变化，其原因不外乎两大方面：生产经营需要；企业负债筹资政策变化。其具体变动的原因可归纳为以下三点。

（1）流动资产资金需要，特别是临时性占用流动资产需要发生变化。当季节性或临时性需要产生时,企业就可能通过短期借款来满足其资金需要,当这种季节性或临时性需要消除时,企业就会偿还这部分短期借款,从而造成短期借款的变化。

(2) 节约利息支出。一般来讲,短期借款的利率低于长期借款和长期债券的利率,短期借款相对于长期借款来说,利息支出较少。

(3) 调整负债结构和财务风险。企业增加短期借款,就可以相对减少对长期负债的需求,使企业负债结构发生变化。相对于长期负债而言,短期借款具有风险大、利率低的特点,负债结构变化将会引起负债成本和财务风险发生相应的变化,增加企业资金的弹性。短期借款可以随借随还,有利于企业对资金存量进行调整。

> **【例 4-6】光明乳业 2022 年短期借款分析**

一、短期借款分类

光明乳业 2022 年年报中披露的短期借款分类情况如表 4-16 所示。

表 4-16 光明乳业 2022 年年报中披露的短期借款分类统计表（元）

项目	期末余额	期初余额
信用借款	1,162,720,895	627,467,110
抵押借款	40,038,889	85,112,979
合计	1,202,759,784	712,580,089

1. 信用借款

信用借款是指根据借款人的个人信用、收入水平和还款能力等因素,由银行或其他金融机构对其进行评估后,向借款人提供贷款服务的一种贷款方式。光明乳业 2022 年信用借款期末余额为 1,162,720,895 元,期初余额为 627,467,110 元。

2. 抵押借款

抵押借款是指借款人将自己名下的房屋、车辆等有价物品作为担保物,向银行或其他金融机构借款,并按照规定的利率和期限进行偿还的贷款方式。光明乳业 2022 年抵押借款期末余额 40,038,889 元,期初余额 85,112,979 元。其中抵押物情况如下:2022 年 12 月 31 日,抵押借款系由账面价值 103,837,062 元(原价为 127,893,284 元)的房屋及建筑物、机器设备,以及账面价值为 25,957,548 元(原价为 26,600,000 元)的土地使用权作为抵押物;2021 年 12 月 31 日,抵押借款系由账面价值 144,018,905 元(原价为 144,427,900 元)的房屋及建筑物和机器设备,账面价值为 26,550,580 元(原价为 26,600,000 元)的土地使用权,以及账面价值约 61,379,710 元的生产性生物资产作为抵押物。

二、短期借款利率

1. 固定利率

2022 年 12 月 31 日,光明乳业短期借款中人民币 75,075,835 元(2021 年 12 月 31 日:230,595,398 元)为固定利率借款。

2. 浮动利率

人民币 1,127,683,949 元(2021 年 12 月 31 日:481,984,691 元)为基于一个月新西兰元

银行汇票基准利率(以下简称BKBM)加成一定参数的浮动利率借款。2022年12月31日,短期借款的利率区间为1.26%~3.80%(2021年12月31日:1.26%~5.66%)。

(二)应付账款及应付票据

应付账款及应付票据因商品交易而产生,其变动原因有以下四点。

(1)企业销售规模的变动。当企业销售规模扩大时,会增加存货需求,使应付账款及应付票据等债务规模扩大;反之,会使其降低。

(2)为充分利用无成本资金。应付账款及应付票据是因商业信用产生的一种无资金成本或资金成本极低的资金来源,企业在遵守会计制度、维护企业信誉的条件下对其充分加以利用,可以减少其他筹资方式的筹资数额,节约利息支出。虽然从资本成本来看,应付账款和应付票据并不发生直接的资金支出,但是会产生机会成本。更为重要的是,应付账款会影响企业的商业信誉,对企业的长期生产经营产生深远影响。

(3)提供商业信用的企业信用政策发生变化。如果其他企业放宽信用政策和收账政策,企业应付账款和应付票据的规模就会变大;反之,就会变小。

(4)企业资金的充裕程度。企业资金相对充裕,应付账款和应付票据规模会相对缩减一些;当企业资金比较紧张时,就会影响到应付账款和应付票据的清偿。

(三)应交税费和应付股利

应交税费反映企业应交未交的各种税金和附加费,包括流转税、所得税和各种附加费。交纳税费是每个企业应尽的法定义务,企业应按有关规定及时、足额交纳。应交税费的变动与企业营业收入、利润的变动相关。分析时应注意查明企业是否有拖欠国家税款的行为。

应付股利反映企业应向投资者支付而未付的现金股利,是因企业宣告分派现金股利而形成的一项负债。支付股利需要大量现金,企业应在股利支付日之前做好支付准备。

▶【例4-7】光明乳业2022年应交税费

光明乳业2022年应交税费明细如表4-17所示。

表4-17 光明乳业2022年应交税费明细表(元)

项目	期末余额	期初余额
企业所得税	89,137,479	77,935,335
增值税	23,611,852	62,276,942
教育费附加	9,368,863	9,759,956
城市维护建设税	8,622,288	8,490,902
其他	16,560,229	11,965,320
合计	147,300,711	170,428,455

光明乳业2022年应交税费主要是由企业所得税、增值税、教育费附加、城市维护建设税和

其他税费组成。

(四) 其他应付款

与其他应收款类似,其他应付款也属于往来类别的科目。但是,其他应付款并不直接与生产经营行为相关,因而规模通常较小,变动幅度有限。其他应付款分析的重点包括:其一,其他应付款规模与变动是否正常;其二,是否存在企业长期占用关联方企业资金的现象。分析时应结合财务报表附注提供的资料进行判断。

➤【例4-8】光明乳业其他应付款分析

光明乳业2022年其他应付款明细情况如表4-18所示。

表4-18 光明乳业2022年其他应付款明细表(元)

项目	期末余额	期初余额
应付广告及市场营销费用	1,139,397,661	1,227,839,416
应付运费	492,560,315	406,890,780
应付押金、保证金	285,564,600	285,446,496
应付租赁费	43,147,994	14,604,628
应付修理费	28,327,958	21,367,222
其他	623,082,051	561,131,296
合计	2,612,080,579	2,517,279,838

需要说明的是,2022年12月31日,除应付押金、保证金外,无账龄超过一年的其他应付款(2021年12月31日,除应付押金、保证金外,无账龄超过一年的其他应付款)。

(五) 长期借款

长期借款是企业利用负债方式获得长期资金来源的方式。长期借款属于企业重要的融资决策,对于企业生产经营产生深远影响。主要有如下原因影响长期借款的变动。

(1)银行信贷政策及资金市场的资金供求状况。
(2)为了满足企业对资金的长期需要。
(3)保持企业权益结构的稳定性。
(4)调整企业负债结构和财务风险。

➤【例4-9】光明乳业长期借款分析

光明乳业2022年长期借款分类情况如表4-19所示。

表 4-19 光明乳业 2022 年长期借款分类统计表（元）

项目	期末余额	期初余额
抵押借款	736,033,335	678,454,118
保证借款	225,239,375	225,000,000
信用借款	6,550,000	6,550,000
减：抵押借款	−736,033,335	
减：保证借款	−30,000,000	
合计	201,789,375	910,004,118

长期借款分类的说明如下：2022 年 12 月 31 日，银行抵押借款 736,033,335 元(2021 年 12 月 31 日：678,454,118 元)系由本集团账面价值约为 1,188,591,485 元(原价 1,393,550,666 元)的固定资产作抵押，利息每月支付一次，本金应于 2023 年 10 月 1 日偿还。

2022 年 12 月 31 日，银行保证借款 225,239,375 元(2021 年 12 月 31 日：225,000,000 元)由光明乳业及江苏银宝控股集团有限公司按照持股比例提供担保，利息每季度支付一次，本金 30,000,000 元应于 2023 年偿还，本金 45,000,000 元应于 2024 年偿还，本金 60,000,000 元应于 2025 年偿还，本金 90,000,000 元应于 2026 年偿还。

2022 年 12 月 31 日，长期借款 201,789,375 元为固定利率借款，人民币 736,033,335 元系基于 BKBM 加成一定参数的浮动利率借款。长期借款的利率区间为 0%～4.05%(2021 年 12 月 31 日：0%～4.05%)。

本章总结

本章的学习重点是对企业的资产负债表进行分析，分析的方法是从大到小，从粗到细，并结合水平分析和垂直分析两种方法进行。首先可以通过水平分析的方法对企业的资产变动情况和变化原因进行分析，优秀企业的特点应该是总资产逐年稳步增长，而增长的来源应该是留存收益占主要构成部分，如果总资产的增长动力是负债，那么这种增长往往维持不了太久，因此在对总资产变化趋势进行分析时，应当结合利润数据进行分析，这样会更加全面。其次可以利用垂直分析法对企业的资本结构、资产结构和负债结构、所有者权益结构等数据进行分析，以上的几种结构特点往往预示着不同的收益与风险组合，可以用以判断企业的盈利状况和风险状况。最后对于变动幅度较大或占比较高的项目，可以进行具体分析，这时应当结合财务报表附注信息开展分析。

思政小课堂

"人的一生有两张资产负债表，一张用于衡量物质财富，一张用于衡量精神财富。衡量物质财富的资产负债表中，资产减去负债剩余的属于你自己的权益，代表着你将多少社会财富据为己有；而衡量精神财富的资产负债表中，负债就是你获得多少的帮助，承载了多少情义，资产则是你给予他人多少帮助，付出了多少情义，资产减去负债，留下的是你对社会的净贡献。"

人生的第二张资产负债表,从我们出生的那一天就开始编制,周而复始,涵盖了我们的一生。人生的第二张资产负债表,其核算基础可以是不对称的,资产(给予他人的帮助和情义)的核算以权责发生制为基础,不求一时一事,但求持之以恒,负债(接受他人的帮助和情义)是以收付实现制为基础的,哪怕是滴水之恩,也应当涌泉相报。人生的第二张资产负债表淡化分期假设,既有时点性,又有时期性。按照希克斯爵士的观点,剔除交易的影响,期末净资产减去期初净资产等于利润。可见,人生的第二张资产负债表也是人生的第二张利润表,它反映的是我们一生对社会的净贡献。不同的是,这张报表并不遵循配比原则,只强调对社会的付出,不强调向社会的索取。这张报表也不讲究重要性原则,给予或接受他人的帮助和情义,不论大小,均应反映,予以列报。

在人生的第二张资产负债表里,资产和负债对应三个层面的关系:微观层面是与家人之间的相互关系,中观层面是与同学、同事、朋友和单位之间的相互关系,宏观层面是与国家和社会的相互关系。在人生的第二张资产负债表里,爱心和奉献是最重要的资产,贪婪和索取是最重大的负债。爱心大于贪婪,奉献大于索取,这才是我们理应追求的人生价值。对国家、对社会的贡献,既要有家国情怀,志存高远,又要从小事着手,从小处做起。人人都有一颗公德之心,遵守公序良俗,维护社会秩序,节约资源,保护环境,这是我们每个人应当对社会作出的力所能及的贡献。人人都有一颗关爱之心,关心爱护他人,关注弱势群体,帮扶贫困家庭,也是对社会无私的贡献。人人都有一颗恻隐之心,对遭受灾难和病痛的群体,表示同情,伸以援手,谁能说这不是对社会的贡献呢。人人都有一颗爱家之心,孝敬父母,夫妻恩爱,子女孝顺,家庭和睦,就是对社会和谐的贡献。人人都有一颗协作之心,团结互助,虚心谦让,和睦相处,营造其乐融融的工作氛围,就是对所在单位的贡献。在人生的负债端方面,我们一生的负债,既包括父母的养育之恩、教师的启蒙教育、同事朋友的支持鼓励,也包括党和政府为我们提供良好环境,当然还包括大自然赐予我们的绿水青山。特别需要说明的是,在社会分工的环境下,工作没有贵贱之分,没有工人、农民和解放军的付出,没有清洁工的辛劳,哪来我们的生活品质与和平安宁,他们的付出,就是我们的负债。当然,作为国家会计学院的师生,我们还有一项十分特殊的负债,我们要以实际行动践行"诚信为本,操守为重,坚持准则,不做假账"的校训精神。

(资料来源:黄世忠.编好人生的第二张资产负债表——在2018届研究生毕业典礼上的讲话[EB/OL].[2024-03-19].https://news.esnai.com/2018/0629/176863.shtml,有改动。)

4-1 拓展阅读

4-2 微课视频

第五章
利润表分析

CAIWU BAOBIAO FENXI
JIAOCHENG

学习目标

本章的学习目标是使学生能够正确对企业的利润表进行分析。

◇知识目标

理解利润表分析的目的和内容,掌握利润表综合分析的相关内容,掌握利润表具体项目的分析方法。

◇能力目标

能够对企业的利润走势、利润来源、利润质量、利润结构等方面进行分析,发现企业利润表中存在的财务问题并提出合理的解决对策。

◇德育目标

掌握企业利润造假的识别方法,使学生远离利润造假、树立正确的价值观,培养学生良好的职业道德和职业素养。

思维导图

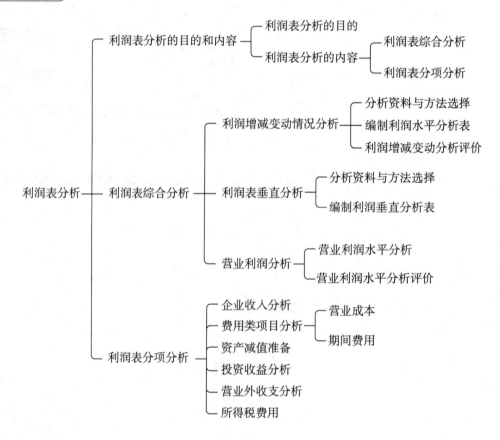

第一节 利润表分析的目的和内容

一、利润表分析的目的

利润,通常是指企业在一定会计期间收入减去费用后的净额以及直接计入当期损益的利得和损失等,也称为企业一定时期内的财务成果或经营成果,具体包括营业利润、利润总额和净利润等。在商品经济条件下,企业追求的根本目标是企业价值最大化或股东权益最大化。而无论是企业价值最大化,还是股东权益最大化,其基础都是企业利润,利润已成为现代企业经营与发展的直接目标。企业生产经营过程中的各项工作,最终都聚焦在所创造利润的多少这一结果上。

利润分析的作用具体表现在以下三个方面。

第一,通过利润分析可正确评价企业各方面的经营业绩。由于利润受企业生产经营过程中各环节、各步骤的影响,因此,通过对不同环节进行利润分析,可准确评价各环节的业绩。比如,通过产品或服务营业利润分析,不仅可以说明产品或服务营业利润受哪些因素影响以及各因素的影响程度,还可以说明造成影响的是主观因素还是客观因素,是有利影响还是不利影响等,这可以满足准确评价各部门和各环节业绩的要求。

第二,通过利润分析可及时、准确地发现企业经营管理中存在的问题。正因为利润分析不仅能评价业绩,还能发现问题,因此,借助利润分析,企业在各环节存在的问题或缺陷都会一目了然,为企业进一步改进经营管理工作指明了可行的方向。这有利于企业放宽眼界,全面改善经营管理,从而促使利润持续增长。

第三,通过利润分析可为投资者、债权人进行投资与信贷决策提供可靠信息。这是利润分析的一项重要作用。由于企业经营权自主化及管理体制的改变,人们愈发关心企业的利润。企业经营者关心利润,投资者、债权人也是如此,他们通过对利润作出分析,预测企业的经营潜力及发展前景,进一步作出切合实际的投资与信贷决策。另外,国家宏观管理者研究企业对国家的贡献时也会用到利润分析这一重要手段。

二、利润表分析的内容

利润表分析主要由以下内容构成。

(一)利润表综合分析

利润表综合分析主要包括对利润表主表各项利润增减变动情况、利润结构变动情况、营业利润情况进行分析。

(1)利润增减变动情况分析。借助水平分析法,可以结合利润形成过程中相关的影响因素,反映利润额的变动情况,评价企业在利润形成过程中的各方面管理业绩并揭露存在的问题。

(2)利润结构变动分析。利润结构变动分析,主要是在对利润表进行垂直分析的基础上,通过各项利润及成本费用相对于收入的占比,反映企业各环节的利润构成、利润率及成本费用水平。

(3) 营业利润分析。通过这一分析,反映企业营业利润金额的增减变动,揭示影响营业利润的主要因素。

(二) 利润表分项分析

利润表分项分析主要是结合利润表有关附注所提供的详细信息,对企业利润表中重要项目的变动情况进行分析说明,深入揭示利润形成的主观及客观原因。具体包括企业收入分析、成本费用分析、资产减值损失分析、投资收益分析等。

(1) 企业收入分析。收入是影响利润的重要因素。企业收入分析的具体内容包括:收入的确认与计量分析;影响收入的价格因素与销售量因素分析;企业收入的构成分析;等等。

(2) 成本费用分析。成本费用分析主要包括产品或服务营业成本分析和期间费用分析两部分。产品或服务营业成本分析包括营业总成本分析和单位营业成本分析;期间费用分析主要包括销售费用分析、财务费用分析和管理费用分析。

(3) 资产减值损失分析。资产减值损失分析包括资产减值损失的构成分析以及资产减值损失变动原因分析。

(4) 投资收益分析。投资收益分析包括投资收益的构成分析以及投资收益变动原因分析。此外,还可以根据企业利润表的资料,对一些重要项目进行深入分析,如本章后面会对公允价值变动收益与营业外收支的变动情况进行分析等。

第二节 利润表综合分析

一、利润增减变动情况分析

(一) 分析资料与方法选择

进行利润增减变动情况分析需要企业的财务报表,最重要的资料是企业近几年的利润表,但是在分析时如果单纯只对一个报表进行分析,分析结论会太过片面,应当结合企业的资产负债表和现金流量表一起分析。分析方法采用水平分析法。利润表水平分析,主要是指对利润表主表中各项利润额的增减变动情况进行分析。

> 【例 5-1】光明乳业利润表资料获取

以光明乳业为例,从证券交易所官网可以下载到其 2022 年和 2021 年的年度报告,经整理得到光明乳业利润表如表 5-1 所示。

表 5-1　光明乳业 2021—2022 年利润表（万元）

项目	2022 年年报	2021 年年报
营业总收入	2,821,490.80	2,920,599.25
营业收入	2,821,490.80	2,920,599.25
营业总成本	2,763,932.81	2,861,642.33
营业成本	2,295,205.39	2,384,630.55
税金及附加	9,273.81	10,361.72
销售费用	347,356.59	364,952.44
管理费用	87,838.68	81,401.56
研发费用	8,466.15	8,925.94
财务费用	15,792.18	11,370.11
其中：利息费用	15,988.40	10,993.47
减：利息收入	3,927.08	3,156.26
加：其他收益	6,569.35	5,685.31
投资净收益	−1,435.32	−462.76
其中：对联营企业和合营企业的投资收益	−827.65	−468.26
公允价值变动净收益	−689.47	
资产减值损失	−17,159.12	−9,272.29
信用减值损失	5,886.68	4,425.32
资产处置收益	3,390.78	6,354.02
营业利润	54,120.88	65,686.52
加：营业外收入	4,042.36	8,273.20
减：营业外支出	8,372.77	3,969.37
利润总额	49,790.47	69,990.35
减：所得税	10,674.77	13,301.00
净利润	39,115.69	56,689.36

（二）编制利润水平分析表

利用利润额增减变动水平分析法，编制利润水平分析表，可以采用增减变动额和增减变动百分比两种方式表示，主要分析目的在于找到净利润增减变动的原因。

（三）利润增减变动分析评价

企业的利润取决于收入和费用、直接计入当期利润的利得和损失金额的计量。利润表增减变动分析应抓住几个关键利润指标的变动情况，分析其变动原因。

➤ 【例 5-2】光明乳业利润表水平分析

光明乳业利润水平分析情况如表 5-2 所示。

表 5-2　光明乳业 2021—2022 年利润水平分析表

项目	2022 年年报（万元）	2021 年年报（万元）	差额（万元）	差异率
营业总收入	2,821,490.80	2,920,599.25	−99,108.45	−3.39%
营业收入	2,821,490.80	2,920,599.25	−99,108.45	−3.39%
营业总成本	2,763,932.81	2,861,642.33	−97,709.52	−3.41%
营业成本	2,295,205.39	2,384,630.55	−89,425.16	−3.75%
税金及附加	9,273.81	10,361.72	−1,087.91	−10.50%
销售费用	347,356.59	364,952.44	−17,595.85	−4.82%
管理费用	87,838.68	81,401.56	6,437.12	7.91%
研发费用	8,466.15	8,925.94	−459.79	−5.15%
财务费用	15,792.18	11,370.11	4,422.07	38.89%
其中：利息费用	15,988.40	10,993.47	4,994.93	45.44%
减：利息收入	3,927.08	3,156.26	770.82	24.42%
加：其他收益	6,569.35	5,685.31	884.04	15.55%
投资净收益	−1,435.32	−462.76	−972.56	210.17%
其中：对联营企业和合营企业的投资收益	−827.65	−468.26	−359.39	76.75%
公允价值变动净收益	−689.47		−689.47	
资产减值损失	−17,159.12	−9,272.29	−7,886.83	85.06%
信用减值损失	5,886.68	4,425.32	1,461.36	33.02%
资产处置收益	3,390.78	6,354.02	−2,963.24	−46.64%
营业利润	54,120.88	65,686.52	−11,565.64	−17.61%
加：营业外收入	4,042.36	8,273.20	−4,230.84	−51.14%
减：营业外支出	8,372.77	3,969.37	4,403.4	110.93%
利润总额	49,790.47	69,990.35	−20,199.88	−28.86%
减：所得税	10,674.77	13,301.00	−2,626.23	−19.74%
净利润	39,115.69	56,689.36	−17,573.67	−31.00%

1. 净利润或税后利润分析

净利润是指企业所有者最终取得的财务成果,或可供企业所有者分配或使用的财务成果。光明乳业2022年净利润相较于2021年下降17,573.67万元,下降幅度31.00%,主要是由利润总额大幅度下降造成。

2. 利润总额分析

利润总额是反映企业全部财务成果的指标,它不仅反映企业的营业利润,而且还可以反映企业的营业外收支情况。光明乳业2022年利润总额相较于2021年下降20,199.88万元,下降幅度28.86%,主要是由于营业外收入减少了4,230.84万元,营业外支出增加了4,403.4万元。营业外收入减少的主要原因是本报告期生产性生物资产淘汰利得减少,营业外支出增加的主要原因是本报告期生产性生物资产淘汰损失增加。

3. 营业利润分析

营业利润是企业计算利润的第一步,通常也是一定时期内企业盈利最主要、最稳定的关键来源,具体是指企业的营业收入减去营业成本、税金及附加、期间费用等项目,加上投资净收益后的数额,其中期间费用包括销售费用、管理费用、研发费用及财务费用等。营业利润既包括企业在销售商品、提供劳务等日常活动中所产生的营业毛利,又包括企业公允价值变动净收益和对外投资的净收益,反映了企业自身生产经营业务的财务成果。光明乳业2022年营业利润相较于2021年下降11,565.64万元,下降幅度17.61%,主要是由资产减值损失增加和资产处置收益减少造成的。其中资产减值损失增加的主要原因是本报告期对原材料及闲置固定资产计提减值准备,而资产处置收益减少的主要原因是本报告期固定资产处置利得减少。

二、利润表垂直分析

(一)分析资料与方法选择

进行利润增减变动情况分析需要企业的财务报告,最重要的资料是企业近几年的利润表,但是由于利润表垂直分析表可比性较强,因此还有必要将分析对象与同行业企业进行对比分析,以考查在成本率、利润率等方面存在的问题。分析方法可采用垂直分析法,即根据利润表中的数据,通过计算各因素或各种财务成果在营业收入中所占的比重,分析说明财务成果的结构及其增减变动的合理程度。

(二)编制利润垂直分析表

利用垂直分析法编制利润垂直分析表,可以通过计算各项目占营业收入的比重,分析利润表各项目的构成情况。

> 【例5-3】光明乳业利润垂直分析表

根据光明乳业利润表资料,可编制利润垂直分析表如表5-3所示。

表 5-3 光明乳业 2021—2022 年利润垂直分析表

项目	2022年年报（万元）	2021年年报（万元）	2022年占比	2021年占比
营业总收入	2,821,490.80	2,920,599.25	100.00%	100.00%
营业收入	2,821,490.80	2,920,599.25	100.00%	100.00%
营业总成本	2,763,932.81	2,861,642.33	97.96%	97.98%
营业成本	2,295,205.39	2,384,630.55	81.35%	81.65%
税金及附加	9,273.81	10,361.72	0.33%	0.35%
销售费用	347,356.59	364,952.44	12.31%	12.50%
管理费用	87,838.68	81,401.56	3.11%	2.79%
研发费用	8,466.15	8,925.94	0.30%	0.31%
财务费用	15,792.18	11,370.11	0.56%	0.39%
其中：利息费用	15,988.40	10,993.47	0.57%	0.38%
减：利息收入	3,927.08	3,156.26	0.14%	0.11%
加：其他收益	6,569.35	5,685.31	0.23%	0.19%
投资净收益	−1,435.32	−462.76	−0.05%	−0.02%
其中：对联营企业和合营企业的投资收益	−827.65	−468.26	−0.03%	−0.02%
公允价值变动净收益	−689.47		−0.02%	0.00%
资产减值损失	−17,159.12	−9,272.29	−0.61%	−0.32%
信用减值损失	5,886.68	4,425.32	0.21%	0.15%
资产处置收益	3,390.78	6,354.02	0.12%	0.22%
营业利润	54,120.88	65,686.52	1.92%	2.25%
加：营业外收入	4,042.36	8,273.20	0.14%	0.28%
减：营业外支出	8,372.77	3,969.37	0.30%	0.14%
利润总额	49,790.47	69,990.35	1.76%	2.40%
减：所得税	10,674.77	13,301.00	0.38%	0.46%
净利润	39,115.69	56,689.36	1.39%	1.94%

分析结论如下。

(1) 横向对比：光明乳业 2021 年营业总成本从 97.98% 下降到 97.96%，基本保持不变，营业利润从 2.25% 下降到 1.92%，净利润从 1.94% 下降到 1.39%。其主要原因是管理费用从 2.79% 上升到 3.11% 及财务费用从 0.39% 上升到 0.56%，以及营业外收入下降和营业外支出上升。

(2)纵向对比:光明乳业2022年的净利率占比为1.39%,净利率较低,主要原因是营业成本和销售费用占比较高,2022年营业成本占81.35%(其中直接材料占营业成本的85.06%,直接人工占2.91%,制造费用占12.03%),销售费用占12.31%,仅营业成本和销售费用这两项就抵消了营业收入的93.66%,从而导致利润空间较低。而这两项费用是否合理,具体原因应结合本章第三节"利润表分项分析"中的明细项目,以及同行业企业的成本费用比重情况进行分析。

三、营业利润分析

(一)营业利润水平分析

营业利润是企业计算利润的第一步,通常也是一定时期内企业盈利最主要、最稳定的关键来源,具体是指企业的营业收入减去营业成本、税金及附加、期间费用等项目,加上投资净收益后的数额。

> 【例5-4】光明乳业营业利润水平分析

根据资料编制营业利润水平分析表,见表5-4。

表5-4 光明乳业2021—2022年营业利润水平分析表

项目	2022年年报(万元)	2021年年报(万元)	差额(万元)	差异率
营业总收入	2,821,490.80	2,920,599.25	−99,108.45	−3.39%
营业收入	2,821,490.80	2,920,599.25	−99,108.45	−3.39%
营业总成本	2,763,932.81	2,861,642.33	−97,709.52	−3.41%
营业成本	2,295,205.39	2,384,630.55	−89,425.16	−3.75%
税金及附加	9,273.81	10,361.72	−1,087.91	−10.50%
销售费用	347,356.59	364,952.44	−17,595.85	−4.82%
管理费用	87,838.68	81,401.56	6,437.12	7.91%
研发费用	8,466.15	8,925.94	−459.79	−5.15%
财务费用	15,792.18	11,370.11	4,422.07	38.89%
其中:利息费用	15,988.40	10,993.47	4,994.93	45.44%
减:利息收入	3,927.08	3,156.26	770.82	24.42%
加:其他收益	6,569.35	5,685.31	884.04	15.55%
投资净收益	−1,435.32	−462.76	−972.56	210.17%
其中:对联营企业和合营企业的投资收益	−827.65	−468.26	−359.39	76.75%
公允价值变动净收益	−689.47		−689.47	

续表

项目	2022年年报（万元）	2021年年报(万元)	差额（万元）	差异率
资产减值损失	−17,159.12	−9,272.29	−7,886.83	85.06%
信用减值损失	5,886.68	4,425.32	1,461.36	33.02%
资产处置收益	3,390.78	6,354.02	−2,963.24	−46.64%
营业利润	54,120.88	65,686.52	−11,565.64	−17.61%

（二）营业利润水平分析评价

营业利润增减变动水平分析评价应包括以下几个方面。

1. 营业利润分析

营业利润是指企业自身生产经营业务所取得的财务成果。

> 【例5-5】光明乳业营业利润分析评价

光明乳业2022年营业利润相较于2021年下降了11,565.64万元，下降幅度17.61%。其中财务费用增加了4,422.07万元，主要原因是本报告期银行借款利息增加及租赁负债利息支出增加；投资净收益减少了972.56万元，主要原因是本报告期联营企业亏损增加；公允价值变动净收益减少了689.47万元，主要原因是本报告期小西牛公司少数股东卖出期权价值增大；信用减值损失增加了1,461.36万元，主要原因是本报告期其他应收款计提坏账准备转回；资产减值损失减少了7,886.83万元，主要原因是本报告期对原材料及闲置固定资产计提减值准备；资产处置收益减少了2,963.24万元，主要原因是本报告期固定资产处置利得减少。

2. 营业毛利分析

营业毛利是指企业营业收入与营业成本之间的差额。

> 【例5-6】光明乳业营业毛利分析

光明乳业2022年营业收入相较于2021年下降了99,108.45万元，营业成本下降了89,425.16万元，毛利润与2021年相比下降了9,683.29万元。

一、按主营业务行业分析

光明乳业主营业务分行业分析情况如表5-5所示。

表5-5 光明乳业2022年主营业务分行业情况表

分行业	营业收入（元）	营业成本（元）	毛利率（%）	营业收入比上年增减（%）	营业成本比上年增减（%）	毛利率比上年增减（%）
乳制品	24,091,024,719	19,169,688,306	20.43	−5.82	−6.76	0.80
牧业	2,640,585,610	2,605,007,821	1.35	15.33	17.20	−1.57
其他	1,109,726,451	843,617,653	23.98	19.36	15.98	2.22

通过报告期分行业分析可知，光明乳业乳制品实现营业收入240.91亿元，同比减少5.82%；

营业成本 191.70 亿元,同比减少 6.76%;毛利率为 20.43%,同比增加 0.80 个百分点。牧业实现营业收入 26.41 亿元,同比增加 15.33%;营业成本 26.05 亿元,同比增加 17.20%;毛利率为 1.35%,同比减少 1.57 个百分点。其他行业实现营业收入 11.10 亿元,同比增加 19.36%;营业成本 8.44 亿元,同比增加 15.98%;毛利率为 23.98%,同比增加 2.22 个百分点。

二、按主营业务产品分析

光明乳业主营业务分产品分析情况如表 5-6 所示。

表 5-6 光明乳业 2022 年主营业务分产品情况表

分产品	营业收入(元)	营业成本(元)	毛利率(%)	营业收入比上年增减(%)	营业成本比上年增减(%)	毛利率比上年增减(%)
液态奶	16,091,187,442	11,894,457,432	26.08	−5.90	−4.53	−1.07
其他乳制品	7,999,837,277	7,275,230,874	9.06	−5.66	−10.19	4.59
牧业产品	2,640,585,610	2,605,007,821	1.35	15.33	17.20	−1.57
其他	1,109,726,451	843,617,653	23.98	19.36	15.98	2.22

通过报告期分产品分析可知,光明乳业液态奶营业收入 160.91 亿元,同比减少 5.90%;营业成本 118.94 亿元,同比减少 4.53%;毛利率为 26.08%,同比减少 1.07 个百分点。其他乳制品实现营业收入 80.00 亿元,同比减少 5.66%;营业成本 72.75 亿元,同比减少 10.19%;毛利率为 9.06%,同比增加 4.59 个百分点,主要原因是海外奶粉业务毛利率上升。牧业产品实现营业收入 26.41 亿元,同比增加 15.33%;营业成本 26.05 亿元,同比增加 17.20%;毛利率为 1.35%,同比减少 1.57 个百分点。其他产品实现营业收入 11.10 亿元,同比增加 19.36%;营业成本 8.44 亿元,同比增加 15.98%;毛利率为 23.98%,同比增加 2.22 个百分点。

第三节 利润表分项分析

企业的利润取决于收入和费用、直接计入当期利润的利得和损失金额的计量。对利润表的分项分析包括对企业利润的形成过程及利润结果的合规性、真实性、效益性及公允性的分析。高质量的企业利润,应当表现为资产运转状况良好,企业所开展的业务具有较好的市场发展前景,企业有良好的购买能力、偿债能力、交纳税金和支付股利的能力及较强的获取现金的能力。高质量的企业利润能够为企业未来的发展奠定良好的资产基础。反之,低质量的企业利润,则表现为资产运转不畅,企业支付能力、偿债能力减弱,甚至影响企业的生存发展。利润表分项分析主要是根据利润表附注所提供的详细信息,进一步分析说明企业利润表中重要项目的增减变动情况,深入揭示利润形成的主观原因与客观原因,具体包括企业收入分析、费用类项目分析、资产减值准备分析、投资收益分析、营业外收支分析、所得税费用分析等。

一、企业收入分析

(一)企业收入确认分析

我国《企业会计准则——基本准则》对收入进行了界定,收入是指企业在日常活动中形成的、会导致所有者权益增加的、与所有者投入资本无关的经济利益的总流入。其中"日常活动"是指企业为完成其经营目标所从事的经常性活动以及与之相关的活动。收入具体包括销售商品的收入、提供劳务的收入和让渡资产使用权的收入。比如,工业企业制造并销售产品、商品流通企业销售商品、保险公司签发保单、咨询公司提供咨询服务、软件企业为客户开发软件、安装公司提供安装服务、商业银行对外贷款、租赁公司出租资产等,均属于企业为完成其经营目标所从事的经常性活动,由此产生的经济利益的总流入构成收入。工业企业转让无形资产使用权、出售不需要使用的原材料等,属于与经常性活动相关的活动,由此产生的经济利益的总流入也构成收入。企业代第三方收取的款项,应当作为负债处理,不应当确认为收入。

在明确收入内涵的基础上,企业收入的确认应着重从以下三个方面进行分析。

(1)收入确认时间合法性分析,即分析本期收入与前期收入或后期收入的界限是否分明。

(2)在特殊情况下,企业收入确认的分析,如商品需要安装或检验时收入的确认、买主有退货权时收入的确认、建造合同收入的确认等,其收入的确认与一般性收入确认不同。

(3)收入确认方法合理性分析,如对采用完工百分比法的条件与估计方法是否合理等的分析。

另外还要明确企业收入确认原则。

(1)销售商品。当商品所有权的主要风险和报酬转移给购货方,且企业不再对该商品实施继续管理权和实际有效控制权时,相关的收入已经收到或取得了收款凭证,并且与销售该商品相关的已发生或将发生的成本能够可靠地计量时,确认营业收入的实现。

(2)提供劳务。企业在资产负债表日提供劳务交易的结果能够可靠估计时,应按完工百分比法确认收入的实现;当交易的结果不能可靠估计时,按预计能够获得补偿的劳务成本金额确认收入,并将已经发生的成本计入当期损益。

(3)让渡资产使用权。企业因让渡资产使用权而发生的利息收入、使用费收入和现金股利收入,按有关合同或协议规定的收费时间和方法确认,并同时满足相关的经济利益很可能流入企业及收入的金额能够可靠计量时才予以确认收入的这两个条件。

(二)企业收入计量分析

企业收入计量分析主要是指营业收入计量分析。企业的营业收入是指全部营业收入减去销售退回、折扣与折让后的余额。因此,营业收入计量分析,关键在于确认销售退回、折扣与折让的计量是否准确。根据会计准则规定,销售退回与折让的计量比较简单,而销售折扣问题相对较复杂,应作为分析重点。分析时应根据商业折扣与现金折扣的特点,分别分析折扣的合理性与准确性以及对企业收入的影响。

无论是收入确认分析,还是收入计量分析,关键在于明确分析的目的是确认收入的正确性,而其正确与否的关键在于分析时选择的会计政策、会计方法的准确性与合理性。

（三）企业收入构成分析

企业收入分析不仅要研究其总量，而且应分析其结构及其变动情况，以了解企业的经营方向和会计政策选择。收入构成分析可主要从主营业务收入与其他业务收入、现销收入与赊销收入的结构进行。

1. 主营业务收入与其他业务收入分析

企业收入包括主营业务收入和其他业务收入。通过对主营业务收入与其他业务收入的构成情况分析，可以了解与判断企业的经营方针、方向及效果，进而分析、预测企业的可持续发展能力。如果一个企业的主营业务收入结构较低或不断下降，其发展潜力和前景显然是值得怀疑的。

2. 现销收入与赊销收入分析

企业收入中的现销收入与赊销收入构成受企业的产品或服务适销程度、企业竞争战略、会计政策选择等多个因素的影响。通过对二者结构及其变动情况的分析，可了解与掌握企业产品或服务销售情况及其战略选择，分析判断其合理性。当然，在市场经济条件下，赊销作为商业秘密，并不要求企业披露其赊销收入情况，所以，这种分析方法更适用于企业内部分析。

➢【例 5-7】光明乳业收入分析

按产品分类，光明乳业 2020—2022 年收入构成情况如表 5-7 所示。

表 5-7　光明乳业 2021—2022 年收入构成表（按产品分类）

项目	2022 年年报		2021 年年报	
	金额（万元）	占比（%）	金额（万元）	占比（%）
牧业产品	264,058.56	9.48	228,955.18	7.95
液态奶	1,609,118.74	57.80	1,710,095.83	59.38
其他	110,972.65	3.99	92,970.54	3.23
其他乳制品等	799,983.73	28.73	847,975.14	29.44

从表 5-7 可知，光明乳业收入按产品分类，2022 年牧业产品收入金额是 264,058.56 万元，占比 9.48%，相较于 2021 年，占比上升了 1.53 个百分点；液态奶收入金额是 1,609,118.74 万元，占比 57.80%，相较于 2021 年，占比下降了 1.58 个百分点；其他产品收入金额是 110,972.65 万元，占比 3.99%，相较于 2021 年，占比上升了 0.76 个百分点；其他乳制品等收入金额是 799,983.73 万元，占比 28.73%，相较于 2021 年，占比下降了 0.71 个百分点。

由于光明乳业收入构成从 2021 年到 2022 年，按产品分类，占比变动幅度均在 2 个百分点以内，所以变动较为稳定。另外，液态奶和其他乳制品是光明乳业的主要收入来源，两者收入之和占比接近 90%。

二、费用类项目分析

费用类项目包括营业成本、期间费用、税金及附加。成本是指企业为生产产品、提供劳务而发生的各种耗费；费用是指企业因销售商品、提供劳务等日常活动所发生的经济利益的流出。费用是为取得收入而发生的，因此费用的确认应当与收入的确认相联系，确认费用时应该遵循权责发生制原则和配比原则。

费用是为实现收入而发生的资源耗费，按功能可以分为营业成本和期间费用。简单地说，营业成本是对象化了的费用，对于制造业来说，营业成本主要包含所售商品的进价或者生产成本，而期间费用主要包含销售费用、管理费用和财务费用三个项目，是企业为了维持当期的正常运营而发生的各种开支和消耗。分析费用质量的重点是要强调费用发生后所带来的效益。相当多的费用在规模上都是固定的，无法简单通过压缩规模来控制费用。有些费用如促销型广告费、研发费、人力资源开发费等，虽然可以通过企业决策来改变其发生的规模，但是其规模上的压缩往往会直接影响到企业的发展前景，所以在费用的控制方面，不要片面强调节约和压缩，不要追求费用最小化，而要追求成本的效益最大化。

（一）营业成本

营业成本是指与营业收入相关的、已经确定归属期和归属对象的成本。在不同类型的企业里，营业成本有不同的表现形式。在制造业或工业企业，营业成本表现为已销产品的生产成本；在商品流通企业里，营业成本表现为已销商品的进货成本。工业企业产品营业成本是指已售产品的实际生产成本，它是根据已销产品的数量和实际单位成本计算出来的。在实际中，往往是每月末汇总营业成本后一并结转，而不是在每次发出库存产品时立即结转产品营业成本。已销商品的成本，即商品采购成本，是商业企业为销售商品而在采购时支付的成本，又分为国内购进商品成本和国外购进商品成本。国内购进商品成本包括国内购进商品的原始进价，即实际支付给供货单位的进货价款、购入环节交纳的税金和国内购进商品并已出口所收取的退税金（作为当期出口商品成本的减项）；国外购进商品成本包括企业支付的进价（商品价款、运输费用、保险费、佣金等），进口商品交纳的税金（包括关税、消费税、增值税），购进外汇价款以及支付给委托代理进口单位的海外运保费、佣金等。

但需要指出的是，影响企业营业成本水平高低的因素，既有企业不可控的因素（如受市场因素的影响而引起的价格波动），也有企业可控制的因素（如在一定的市场价格水平条件下，企业可以通过选择供货渠道、采购批量来控制成本水平），还有企业通过成本会计系统的会计核算对企业制造成本的人为处理因素。因此，对营业成本的质量评价，应结合多种因素来进行。一般而言，在分析中至少应关注以下几个方面：其一，营业成本计算是否真实，会计核算方法（如存货计价方法、固定资产折旧方法等）的选择是否恰当、稳健，当期有无发生变更，其变更对营业成本是否产生较大影响；其二，营业成本是否存在异常的波动，导致其异常波动的因素有哪些，哪些是可控因素，哪些是不可控因素，哪些是暂时性因素，哪些可能是对企业长期发展造成影响的因素，影响程度如何；其三，关联方交易和地方或部门行政手段对企业降低营业成本所作出的贡献如何，其持续性如何。

需要注意的是，企业并不会披露详细的成本构成信息，如单位成本的构成数据，因为这是企业的保密信息。外部分析者只能从财务报表附注中查询到企业按产品或者行业分类的成本分析表。

> **【例 5-8】光明乳业成本分析**

光明乳业 2022 年成本分析表如表 5-8 所示。

表 5-8　光明乳业 2022 年成本分析表

分行业	成本构成项目	本期金额（元）	本期占总成本比例（%）	上年同期金额（元）	上年同期占总成本比例（%）	本期金额较上年同期变动比例（%）
分行业情况						
乳制品	直接材料	16,305,736,873	85.06	17,490,176,351	85.07	-6.77
	直接人工	557,837,930	2.91	594,260,164	2.89	-6.13
	制造费用	2,306,113,503	12.03	2,474,662,542	12.04	-6.81
牧业	直接材料	1,348,612,549	51.77	1,132,020,240	50.93	19.13
	直接人工	118,788,357	4.56	100,896,592	4.54	17.73
	制造费用	1,137,606,915	43.67	989,713,557	44.53	14.94
其他	直接材料	700,961,908	83.09	603,129,478	82.92	16.22
	直接人工	45,555,353	5.40	39,063,642	5.37	16.62
	制造费用	97,100,392	11.51	85,187,836	11.71	13.98

分产品	成本构成项目	本期金额（元）	本期占总成本比例（%）	上年同期金额（元）	上年同期占总成本比例（%）	本期金额较上年同期变动比例（%）
分产品情况						
液态奶	直接材料	10,137,646,069	85.23	10,619,327,076	85.24	-4.54
	直接人工	416,306,010	3.50	436,223,033	3.50	-4.57
	制造费用	1,340,505,353	11.27	1,402,675,465	11.26	-4.43
其他乳制品	直接材料	6,173,033,397	84.85	6,870,849,274	84.82	-10.16
	直接人工	141,867,002	1.95	158,037,131	1.95	-10.23
	制造费用	960,330,475	13.20	1,071,987,078	13.23	-10.42
牧业产品	直接材料	1,348,612,549	51.77	1,132,020,240	50.93	19.13
	直接人工	118,788,357	4.56	100,896,592	4.54	17.73
	制造费用	1,137,606,915	43.67	989,713,557	44.53	14.94
其他	直接材料	700,961,908	83.09	603,129,478	82.92	16.22
	直接人工	45,555,353	5.40	39,063,642	5.37	16.62
	制造费用	97,100,392	11.51	85,187,836	11.71	13.98

从表 5-8 可知，从财务报表附注中可以查找到光明乳业总成本中直接材料、直接人工和制造费用的金额及占总成本的比例。从行业来看，乳制品行业的直接材料占了 85.06%，其他行业的直接材料占了 83.09%，而牧业的直接材料只占了 51.77%，牧业的制造费用占了 43.67%，说明直接材料的变动情况对乳制品和其他行业影响较大，对牧业影响程度略小。从产品来看，也是类似的特征，对液态奶、其他乳制品和其他产品而言，直接材料占比在 80% 以上，而牧业产品的直接材料占比仅为 51.77%。

(二)期间费用

期间费用是指不受企业产品产量或商品销售量增减变动的影响,不能直接或间接归属于某个特定对象的各种费用。这些费用容易确定其发生的期间和归属期间,但很难判别其归属对象,因而在发生的当期应从损益中扣除。我国会计准则把期间费用主要分为销售费用、管理费用和财务费用。对各项费用进行分析可采用水平分析法和垂直分析法。运用水平分析法可将各费用项目的实际数与上期数或预算数进行对比,以揭示各项费用的完成情况及产生差异的原因。运用垂直分析法则可揭示各项费用的构成变动,说明费用构成变动的特点。

1. 销售费用

销售费用是指企业在销售商品和材料、提供劳务的过程中发生的各项费用,包括企业在销售商品过程中发生的保险费、包装费、展览费和广告费、商品维修费、预计产品质量保证损失、运输费、装卸费等,以及为销售本企业商品而专设的销售机构的职工薪酬、业务费、折旧费、固定资产修理费用等。

从销售费用的基本构成来看,有的与企业的业务活动规模有关,如运输费、装卸费、整理费、包装费、保险费、销售佣金、差旅费、展览费、委托代销手续费、检验费等;有的与企业从事销售活动人员的待遇有关,如销售人员的职工薪酬;还有的与企业的未来发展、开拓市场、扩大企业品牌的知名度等有关,如广告费、促消费。从企业管理层对上述各项费用的有效控制来看,尽管管理层对诸如广告费、营销人员的职工薪酬等项目通过采取控制措施来降低其规模,但是这种控制或降低要么会对企业的长期发展不利,要么会影响企业有关人员的工作积极性。因此,一般来说,在企业业务发展允许的条件下,企业的销售费用不能盲目降低。

> 【例 5-9】光明乳业销售费用分析

光明乳业 2022 年销售费用明细如表 5-9 所示。

表 5-9 光明乳业 2022 年销售费用明细表(元)

项目	本期发生额	上期发生额
职工薪酬费用	1,495,900,387	1,515,513,693
广告费	813,786,146	946,611,450
营销类费用	563,973,947	654,080,522
仓储费	172,517,780	129,119,981
折旧费和摊销费用	73,141,195	77,202,396
使用权资产折旧费	58,701,267	40,179,554
租赁费	38,473,522	51,647,941
耗用的外购商品、原材料和委托加工材料等	22,962,428	20,065,065
其他	234,109,261	215,103,797
合计	3,473,565,933	3,649,524,399

根据表 5-9,可以得出销售费用的水平分析表和垂直分析表,如表 5-10 和表 5-11 所示。

表 5-10　光明乳业 2022 年销售费用水平分析表

项目	本期发生额（元）	上期发生额（元）	增加额（元）	增长率
职工薪酬费用	1,495,900,387	1,515,513,693	−19,613,306	−1.29%
广告费	813,786,146	946,611,450	−132,825,304	−14.03%
营销类费用	563,973,947	654,080,522	−90,106,575	−13.78%
仓储费	172,517,780	129,119,981	43,397,799	33.61%
折旧费和摊销费用	73,141,195	77,202,396	−4,061,201	−5.26%
使用权资产折旧费	58,701,267	40,179,554	18,521,713	46.10%
租赁费	38,473,522	51,647,941	−13,174,419	−25.51%
耗用的外购商品、原材料和委托加工材料等	22,962,428	20,065,065	2,897,363	14.44%
其他	234,109,261	215,103,797	19,005,464	8.84%
合计	3,473,565,933	3,649,524,399	−175,958,466	−4.82%

根据表 5-10,可知光明乳业 2022 年销售费用比 2021 年下降了 17,595.85 万元,主要原因在于:职工薪酬费用下降了 1,961.33 万元,广告费下降了 13,282.53 万元,营销类费用下降了 9,010.66 万元,折旧费和摊销费用下降了 406.12 万元,租赁费下降了 1,317.44 万元,其中影响程度最大的是广告费。另外,仓储费增长了 4,339.78 万元,使用权资产折旧费增长了 1,852.17 万元,其他项目增长了 1,900.55 万元。

表 5-11　光明乳业 2022 年销售费用垂直分析表（元）

项目	本期发生额（元）	占比	上期发生额（元）	占比
职工薪酬费用	1,495,900,387	43.07%	1,515,513,693	41.53%
广告费	813,786,146	23.43%	946,611,450	25.94%
营销类费用	563,973,947	16.24%	654,080,522	17.92%
仓储费	172,517,780	4.97%	129,119,981	3.54%
折旧费和摊销费用	73,141,195	2.11%	77,202,396	2.12%
使用权资产折旧费	58,701,267	1.69%	40,179,554	1.10%
租赁费	38,473,522	1.11%	51,647,941	1.42%
耗用的外购商品、原材料和委托加工材料等	22,962,428	0.66%	20,065,065	0.55%
其他	234,109,261	6.74%	215,103,797	5.89%
合计	3,473,565,933	100.00%	3,649,524,399	100.00%

从表 5-11 可知,2022 年销售费用中,职工薪酬占比 43.07%,广告费占比 23.43%,营销类费用占比 16.24%,这三项共占比 82.74%,是销售费用主要的构成项目。

需要特别指出的是,在考查 2022 年营收排名前十的乳制品企业时,我们发现各企业在销售费用比率方面呈现出显著差异。其中,光明乳业以12.3%的销售费用比率位列第九,接近末位。相较之下,健合集团的销售费用投入最高,达到了41.0%,而蒙牛和伊利则分别为24%和18.6%。

尽管光明乳业在销售费用控制方面表现突出,但这也可能反映出其在市场策略上的不同考量。在竞争激烈的乳制品市场中,充足的销售费用投入是提升品牌曝光度、深化消费者认知并影响购买决策的关键手段。因此,从某种程度上说,光明乳业所采取的轻营销路线,结合其收入的下降趋势,可能会使企业在市场竞争中处于不利地位。未来,光明乳业或许需要重新审视其营销战略,以确保在激烈的市场竞争中保持稳健的发展态势。

2. 管理费用

管理费用是指企业为组织和管理企业生产经营所发生的各种费用,包括企业在筹建期间发生的开办费,董事会和行政管理部门在企业的经营管理中发生的或者应由企业统一负担的企业经费、工会经费、董事会费、聘请中介机构费、咨询费、诉讼费、业务招待费、房产税、车船税、城镇土地使用税、印花税、技术转让费、矿产资源补偿费、研发费、排污费及企业生产车间(部门)和行政管理部门等发生的固定资产修理费用等。总体而言,有些项目的支出规模与企业规模有关,对其实施有效控制可以实现企业管理效率的提高;有些项目的控制或压缩反而会对企业的长远发展产生不利影响,如企业研发费、职工教育经费等,这些费用的规模不宜盲目降低。在企业的规模、组织结构、管理风格和管理手段等方面变化不大的情况下,企业的管理费用规模也不会有太大变化,可以从支出的有效性、长期效应及异常波动的合理性等几个方面对管理费用进行分析。

▶【例 5-10】光明乳业管理费用分析

光明乳业 2022 年管理费用明细如表 5-12 所示。

表 5-12　光明乳业 2022 年管理费用明细表(元)

项目	本期发生额	上期发生额
职工薪酬费用	554,153,507	503,923,284
咨询费	63,334,743	64,480,558
折旧费和摊销费用	44,070,450	42,374,233
警卫消防费	23,314,129	23,947,512
租赁费	6,522,766	5,401,920
使用权资产折旧费	1,821,302	1,300,233
股权激励成本摊销	1,306,259	1,084,664
其他	183,863,651	171,503,173
合计	878,386,807	814,015,577

管理费用的分析方法同前面的销售费用一样,可使用水平分析法和垂直分析法进行分析,也可以将管理费用占营业收入的比例计算出来,与同行业进行对比分析。从表 5-12 可以看出,光明乳业 2022 年管理费用比 2021 年有所上升,主要原因是职工薪酬费用、折旧费和摊销费用、

租赁费、使用权资产折旧费、股权激励成本摊销和其他费用上升。其中职工薪酬费用和其他费用是管理费用的主要构成项目。

3. 财务费用

财务费用是指企业为筹集生产经营所需资金等而发生的费用,主要包括企业生产经营期间发生的利息支出(减利息收入)、汇兑损失(减汇兑收益)、金融机构手续费及筹集资金发生的其他财务费用等。在利润表上,财务费用项目所反映的利息收入、利息支出及汇兑损益,其数额可能是正数,也可能是负数。如果是正数,表明利息、融资净支出;如果为负数,则表明为利息、融资净收入。

▶【例 5-11】光明乳业财务费用分析

光明乳业 2022 年财务费用明细如表 5-13 所示。

表 5-13　光明乳业 2022 年财务费用明细表（元）

项目	本期发生额	上期发生额
借款利息支出	117,487,353	74,634,219
加：租赁负债利息支出	67,804,042	42,116,197
减：资本化利息	−25,407,428	−6,815,712
减：利息收入	−39,270,847	−31,562,622
汇兑损益	10,443,632	6,740,654
其他	26,865,028	28,588,373
合计	157,921,780	113,701,109

财务费用的分析方法同前面的销售费用和管理费用一样,可使用水平分析法和垂直分析法进行分析,也可以将财务费用占营业收入的比例计算出来,与同行业进行对比分析。从表 5-13 可以看出,光明乳业 2022 年财务费用比 2021 年有所上升,主要原因是借款利息支出上升,而借款利息支出是财务费用的主要构成项目。

三、资产减值准备

利润表中资产减值损失项目的构成以及增减变动情况通常体现在财务报表附注中,以编制资产减值准备明细表的形式加以说明。具体包括坏账准备、存货跌价准备、可供出售金融资产减值准备、持有至到期投资减值准备、长期股权投资减值准备、固定资产减值准备、在建工程减值准备、工程物资减值准备、无形资产减值准备、商誉减值准备等。

▶【例 5-12】光明乳业资产减值准备分析

光明乳业 2022 年资产减值准备明细如表 5-14 所示。

表 5-14 光明乳业 2022 年资产减值准备明细表（元）

项目	本期发生额	上期发生额
一、坏账损失		
二、存货跌价损失及合同履约成本减值损失	120,688,802	91,934,536
三、长期股权投资减值损失		
四、投资性房地产减值损失		
五、固定资产减值损失	50,902,402	788,342
合计	171,591,204	92,722,878

从资产减值准备明细表来看，光明乳业 2022 年发生减值准备的项目主要是存货跌价损失及合同履约成本减值损失，还有固定资产减值损失。其中存货跌价损失及合同履约成本减值损失是 12,068.88 万元，固定资产减值损失是 5,090.24 万元，均比 2021 年两个项目的减值准备有所上升。

四、投资收益分析

利润表中的投资收益，是指企业在一定的会计期间对外投资所取得的回报。投资收益包括对外投资所分得的股利和收到的债券利息、投资到期收回或到期前转让所得款项高于账面价值的差额，以及按权益法核算的股权投资在被投资单位增加的净资产中所拥有的数额等。投资也可能遭受损失，投资收益减去投资损失则为投资净收益。利润表中反映的就是投资净收益，是企业营业利润的重要组成部分。

➤【例 5-13】光明乳业投资收益分析

光明乳业 2022 年投资收益明细如表 5-15 所示。

表 5-15 光明乳业 2022 年投资收益明细表（元）

项目	本期发生额	上期发生额
按权益法核算的长期股权投资收益	-8,276,473	-4,682,635
处置长期股权投资产生的投资收益	-6,076,731	
其他		54,987
合计	-14,353,204	-4,627,648

从投资收益明细表来看，光明乳业 2022 年投资收益主要表现为亏损，共亏损了 1,435.32 万元，其中按权益法核算的长期股权投资收益为亏损 827.65 万元，处置长期股权投资产生的投资收益为亏损 607.67 万元。2022 年投资收益整体比 2021 年多亏损了近一千万元，因此光明乳业要注意进一步防范投资风险。

五、营业外收支分析

营业外收入是指企业发生的与其生产经营无直接关系的各项收入的综合,主要包括非流动资产处置利得、债务重组利得、政府补助、盘盈利得等。营业外支出是指企业发生的与企业日常生产经营活动无直接关系的各项支出的总和,主要包括非流动资产处置损失、非货币性资产交换损失、债务重组损失、公益性捐赠支出、非常损失、盘亏损失等。营业外收入和营业外支出均不是由经营活动引起的,一般不会涉及流转税,但它们也是企业盈亏的一部分,因此应将其计入利润总额,与营业利润一起交纳企业所得税,当然需要按照税法相关规定将会计利润先行调整为应纳税所得额。

> 【例 5-14】光明乳业营业外收支分析

光明乳业 2022 年营业外收入明细如表 5-16 所示。

表 5-16　光明乳业 2022 年营业外收入明细表(元)

项目	本期发生额	上期发生额	计入当期非经常性损益的金额
非流动资产处置利得合计	18,038,042	22,020,997	18,038,042
其中:固定资产处置利得	275,811	662,689	275,811
生物资产淘汰利得	17,762,231	21,358,308	17,762,231
无法支付的应付款	5,149,033	25,725,720	5,149,033
其他	17,236,488	34,985,319	17,236,488
合计	40,423,563	82,732,036	40,423,563

从表 5-16 可知,光明乳业 2022 年营业外收入主要来源于非流动资产处置利得、生物资产淘汰利得、无法支付的应付款和其他项目。其中非流动资产处置利得合计 1,803.80 万元,是处置非流动资产项目时实际收到金额高于账面价值的部分,生物资产淘汰所得是 1,776.22 万元,是出售生物资产(如奶牛)时实际收到金额高于账面价值的部分。2022 年营业外收入比 2021 年减少了 4,230.85 万元。

光明乳业 2022 年营业外支出明细如表 5-17 所示。

表 5-17　光明乳业 2022 年营业外支出明细(元)

项目	本期发生额	上期发生额	计入当期非经常性损益的金额
非流动资产处置损失合计	57,949,254	19,012,188	57,949,254
其中:固定资产处置损失	1,102,310	1,783,157	1,102,310
生物资产淘汰损失	56,846,944	17,229,031	56,846,944
对外捐赠	16,818,348	8,232,673	16,818,348
其他	8,960,132	12,448,846	8,960,132
合计	83,727,734	39,693,707	83,727,734

从表 5-17 可知，光明乳业 2022 年营业外支出主要来源于非流动资产处置损失、生物资产淘汰损失、对外捐赠和其他项目。其中非流动资产处置损失合计 5,794.93 万元，是处置非流动资产项目时实际收到金额低于账面价值的部分，生物资产淘汰损失是 5,684.69 万元，是出售生物资产（如奶牛）时实际收到金额低于账面价值的部分。2022 年营业外支出比 2021 年增加了 4,403.40 万元。

六、所得税费用

所得税费用是指企业在会计期间发生的利润总额，经调整后按照国家税法规定的比率，计算交纳所得税税款形成的费用。利润总额减去所得税费用后的差额，即为净利润。需要注意的是，由于纳税调整因素的影响，利润总额并不等于应纳税所得额。在会计利润与应纳税所得额之间存在两项差异：一是永久性差异，如国债利息收入、罚款等；二是暂时性差异，这部分差异会随着时间的流逝而消失。为了符合期间原则和配比原则，现行准则强调确认暂时性差异对当期所得税费用的影响，与其他的费用摊销类似，需要将其分配到所属的期间，而永久性差异因为不可能对以后的所得税费用产生影响，所以不予考虑。

本章总结

本章的学习重点是对企业利润表进行分析，包括对利润表进行水平分析、垂直分析及具体项目分析，同资产负债表分析一样，利润表分析的思路也是从大到小、从粗到细。首先，可以通过趋势分析判断利润的变化情况，优秀的企业往往会有稳定的利润增长。其次，还要注意利润的构成和利润的质量，可以结合经营活动现金净流量、应收账款金额等信息来判断利润质量。再次，在利润表垂直分析中，应当重点关注占比较大的扣除项，分析这些项目的合理性，此时可以结合同行业企业的成本费用率及财务报表附注信息进行分析。最后，应当针对利润表中较为重要的收入、成本、费用、减值准备及投资收益等项目进行具体分析。

思政小课堂

康美药业股份有限公司（以下简称康美药业）始建于 1997 年，是一个集药品、中药饮片、中药材和医疗器械等供销一体化的现代化大型医药企业、国家级重点高新技术企业。康美药业于 2001 年在上海证券交易所成功上市（股票代码：600518）。2019 年 4 月 30 日，康美药业发布《康美药业股份有限公司关于前期会计差错更正的公告》，称公司在 2018 年 12 月 28 日收到证监会的《调查通知书》后进行了自查与必要的核查，发现公司 2017 年年报中有多处重大项目存在"会计差错"，其中营业收入更正值高达 88.98 亿元，货币资金更正值高达 299.44 亿元，一时间轰动了整个资本市场。

2019 年 5 月 17 日，因涉嫌财务报告虚假陈述等违规行为，康美药业被证监会立案调查，并于 2019 年 8 月 16 日与 2020 年 5 月 14 日分别收到证监会的拟处罚决定与正式处罚决定。证监会对康美药业处以 60 万元罚款，对 21 名责任人员处以 10 万～90 万元不等罚款，对 6

名主要责任人采取10年至终身证券市场禁入措施。

证监会于2019年8月16日对康美药业下发的《行政处罚及市场禁入事先告知书》中显示,康美药业的财务造假手段主要分为以下四个方面。

一是虚增收入。证监会查实康美药业在2016—2018年存在收入造假的情况,公司通过伪造业务凭证的方式累计虚增营业收入291.28亿元。其中,2016年年报的营业收入虚增值占报告值的41.58%,2017年年报的营业收入虚增值占比为37.89%,2018年半年报的营业收入虚增值占比为50.03%,2018年年报的营业收入虚增值占比为8.33%。

二是虚增货币资金。康美药业在2016—2018年通过伪造银行单据累计虚增货币资金886.81亿元。其中,2016年年报中虚增货币资金225.49亿元,占公司披露总资产的41.13%;2017年年报中虚增货币资金299.44亿元,占公司披露总资产的43.57%;2018年半年报中虚增货币资金361.88亿元,占公司披露总资产的45.96%。

三是虚增固定资产、在建工程和投资性房地产价值。康美药业在2018年年报中将前期未纳入报表的亳州华佗国际中药城等6个工程项目纳入表内,分别调增固定资产11.89亿元,调增在建工程4.01亿元,调增投资性房地产20.15亿元,合计调增资产总额36.05亿元。

四是关联方资金占用与炒作股票。康美药业在财务造假事件前后股价并未出现剧烈波动,甚至出现股价上涨情况,这种股价异象与公司利用关联方自炒股价密切相关。证监会调查显示,康美药业于2016—2018年累计向控股股东及其关联方提供非经营性资金116.19亿元,该项资金被用于购买股票、替控股股东及其关联方偿还融资本息、垫付解质押款或支付收购溢价款等。

康美药业高达886.81亿元的"货币资金调整"与291.28亿元的"收入调整"显然不能仅仅归因于其在公告中所称的"会计差错",而应被视为有预谋、长期的欺诈行为。根据《中华人民共和国证券法》《中华人民共和国公司法》《中华人民共和国会计法》相关条款,涉嫌财务造假的责任人须承担行政责任、刑事责任和民事责任,但目前中小投资者通过民事诉讼追究赔偿的上市公司造假案屈指可数,广大投资者欲诉无门。

财务造假会给投资者、债权人带来巨大损失,还会影响整个社会的风气,危害社会经济,此外造假者也要面临刑事责任及民事责任,因此远离财务造假才是智举。希望各位读者能够具备诚信意识,遵守职业道德,切莫触碰法律底线。

[资料来源:宋建波,朱沛青,荆家琪.审判仍在路上:新《证券法》下康美药业财务造假的法律责任[J].财会月刊,2020(13):134-139,部分节选,有改动。]

5-1 拓展阅读

5-2 微课视频

第六章
现金流量表分析

CAIWU BAOBIAO FENXI
JIAOCHENG

第六章 现金流量表分析

学习目标

本章的学习目标是使学生能够正确地对企业的现金流量表进行分析。

◇ **知识目标**

理解现金流量表分析的目的和内容,掌握现金流量表变动情况分析和主要项目分析的相关内容,掌握现金流量与利润综合分析的相关内容。

◇ **能力目标**

能够对企业的现金流量表进行一般分析、水平分析和结构分析,能够分析企业现金流量的特点,发现企业风险并提出解决对策。

◇ **德育目标**

能够了解上下游企业的关系对经营活动现金净流量的影响,理解和谐共赢的社会价值观。

思维导图

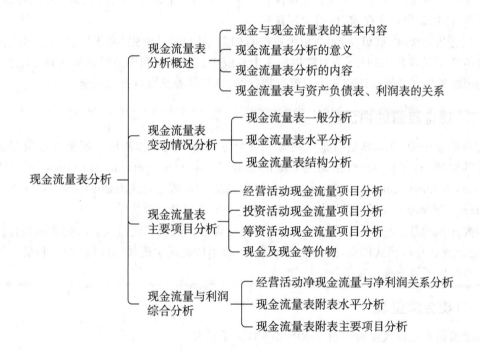

第一节 现金流量表分析概述

一、现金与现金流量表的基本内容

(一)现金的内涵

现金流量表(statement of cash flows)中的现金概念是广义的现金(cash)概念,不仅包括库存现金,还包括银行存款、其他货币资金,以及现金等价物。

其中,银行存款是企业存放在金融机构可随时用于支付的存款,不能随时支取的定期存款不作为现金流量表中的现金,但提前通知金融机构便可支取的定期存款,则包括在现金流量表的现金范围内。

其他货币资金是企业存放在金融机构有特定用途的资金,如外币存款、银行汇票存款、银行本票存款、信用证保证金存款、信用卡存款等。

现金等价物(cash equivalents)是企业持有的期限短、流动性强、易于转换为已知金额的现金且价值变动风险较小的投资,通常指在3个月或更短时间内到期或可转换为现金的投资,如企业购买的长期债券投资还有3个月就到期,此时该笔债券投资可视为现金。

(二)现金流量的内涵

现金流量(cash flows)是指企业现金和现金等价物的流入和流出。现金流量根据企业经济活动的性质,通常分为经营活动现金流量(cash flows from operating activities)、投资活动现金流量(cash flows from investing activities)和筹资活动现金流量(cash flows from financing activities)。现金流量又可分为现金流入量、现金流出量和净现金流量。

需要注意的是,企业现金形式的转换不会产生现金的流入和流出,例如,企业从银行提取现金,是企业现金存放形式的变化,现金未流出企业,不构成现金流量。同样,现金和现金等价物之间的转换也不属于现金流量。

(三)现金流量表

现金流量表是以现金为基础编制的财务状况变动表。

我国《企业会计准则第31号——现金流量表》规定,现金流量表主表的编制格式为按经营活动、投资活动和筹资活动的现金流量分别归集其流入量、流出量和净流量,最后得出企业净现金流量。现金流量表补充资料的编制格式为以净利润为基础调整相关项目,得出经营活动净现金流量。

现金流量表中的现金与我们日常生活中所指的现金不同,其编制基础亦与资产负债表和利润表采用的权责发生制有根本区别。现金流量表是以收付实现制为基础编制的。

目前,企业的现金流量表由五大项目和补充资料组成,其中经营活动、投资活动、筹资活动产生的现金流量是我们研究的重点。在每项活动中,现金流量表又将现金的流入与流出明显区分开来。

二、现金流量表分析的意义

编制现金流量表的意义是为财务报表分析者提供企业一定会计期间内现金及现金等价物流入和流出的信息,说明企业的偿债能力、支付股利能力和利润的质量,以便于财务报表分析者了解和评价企业获取现金及现金等价物的能力,并据以预测企业未来的现金流量。具体来说,现金流量表分析具有以下意义。

(一)了解企业现金变动情况和变动原因

资产负债表中货币资金项目反映了企业一定时期内现金变动的结果,是静态的现金存量,企业从哪里获取现金,又将现金用于哪些方面,只有通过现金流量表的分析,才能揭示企业现金的变动情况和现金变动的原因。

(二)判断企业获取现金的能力

现金余款是企业现金流动的结果,并不表明现金流量的大小,通过对现金流量表进行现金流量分析,能够对企业获取现金的来源和获取现金的能力作出判断。

(三)评价企业盈利的质量

利润是按权责发生制计算的,用于反映当期的财务成果,它并不代表真正实现的收益,账面上的利润满足不了企业的资金需要,因此,盈利企业仍然有可能发生财务危机,高质量的盈利必须有相应的现金流入作为保障。

(四)了解企业的支付能力、偿债能力与营运能力

运用现金流量表并配合资产负债表和利润表,计算出一系列与经营活动产生的现金流量相关的现金流量比率,可以了解企业的现金能否偿还到期债务、支付股利和进行必要的固定资产投资,了解企业现金的流转效率和效果,从而便于投资者作出投资决策、债权人作出信贷决策。

三、现金流量表分析的内容

在现金流量表中,现金流量项目被分为三类,即经营活动产生的现金流量、投资活动产生的现金流量和筹资活动产生的现金流量。

(一)经营活动产生的现金流量

经营活动产生的现金流量是指企业除投资活动和筹资活动以外的其他所有交易或事项所产生的现金流量。

经营活动产生的现金流入项目主要有:销售商品、提供劳务收到的现金,收到的税费返还,收到的其他与经营活动有关的现金。

经营活动产生的现金流出项目主要有:购买商品、接受劳务支付的现金,支付给职工以及为职工支付的现金,支付的各项税费,支付的其他与经营活动有关的现金。

（二）投资活动产生的现金流量

投资活动产生的现金流量是指企业有关对外投资，购建或处置固定资产、无形资产及长期资产等活动中所涉及的现金流量。

投资活动产生的现金流入项目主要有：收回投资收到的现金，取得投资收益收到的现金，处置固定资产、无形资产和其他长期资产收回的现金净额，处置子公司及其他营业单位收到的现金净额。

投资活动产生的现金流出项目主要有：购建固定资产、无形资产和其他长期资产支付的现金，投资支付的现金，取得子公司及其他营业单位支付的现金净额。

（三）筹资活动产生的现金流量

筹资活动产生的现金流量是指企业所有与筹资相关的活动所涉及的现金流量。

筹资活动产生的现金流入项目主要有：吸收投资收到的现金，取得借款收到的现金。

筹资活动产生的现金流出项目主要有：偿还债务支付的现金，分配股利、利润或偿付利息支付的现金，支付其他与筹资活动有关的现金。

四、现金流量表与资产负债表、利润表的关系

现金流量表与资产负债表和利润表并不是相互脱离、彼此独立的，它们之间有着内在的勾稽关系。根据资产负债表的平衡式，可分析影响现金净流量的因素。其公式如下：

$$资产＝负债＋所有者权益$$

$$现金＋非现金流动资产＋非流动资产＝流动负债＋非流动负债＋所有者权益$$

$$现金＝流动负债＋非流动负债＋所有者权益－非现金流动资产－非流动资产$$

其中：

$$所有者权益＝实收资本（或股本）＋资本公积＋盈余公积＋留存收益$$

$$留存收益＝净利润＋年初未分配利润－提取的公积金－应付利润（股利）$$

以上分析表明，影响企业净现金流量的因素与资产负债表和利润表有关，非现金资产类项目变化与净现金流量的变化呈反方向，负债与所有者权益类项目变化与净现金流量呈同方向变化。在其他因素不变的条件下，所有者权益的变化主要与留存收益有关，而后者主要取决于企业经营活动创造的净利润以及企业的股利政策。

第二节　现金流量表变动情况分析

一、现金流量表一般分析

进行现金流量表的一般分析，就是要根据现金流量表的数据，对企业现金流量情况进行分析与评价。这时，现金流量表本身就可作为一张分析表，根据表中资料可分析说明企业现金流量情况。下面以光明乳业现金流量表的资料为基础，对该企业2021—2022年现金流量进行一

一般分析(表6-1)。

> **【例6-1】光明乳业现金流量表一般分析**

表6-1 光明乳业2021—2022年现金流量表（万元）

项目	2022年年报	2021年年报
一、经营活动产生的现金流量：		
销售商品、提供劳务收到的现金	3,312,699.45	3,508,071.03
收到的税费返还	3,458.90	38,535.90
收到其他与经营活动有关的现金	22,296.53	34,458.54
经营活动现金流入小计	3,338,454.89	3,581,065.47
购买商品、接受劳务支付的现金	2,641,344.24	2,699,521.45
支付给职工以及为职工支付的现金	345,968.99	344,560.77
支付的各项税费	65,984.05	85,200.43
支付其他与经营活动有关的现金	218,443.87	245,934.70
经营活动现金流出小计	3,271,741.15	3,375,217.35
经营活动产生的现金流量净额	66,713.73	205,848.12
二、投资活动产生的现金流量：		
收回投资收到的现金	—	2,300.00
取得投资收益收到的现金	484.34	484.34
处置固定资产、无形资产和其他长期资产收回的现金净额	27,864.04	43,007.43
处置子公司及其他营业单位收到的现金净额	—	—
投资活动现金流入小计	28,348.39	45,791.77
购建固定资产、无形资产和其他长期资产支付的现金	138,601.48	238,284.35
投资支付的现金	—	2,450.00
取得子公司及其他营业单位支付的现金	—	64,517.02
投资活动现金流出小计	138,601.48	305,251.37
投资活动产生的现金流量净额	−110,253.09	−259,459.60
三、筹资活动产生的现金流量：		
吸收投资收到的现金	—	196,847.25
其中：子公司吸收少数股东投资收到的现金	—	4,900.00
取得借款收到的现金	234,782.22	106,022.85
筹资活动现金流入小计	234,782.22	302,870.09
偿还债务支付的现金	179,982.39	163,071.94

续表

项目	2022年年报	2021年年报
分配股利、利润或偿付利息支付的现金	34,773.54	28,081.65
其中：子公司支付给少数股东的股利、利润	1,263.86	1,708.00
支付其他与筹资活动有关的现金	32,674.37	33,411.07
筹资活动现金流出小计	247,430.30	224,564.65
筹资活动产生的现金流量净额	−12,648.09	78,305.44
四、汇率变动对现金及现金等价物的影响	749.11	−487.80
五、现金及现金等价物净增加额	−55,438.34	24,206.16
加：期初现金及现金等价物余额	320,311.33	296,105.17
期末现金及现金等价物余额	264,872.99	320,311.33

由表6-1可知：

(1) 该企业2022年资产负债表货币资金项目年末比年初减少了5.54亿元，期末现金及现金等价物余额为26.49亿元。其中，经营活动的现金流量净额为6.67亿元；投资活动产生现金流量净额−11.03亿元；筹资活动产生现金流量净额−1.26亿元。

(2) 该企业2022年经营活动现金流量净额变动的主要原因是销售商品、提供劳务收到现金331.27亿元，购买商品、接受劳务支付现金264.13亿元。

在三类业务活动引起的现金流量中，经营活动现金流量的稳定性和再生性较好，一般情况下应占较大比例。如果经营活动的现金流入量大于现金流出量，即经营活动的现金流量净额大于0，反映企业经营活动的现金流量自我适应能力较强，通过经营活动收取的现金，不仅能够弥补经营的付现成本，而且剩余部分还可以用于再投资或偿债。如果经营活动现金流入量小于现金流出量，即经营活动现金流量净额小于0，说明经营活动的现金流量自我适应能力较差，经营活动现金流入量不仅不能支持投资或偿债的资金需要，而且经营活动还在"蚕食"企业的现金存量，如果这种状况一直持续，将要借助于收回投资或举借新债取得现金才能维持正常的经营。形成这种情况的主要原因可能是销货款的回笼不及时，或存货大量积压无法变现，当然，也可能是企业处于初创期或季节性销售等。

(3) 投资活动现金流量主要是由购建固定资产等长期资产引起的。大规模购建固定资产等长期资产可以增加企业未来的生产能力。光明乳业2022年用于投资活动的现金流量净额是−11.03亿元，主要用于购建固定资产、无形资产和其他长期资产。

(4) 筹资活动现金流量的增加主要来自现金借款23.48亿元，筹资活动现金流出主要用于偿还到期债务18.00亿元，以及分配股利等3.48亿元。

筹资活动净现金流量分析应同企业理财政策以及前两项业务活动引起的现金流量方向结合起来分析。如果筹资活动现金流出量远远大于现金流入量的话，有可能是企业执行了高股利分配政策，或者是已经进入债务偿还期。经营活动现金流量如果也是负的话，企业可能出现较大的资金缺口，有可能是企业前期经营不善导致。如果企业筹资活动的现金流入明显大于现金流出，说明企业吸收资本或举债的步伐加快。如果投资的净现金流出量也非常明显的话，则意味着企业加快了投资和经营扩张的步伐，这可能意味着企业有了新的盈利增长点。如果经营活动的净现金流出量明显的话,则说明吸收资本或举债的资金部分地补充了经营上的资金短缺。

二、现金流量表水平分析

现金流量表一般分析只说明了企业当期现金流量产生的原因,没能揭示本期现金流量与前期或预期现金流量的差异。为了解决这个问题,可采用水平分析法对现金流量表进行分析。

➤【例6-2】光明乳业现金流量表水平分析

光明乳业现金流量表水平分析情况如表6-2所示。

表6-2　光明乳业2021—2022年现金流量表水平分析统计表

项目	2022年年报（万元）	2021年年报（万元）	增加额（万元）	增长率
一、经营活动产生的现金流量：				
销售商品、提供劳务收到的现金	3,312,699.45	3,508,071.03	−195,371.58	−5.57%
收到的税费返还	3,458.90	38,535.90	−35,077.00	−91.02%
收到其他与经营活动有关的现金	22,296.53	34,458.54	−12,162.01	−35.29%
经营活动现金流入小计	3,338,454.89	3,581,065.47	−242,610.58	−6.77%
购买商品、接受劳务支付的现金	2,641,344.24	2,699,521.45	−58,177.21	−2.16%
支付给职工以及为职工支付的现金	345,968.99	344,560.77	1,408.20	0.41%
支付的各项税费	65,984.05	85,200.43	−19,216.38	−22.55%
支付其他与经营活动有关的现金	218,443.87	245,934.70	−27,490.83	−11.18%
经营活动现金流出小计	3,271,741.15	3,375,217.35	−103,476.20	−3.07%
经营活动产生的现金流量净额	66,713.73	205,848.12	−139,134.39	−67.59%
二、投资活动产生的现金流量：				
收回投资收到的现金	—	2,300.00	—	—
取得投资收益收到的现金	484.34	484.34	0.00	0.00%
处置固定资产、无形资产和其他长期资产收回的现金净额	27,864.04	43,007.43	−15,143.39	−35.21%
处置子公司及其他营业单位收到的现金净额	—	—		
投资活动现金流入小计	28,348.39	45,791.77	−17,443.38	−38.09%
购建固定资产、无形资产和其他长期资产支付的现金	138,601.48	238,284.35	−99,682.87	−41.83%
投资支付的现金	—	2,450.00		0.00%
取得子公司及其他营业单位支付的现金	—	64,517.02		0.00%
投资活动现金流出小计	138,601.48	305,251.37	−166,649.89	−54.59%

续表

项目	2022年年报（万元）	2021年年报（万元）	增加额（万元）	增长率
投资活动产生的现金流量净额	-110,253.09	-259,459.60	149,206.51	-57.51%
三、筹资活动产生的现金流量：				
吸收投资收到的现金	—	196,847.25	—	—
其中：子公司吸收少数股东投资收到的现金	—	4,900.00	—	—
取得借款收到的现金	234,782.22	106,022.85	128,759.37	121.44%
筹资活动现金流入小计	234,782.22	302,870.09	-68,087.87	-22.48%
偿还债务支付的现金	179,982.39	163,071.94	16,910.45	10.37%
分配股利、利润或偿付利息支付的现金	34,773.54	28,081.65	6,691.89	23.83%
其中：子公司支付给少数股东的股利、利润	1,263.86	1,708.00	-444.14	-26.00%
支付其他与筹资活动有关的现金	32,674.37	33,411.07	-736.70	-2.20%
筹资活动现金流出小计	247,430.30	224,564.65	22,865.65	10.18%
筹资活动产生的现金流量净额	-12,648.09	78,305.44	-90,953.53	-116.15%
四、汇率变动对现金及现金等价物的影响	749.11	-487.80	1,236.91	-253.57%
五、现金及现金等价物净增加额	-55,438.34	24,206.16	-79,644.50	-329.03%
加：期初现金及现金等价物余额	320,311.33	296,105.17	24,206.16	8.17%
期末现金及现金等价物余额	264,872.99	320,311.33	-55,438.34	-17.31%

光明乳业2022年期初现金及现金等价物余额为32.03亿元，2022年现金及现金等价物减少5.54亿元，期末现金及现金等价物余额为26.49亿元。

其中经营活动产生的现金流量净额为6.67亿元，较上年减少13.91亿元，下降幅度67.59%，主要原因是销售商品、提供劳务收到的现金下降，销售商品、提供劳务收到的现金在2022年是331.27亿元，比2021年减少了19.54亿元。投资活动产生的现金流量净额是-11.03亿元，比2021年增加14.92亿元，主要原因是2022年购建固定资产、无形资产和其他长期资产支付的现金大量减少。筹资活动产生的现金流量净额是-1.26亿元，比2021年减少了9.10亿元，减少幅度为116.15%。由于2022年光明乳业经营活动、筹资活动的现金净流量都比2021年有所下降，而且影响程度较大，所以造成了现金净流量净额较上一年有所降低。

三、现金流量表结构分析

现金流量表结构分析，目的在于揭示现金流入量和现金流出量的结构情况，从而抓住企业现金流量管理的重点。现金流量结构分析的资料通常以使用直接法编制的现金流量表为主，分析方法为垂直分析法。以下以光明乳业现金流量表的资料为基础，经过处理，可得出现金流量结构分析表，见表6-3和表6-4。

（一）现金流入结构分析

现金流入结构分为总流入结构和内部流入结构。总流入结构是反映企业经营活动的现金流入量、投资活动的现金流入量和筹资活动的现金流入量分别占现金总流入量的比重。内部流入结构反映的是经营活动、投资活动和筹资活动等各项业务活动现金流入中具体项目的构成情况。现金流入结构分析可以明确企业的现金究竟来自何方，增加现金流入应在哪些方面采取措施等。

➢ **【例 6-3】** 光明乳业现金流量表流入结构分析

表 6-3　光明乳业 2021—2022 年现金流量表流入结构分析表

项目	2022 年年报（万元）	2021 年报（万元）	2022 年占比	2021 年占比
一、经营活动产生的现金流量：				
销售商品、提供劳务收到的现金	3,312,699.45	3,508,071.03	91.98%	89.27%
收到的税费返还	3,458.90	38,535.90	0.10%	0.98%
收到其他与经营活动有关的现金	22,296.53	34,458.54	0.62%	0.88%
经营活动现金流入小计	3,338,454.89	3,581,065.47	92.69%	91.13%
二、投资活动产生的现金流量：				
收回投资收到的现金	—	2,300.00		0.06%
取得投资收益收到的现金	484.34	484.34	0.01%	0.01%
处置固定资产、无形资产和其他长期资产收回的现金净额	27,864.04	43,007.43	0.77%	1.09%
处置子公司及其他营业单位收到的现金净额	—	—		
投资活动现金流入小计	28,348.39	45,791.77	0.79%	1.17%
三、筹资活动产生的现金流量：			0.00%	0.00%
吸收投资收到的现金	—	196,847.25		5.01%
其中：子公司吸收少数股东投资收到的现金	—	4,900.00		0.12%
取得借款收到的现金	234,782.22	106,022.85	6.52%	2.70%
筹资活动现金流入小计	234,782.22	302,870.09	6.52%	7.71%
现金流入合计	3,601,585.50	3,929,727.33	100.00%	100.00%

光明乳业 2022 年现金流入总量约为 360 亿元，其中经营活动现金流入量、投资活动现金流入量和筹资活动现金流入量所占比重分别为 92.69%、0.79% 和 6.52%。可见光明乳业的现金流入量主要由经营活动产生。经营活动的现金流入量中销售商品、提供劳务收到的现金，投资活动的现金流入量中处置固定资产、无形资产和其他长期资产收回的现金净额，筹资活动的现金流入量中取得借款收到的现金分别占各类现金流入量的最大比重。

总体来说，企业的现金流入量中，经营活动的现金流入量应当占较高比例，特别是其销售商品、提供劳务收到的现金应明显高于其他业务活动流入的现金。但是对于不同性质的企业,这个比例也可能有较大的差异。比如一个专心于某一特定经营业务、较少进行对外投资、筹资决策较为保守、较少举债经营的企业,该项比例可能尤为高。

(二)现金流出结构分析

现金流出结构分为总流出结构和内部流出结构。现金总流出结构是反映企业经营活动的现金流出量、投资活动的现金流出量和筹资活动的现金流出量分别在全部现金流出量中所占的比重。内部现金流出结构反映的是经营活动、投资活动和筹资活动等各项业务活动现金流出中具体项目的构成情况。现金流出结构可以表明企业的现金究竟流向何方,要节约开支应从哪些方面入手等。

> 【例6-4】光明乳业现金流量表流出结构分析

表6-4 光明乳业2021—2022年现金流量表流出结构分析表

项目	2022年年报(万元)	2021年年报(万元)	2022年占比	2021年占比
一、经营活动产生的现金流量:				
购买商品、接受劳务支付的现金	2,641,344.24	2,699,521.45	72.21%	69.13%
支付给职工以及为职工支付的现金	345,968.99	344,560.77	9.46%	8.82%
支付的各项税费	65,984.05	85,200.43	1.80%	2.18%
支付其他与经营活动有关的现金	218,443.87	245,934.70	5.97%	6.30%
经营活动现金流出小计	3,271,741.15	3,375,217.35	89.45%	86.43%
二、投资活动产生的现金流量:				
购建固定资产、无形资产和其他长期资产支付的现金	138,601.48	238,284.35	3.79%	6.10%
投资支付的现金	—	2,450.00		0.06%
取得子公司及其他营业单位支付的现金净额	—	64,517.02		1.65%
投资活动现金流出小计	138,601.48	305,251.37	3.79%	7.82%
三、筹资活动产生的现金流量:				
偿还债务支付的现金	179,982.39	163,071.94	4.92%	4.18%
分配股利、利润或偿付利息支付的现金	34,773.65	28,081.65	0.95%	0.72%
其中:子公司支付给少数股东的股利、利润	1,263.86	1,708.00	0.03%	0.04%
支付其他与筹资活动有关的现金	32,674.35	33,411.07	0.89%	0.86%
筹资活动现金流出小计	247,430.30	224,564.65	6.76%	5.75%
现金流出合计	3,657,772.93	3,905,033.37	100.00%	100.00%

光明乳业2022年现金流出总量约为365.78亿元,其中经营活动现金流出量、投资活动现金流出量和筹资活动现金流出量所占比重分别为89.45%、3.79%和6.76%。可见,在现金流出总量中经营活动现金流出量所占的比重最大,筹资活动现金流出量所占比重次之。在经营活动现金流出量中,购买商品、接受劳务支付的现金占比为72.21%,比重最大;支付给职工以及为职工支付的现金和支付其他与经营活动有关的现金项目占全部现金流出结构分别为9.46%和5.97%,是现金流出的重要项目。投资活动的现金流出量主要用于购建固定资产、无形资产和其他长期资产支付的现金。筹资活动的现金流出量主要用于偿还债务支付的现金,占全部现金流出量的比重为4.92%。

在一般情况下,购买商品、接受劳务支付的现金往往要占到较大的比重,投资活动和筹资活动的现金流出比重则因企业的投资政策和筹资政策等状况不同而存在很大的差异。为了掌握现金流量结构的变动情况,可将不同时期的现金流量结构进行对比分析。

第三节 现金流量表主要项目分析

一、经营活动现金流量项目分析

(一)销售商品、提供劳务收到的现金

"销售商品、提供劳务收到的现金"项目反映企业本期销售商品、提供劳务收到的现金,以及前期销售商品、提供劳务在本期收到的现金(包括营业收入和应向购买者收取的增值税销项税额)和本期预收的款项,减去本期销售本期退回的商品和前期销售本期退回的商品支付的现金。

此项目是企业现金流入的主要来源,通常具有数额大、所占比例高的特点。其与利润表中的"营业收入"项目相对比,可以判断企业的销售收现情况。计算销售收现率指标时需要注意,"销售商品、提供劳务收到的现金项目"当中包含了向购买者收取的增值税销项税额,而营业收入项目当中却不包含销项税额,所以建议参考报表附注当中所披露的税率进行调整。较高的销售收现率表明企业产品或服务定位准确,适销对路,并已形成卖方市场的良好经营环境。但应注意也有例外的情况,如丰乐种业曾将证券买卖收益的现金流入量包装成销售商品、提供劳务收到的现金,美化现金流量表,给投资者的决策带来误导。

如果企业的增值税税率是固定的,可以通过按固定的增值税税率调整营业收入后的金额,与"销售商品、提供劳务收到的现金"项目金额进行对比,计算出销售收现率,用以判断企业的销售收现情况是否良好。但光明乳业年报中披露:"增值税:初加工乳制品税率为9%;服务收入税率为6%;利息收入及租赁收入税率为6%;农业生产者销售的自产农产品,及牲畜的配种和疾病防治免征增值税;其他产品或服务税率为13%。"由于其增值税税率并不固定,因此无法推算光明乳业的销售收现情况。

"营业收入"项目与"销售商品、提供劳务收到的现金"项目的差额,将会导致"应收账

款""应收票据""预收账款"等项目的变化。但由于上述增值税影响的确切金额超出企业对外披露的信息范围，所以外部分析者往往无法观测到"营业收入"和"销售商品、提供劳务收到的现金"之间的差额与"应收账款""应收票据""预收账款"等项目的变动额之间的等式关系。

光明乳业2022年销售商品、提供劳务收到的现金是331.27亿元，占现金流入量比重为91.98%，说明这是光明乳业当期的主要现金来源，同时说明光明乳业主业突出，有自己的核心产业。

（二）收到的税费返还

"收到的税费返还"项目反映企业收到返还的增值税、所得税、消费税、关税和教育费附加等各种税费。返还增值税计入"补贴收入"；返还消费税、教育费附加等，冲减"税金及附加"；返还所得税，冲减"所得税"。可结合相关项目信息对该项目进行分析。此项目通常数额不大，对经营活动现金流入量影响也不大。

光明乳业2022年收到的税费返还金额为3,458.90万元，占现金流入量比重为0.10%。

（三）收到其他与经营活动有关的现金

"收到其他与经营活动有关的现金"项目反映企业收到的捐赠收入、罚款收入、经营租赁收到的租金、流动资产损失中由个人赔偿的现金收入等其他与经营活动有关的现金流入金额，金额较大的应当单独列示。该项目可结合利润表的"营业外收入""其他业务收入""财务费用"等项目分析。此项目具有不稳定性，数额不应过多。

光明乳业2022年收到的其他与经营活动有关的现金为22,296.53万元，根据附注资料显示，主要是收回联营企业经营性往来677.36万元，与收益/资产相关的政府补助15,236.40万元，利息收入3,927.08万元，还有其他项目2,455.69万元。

（四）购买商品、接受劳务支付的现金

"购买商品、接受劳务支付的现金"项目反映企业本期购买商品、接受劳务实际支付的现金（包括增值税进项税额），以及本期支付前期购买商品、接受劳务的未付款项和本期预付款项。本期发生的购货退回收到的现金应从本项目内扣除。

此项目应是企业现金流出的主要方向，通常具有数额大、所占比重大的特点。将其与资产负债表的"应付账款""应付票据""预付账款"等项目相比较，可以判断企业购买商品付现率的情况，借此可以了解企业资金的紧张程度或企业的商业信用情况，从而可以更加清楚地认识企业目前所面临的财务状况。

光明乳业2022年为购买商品、接受劳务支付现金264.13亿元，占现金流出总量的比重为72.21%。

（五）支付给职工以及为职工支付的现金

"支付给职工以及为职工支付的现金"项目反映企业本期实际支付给职工的工资、奖金、各种津贴和补贴等职工薪酬，但是应由在建工程、无形资产负担的职工薪酬以及支付给离退休人员的职工薪酬除外。二者分别在"购建固定资产、无形资产和其他长期资产支付的现金"和"支

付其他与经营活动有关的现金"项目中反映。此项目也是企业现金流出的主要方向,金额波动不大。光明乳业2022年支付给职工以及为职工支付的现金为34.60亿元,占现金流出总量的比重为9.46%。

(六)支付的各项税费

"支付的各项税费"项目反映企业本期发生并支付的、本期支付以前各期发生的以及预交的教育费附加、资源税、印花税、房产税、土地增值税、车船税等税费,计入固定资产价值、实际支付的耕地占用税、本期退回的增值税和所得税等税费除外。此项目会随着企业销售规模的变化而变动。光明乳业2022年支付的各项税费金额6.60亿元,占现金流出总量的比重为1.80%。

(七)支付其他与经营活动有关的现金

"支付其他与经营活动有关的现金"项目反映企业支付的罚款支出,支付的差旅费、业务招待费、保险费,经营租赁支付的现金等其他与经营活动有关的现金流出,金额较大的应当单独列示。该项目主要与利润表的"销售费用""管理费用"项目相对应,可结合相关信息进行分析。

光明乳业2022年支付的其他与经营活动有关的现金为218,443.87万元,占现金流出总量的比重为5.97%。根据财务报表附注,可知其中主要包含支付的各项管理费用、销售费用211,966.80万元,银行手续费2,686.50万元,购买碳排放权支付的现金1,315.20万元,还有其他现金2,475.37万元。

二、投资活动现金流量项目分析

(一)收回投资收到的现金

"收回投资收到的资金"项目反映企业出售、转让或到期收回除现金等价物以外的交易性金融资产、长期股权投资而收到的现金,以及收回长期债权投资本金而收到的现金,但长期债权投资收回的利息除外。该项目可结合资产负债表中的"交易性金融资产""可供出售金融资产""持有至到期投资""长期股权投资""投资性房地产"等项目的减少额,以及利润表中的"投资收益"项目分析。如果因出售投资性资产而盈利,说明前期投资活动取得了收益。但是,此项目也不能绝对地追求较大发生额。投资扩张是企业未来创造利润的增长点,缩小投资可能意味着企业在规避投资风险、投资战略改变或企业存在资金紧张的问题。光明乳业2022年无收回投资收到的现金。

(二)取得投资收益收到的现金

"取得投资收益收到的现金"项目反映企业因股权性投资而分得的现金股利,从子公司、联营企业或合营企业分回利润而收到的现金,以及因债权性投资而取得的现金利息收入,但股票股利除外。此项目存在发生额说明企业进入投资回收期。该项目金额同利润表当中的"投资收益"项目进行对比分析,可以考查投资收益的收现情况,同资产负债表当中的投资资产金额进行对比分析,可以考查投资资产的现金回报情况。光明乳业2022年取得投资收益收到的现金额为484.34万元,占现金流入总量的比重为0.01%。

(三)处置固定资产、无形资产和其他长期资产收回的现金净额

"处置固定资产、无形资产和其他长期资产收回的现金净额"项目反映企业出售和报废固定资产、无形资产和其他长期资产所取得的现金(包括因资产毁损而收到的保险赔偿收入),减去为处置这些资产而支付的有关费用后的净额,但现金净额为负数的除外。该项目可与资产负债表中的"固定资产""在建工程""无形资产"等项目的减少额进行比较分析。此项目一般金额不大,如果数额较大,表明企业产业结构将有所调整,或者表明企业未来的生产能力将受到严重的影响,已经陷入深度的债务危机之中,靠出售设备来维持经营。光明乳业2022年由于处置固定资产、无形资产和其他长期资产收回的现金净额为2.79亿元,占现金流入总量的比重为0.77%。

(四)处置子公司及其他营业单位收到的现金净额

"处置子公司及其他营业单位收到的现金净额"项目反映企业处置子公司及其他营业单位所取得的现金减去相关处置费用后的净额。处置子公司及其他营业单位属于企业的重大影响事项,企业一般会单独发布公告或者在年度报告中详细予以说明,可结合相关信息判断该事项对企业未来经营发展会产生何种影响。

(五)购建固定资产、无形资产和其他长期资产支付的现金

"购建固定资产、无形资产和其他长期资产支付的现金"项目反映企业购买、建造固定资产、取得无形资产和其他长期资产所支付的现金及增值税税款,支付的应由在建工程和无形资产负担的职工薪酬现金支出,但为购建固定资产而发生的借款利息资本化部分、融资租入固定资产所支付的租赁费除外。该项目可与资产负债表中的"固定资产""在建工程""无形资产"等项目的增加额进行比较分析。该项目也可反映企业扩大再生产能力的强弱,可以了解企业未来的经营方向和盈利能力,揭示企业未来经营方式和经营战略的发展变化。光明乳业2022年由于购建固定资产、无形资产和其他长期资产支付的现金额为13.86亿元,占现金流出总量的比重为3.79%。可见企业生产规模将进一步扩大,生产能力增强。

(六)投资支付的现金

"投资支付的现金"项目反映企业取得的除现金等价物以外的权益性投资和债权性投资所支付的现金以及支付的佣金、手续费等附加费用。该项目可结合资产负债表中的"交易性金融资产""可供出售金融资产""持有至到期投资""长期股权投资""投资性房地产"等项目的增加额进行分析。此项目表明企业参与资本市场运作、实施股权及债权投资能力的强弱,分析投资方向与企业的战略目标是否一致。光明乳业2022年无投资支付的现金。

（七）取得子公司及其他营业单位支付的现金净额

"取得子公司及其他营业单位支付的现金净额"项目反映企业购买子公司及其他营业单位购买出价中以现金支付的部分，减去子公司或其他营业单位持有的现金和现金等价物后的净额。购买子公司及其他营业单位属于企业的重大影响事项，企业一般会单独发布公告或者在年度报告中予以详细说明，可结合相关信息判断该事项对企业未来经营发展会产生何种影响。

三、筹资活动现金流量项目分析

（一）吸收投资收到的现金

"吸收投资收到的现金"项目反映企业以发行股票、债券等方式筹集资金实际收到的款项，减去直接支付给金融企业的佣金、手续费、宣传费、咨询费、印刷费等发行费用后的净额。该项目反映企业通过资本市场筹资能力的强弱。该项目如有发生额，数额一般较大，可结合资产负债表中的"股本""应付债券"等项目的增加额进行分析。

（二）取得借款收到的现金

"取得借款收到的现金"项目反映企业举借各种短期、长期借款而收到的现金。该项目可结合资产负债表中的"短期借款""长期借款"等项目进行分析。该项目数额的大小表明企业通过银行筹集资金能力的强弱，在一定程度上代表了企业商业信用的高低。光明乳业2022年因取得借款收到的现金为23.48亿元，占现金流入总量的6.52%，借款是企业当年所采取的主要筹资方式。

（三）偿还债务支付的现金

"偿还债务支付的现金"项目反映企业以现金偿还债务的本金，可结合资产负债表中的"短期借款""长期借款""应付债券"项目的减少额进行分析。该项目有助于分析企业资金周转是否已经达到良性循环状态。光明乳业2022年偿还债务支付的现金约为18亿元，占现金流出总量的比重为4.92%。

（四）分配股利、利润或偿付利息支付的现金

"分配股利、利润或偿付利息支付的现金"项目反映企业实际支付的现金股利、支付给其他投资单位的利润或用现金支付的借款利息、债券利息。该项目可结合利润表的"财务费用"和所有者权益变动表的"利润分配"项目分析，还需要考虑利息资本化的影响。利润的分配情况可以反映企业现金的充裕程度。光明乳业2022年该项目的现金流出额为3.48亿元，占现金流出总量的比重为0.95%。

（五）支付其他与筹资活动有关的现金

除上述四类现金流量项目外，企业支付的其他与筹资活动有关的现金流出，包括以发行股票、债券等方式筹集资金而由企业直接支付的审计和咨询等费用，为购建固定资产而发生的借款利息资本化部分，融资租入固定资产所支付的租赁费，以分期付款方式购建固定资产以后各期支付的现金等。该项目一般数额较小，如果数额较大，应注意分析其合理性。

四、现金及现金等价物

（1）"现金及现金等价物的净增加额"项目金额等于"经营活动产生的现金流量净额""投资活动产生的现金流量净额""筹资活动产生的现金流量净额"三者的代数和，再调整外币现金资产汇率变动影响金额。光明乳业 2022 年经营活动、投资活动和筹资活动产生的现金流量净额分别为 6.67 亿元、−11.03 亿元和−1.26 亿元，汇率变动的影响金额为 749.11 万元，当期"现金及现金等价物净增加额"为−5.54 亿元。

（2）资产负债表同现金流量表之间存在"勾稽关系"，现金流量表"期初现金及现金等价物余额"项目可结合资产负债表"货币资金"项目期初余额分析。光明乳业 2021 年资产负债表中货币资金余额为 320,611.33 万元，由于不存在现金等价物，有其他货币资金 300 万元，而其他货币资金不属于现金流量表"现金及现金等价物"范畴，故光明乳业 2022 年现金流量表"期初现金及现金等价物余额"是 320,311.33 万元。

第四节　现金流量与利润综合分析

一、经营活动净现金流量与净利润关系分析

利润表是按照权责发生制来归集企业的收入和支出，而现金流量表是按照收付实现制来归集企业的收入和支出。它们所反映的经济活动内容是相同的，只是反映的角度不同。但是在某个会计期间内，净利润和经营活动产生的现金流量净额往往不一致。用公式表示经营活动净现金流量与净利润之间的关系如下：

经营活动产生的现金净流量＝净利润＋计提的资产减值准备＋固定资产折旧＋无形资产摊销＋长期待摊费用摊销＋财务费用（仅指筹资、投资的利息支出部分）＋固定资产、无形资产、其他资产损失－固定资产、无形资产、其他资产收益＋投资损失－投资收益＋存货减少额＋经营性负债增加额（增加额用"＋"号）＋经营性应收项目的减少额（减少额用"－"号）± 调整项目

通过对这一关系式的分析，我们可以揭示出从净利润到经营活动净现金流量的变化过程，反映经营活动净现金流量与净利润的区别与联系。财务报表附注当中根据此原理编制的、披露

了将净利润调节为经营活动的现金流量的资料见表 6-5。

二、现金流量表附表水平分析

> 【例 6-5】光明乳业现金流量表附表水平分析

表 6-5　光明乳业 2021—2022 年现金流量表附表水平分析表

项目	2022 年年报（万元）	2021 年年报（万元）	增加额（万元）	增长率
净利润	39,115.69	56,689.36	-17,573.67	-31.00%
资产减值准备	17,159.12	9,272.29	7,886.83	85.06%
固定资产和投资性房地产折旧	77,369.89	73,123.87	4,246.02	5.81%
其中：固定资产折旧、油气资产折耗、生产性生物资产折旧	77,369.89	73,123.87	4,246.02	5.81%
无形资产摊销	3,321.20	1,371.42	1,949.78	142.17%
长期待摊费用摊销	1,331.54	885.01	446.53	50.45%
递延收益摊销	—	—		
处置固定资产、无形资产和其他长期资产的损失	-3,390.78	-6,354.02	2,963.24	-46.64%
固定资产报废	—	-300.88		
公允价值变动损失	689.47	—		
财务费用	16,322.83	5,565.13	10,757.70	193.31%
投资损失	1,435.32	462.76	972.56	210.17%
递延所得税	2,933.02	12,557.01	-9,623.99	-76.64%
其中：递延所得税资产减少	-2,991.39	11,723.63	-14,715.02	-125.52%
递延所得税负债增加	5,924.42	833.38	5,091.04	610.89%
存货的减少	-120,411.18	-24,806.34	-95,604.84	385.40%
经营性应收项目的减少	-10,491.21	9,181.46	-19,672.67	-214.27%
经营性应付项目的增加	-6,738.40	29,933.83	-36,672.23	-122.51%
经营活动产生的现金流量净额其他项目	22,122.18	16,219.87	5,902.31	36.39%
经营活动产生的现金流量净额	66,713.73	205,848.12	-139,134.39	-67.59%

续表

项目	2022年年报（万元）	2021年年报（万元）	增加额（万元）	增长率
不涉及现金收支的投资和筹资活动金额其他项目	130.63	108.47	22.16	20.43%
现金的期末余额	264,872.99	320,311.33	−55,438.34	−17.31%
减：现金的期初余额	320,311.33	296,105.17	24,206.16	8.17%
现金及现金等价物的净增加额	−55,438.34	24,206.16	−79,644.50	−329.03%

通过表6-5可以分析现金流量和利润之间的关系，2022年光明乳业经营活动产生的现金流量净额比2021年减少了13.91亿元，减少幅度为67.59%，其中净利润下降了1.76亿元，递延所得税减少了9,623.99万元，存货增加了9.56亿元，经营性应收项目增加了1.97亿元，经营性应付项目减少了3.67亿元，这些是造成其经营活动现金流量下降的主要原因。

三、现金流量表附表主要项目分析

采用间接法报告经营活动产生的现金流量时，补充资料可用于在企业当期净利润的基础上进行某些项目的调整，从而得到经营活动的现金流量净额。

（一）资产减值准备

"资产减值准备"项目反映企业本期计提的坏账准备、存货跌价准备、可供出售金融资产减值准备、长期股权投资减值准备、持有至到期投资减值准备、投资性房地产减值准备、固定资产减值准备、在建工程减值准备、无形资产减值准备、商誉减值准备、生产性生物资产减值准备、油气资产减值准备等资产减值准备。本期计提资产减值准备时，减值损失已计入本期利润表中的相关损益项目，但并未引起实际的经营活动现金流出。因此，在净利润的基础上进行调整计算时，应将其加回到净利润中。该项目可结合利润表的"资产产值损失"项目以及发生减值的资产项目进行分析。

（二）固定资产折旧、油气资产折耗、生产性生物资产折旧

"固定资产折旧、油气资产折耗、生产性生物资产折旧"项目分别反映企业本期计提的固定资产折旧、油气资产折耗、生产性生物资产折旧。由于资产折旧、折耗并不影响经营活动现金流量，因此在净利润基础上调整计算时，应将其全部计入净利润中。该项目可结合资产负债表"固定资产""油气资产""生产性生物资产"等项目进行分析。

（三）无形资产摊销、长期待摊费用摊销

"无形资产摊销""长期待摊费用摊销"这两个项目分别反映企业本期计提的无形资产摊销、

长期待摊费用摊销。无形资产、长期待摊费用的摊销,增加了成本费用,并在计算净利润时从中扣除,由于没有发生现金流出,所以在将净利润调节为经营活动现金流量时应加回。该项目可结合资产负债表"无形资产""长期待摊费用"等项目进行分析。

资产减值准备、固定资产和投资性房地产折旧,以及无形资产摊销等项目都未涉及现金,在计量过程中需要运用的会计职业判断比较多,会计灵活性也比较大。所以对于金额较大、变化显著的项目应结合会计报表附注中的相关项目及相关会计政策进行详细分析,以发现操纵会计利润的行为。

(四)处置固定资产、无形资产和其他长期资产的损失和固定资产报废损失

"处置固定资产、无形资产和其他长期资产的损失""固定资产报废"这两个项目属于投资活动产生的损益,所以在将净利润调节为经营活动现金流量时应予以考虑。

(五)公允价值变动损失

"公允价值变动损失"项目反映持有的金融资产、金融负债以及采用公允价值计量模式的投资性房地产的公允价值变动损益,属于投资活动损益,应予调整。

(六)财务费用

企业发生的财务费用可以分别归属于经营活动、投资活动和筹资活动。对于属于经营活动产生的财务费用,若既影响净利润又影响经营活动现金流量,如到期支付应付票据的利息,则不需要调整;对属于投资活动和筹资活动产生的财务费用,如长期借款利息,则只影响净利润,不影响经营活动现金流量,应在净利润的基础上进行调整。

(七)投资损失

"投资损失"项目是由投资活动所引起的,与经营活动无关的项目。因此无论是否有现金流量,该项目都应全额调节净利润,但不包括计提的减值准备。

(八)递延所得税资产减少和递延所得税负债增加

"递延所得税资产减少""递延所得税负债增加"这两个项目分别反映企业资产负债表"递延所得税资产"和"递延所得税负债"项目的期初余额与期末余额的差额。递延所得税在计提和纳税时间上的不一致性导致了其对利润和现金流量影响时间上的不一致。因此应在净利润的基础上进行调整。

(九)存货的减少、经营性应收项目的减少和经营性应付项目的增加

"存货的减少""经营性应收项目的减少""经营性应付项目的增加"分别反映了企业资产负债表中的存货项目、企业本期经营性应收项目(包括应收票据、应收账款、预付账款、长期应收款和其他应收款中与经营活动有关的部分及应收的增值税销项税额等)和企业本期经营性应付项目(包括应付票据、应付账款、预收账款、应付职工薪酬、应交税费、应付利息、应付股利、长期应付款、其他应付款中与经营活动有关的部分及应付的增值税进项税额等)的期初余额与期末

余额的差额。

经营活动存货增加，说明现金减少或经营性应付项目增加；经营活动存货减少，说明非付现营业成本增加。所以在调节净利润时，应减去存货的净增加数，或加上存货的净减少数。至于赊购增加的存货，通过同时调整经营性应付项目的增减变动而进行自动抵消。若存货的增减变动不属于经营活动，则不做调整，如接受投资者投入的存货应作扣除。

经营性应收项目增加，说明企业未收到现金的收入增加，即利润增加但现金流量未增加。经营性应收项目减少，说明应收款项收回，现金增加，但不影响利润。所以要对由此引起的净利润与现金流量的差异进行调整。经营性应付项目的情况与此相反。

本章总结

本章的重点内容是对现金流量表进行分析，包括现金流量表变动情况分析、主要项目分析和现金流量与利润的综合分析。在现金流量表变动情况分析中，通过一般分析、水平分析和结构分析等方法进行分析，这部分应当重点关注现金净现金流量的情况，如经营活动、投资活动和筹资活动的净流量是流入还是流出，哪个活动对现金净现金流量的贡献最大等。在主要项目分析环节，应当针对占比较大或者变动较大的项目进行重点分析，最后在与利润表的综合分析中，应当关注与利润表的差异项，可对现金流量表附表开展分析。

思政小课堂

面对竞争日益激烈的市场环境，苏宁云商为占据更多的市场份额，提高资金利用效率，一直在用一种成本低但高效的营运资金管理办法——OPM战略。OPM战略是指企业凭借自身独特的渠道价值优势以及强大的经营模式，通过延长向供货商支付货款的期限，提高资金的周转率，同时进行大量融资，以期实现企业价值最大化。这也是苏宁云商账面上有数额巨大的应付票据的原因。苏宁云商依赖OPM战略获得了供货商较长的信用期限，从而能够不断占用供应商资金，进而用低成本资金继续扩张规模，零售渠道价值也因此进一步提升，从而使苏宁云商的资金循环体系良好运行，并且增强了该企业与供应商的议价能力，以形成一个良性循环。

这种扩张模式虽然会提升企业竞争优势，但是一旦某一环节出现问题，则有可能引发连锁反应，给企业造成的伤害也是巨大的。因此，为了与供应商维持这种良性的博弈关系，以获得更多的低成本现金用来扩张或满足其他方面资金的需要，苏宁云商应正视与供应商之间的利益冲突，不断改善与供货商的关系，以实现共赢。

2023年10月，习近平主席在谈到共建"一带一路"的经验时表示，只有合作共赢才能办成事、办好事、办大事。只要各国有合作的愿望、协调的行动，天堑可以变通途，"陆锁国"可以变成"陆联国"，发展的洼地可以变成繁荣的高地。经济发展快一些的国家，要拉一把暂时走在后面的伙伴。只要大家把彼此视为朋友和伙伴，相互尊重、相互支持、相互成就，赠人玫瑰则手有余香，成就别人也是帮助自己。把别人的发展视为威胁，把经济相互依存视为风险，不会让自己生活得更好、发展得更快。

对于企业也是如此，强势占用上下游企业的资金固然会实现更高收益，但是这样的收益不是"赚"来的,而是"抢"来的,对于企业而言,还是应当与上下游企业建立合作共赢的健康关系。

[资料来源:只有合作共赢才能办成事、办好事、办大事[EB/OL].[2024-04-13].http://paper.people.com.cn/rmrbwap/html/2023-10/31/nw.D110000renmrb_20231031_1-05.htm,有改动。]

6-1 拓展阅读

6-2 微课视频

第七章 企业盈利能力分析

CAIWU BAOBIAO FENXI
JIAOCHENG

学习目标

本章的学习目标是使学生能够正确地对企业的盈利能力进行分析。

◇**知识目标**

理解盈利能力分析的目的和内容,掌握企业盈利能力的计算公式、含义和分析方法。

◇**能力目标**

能够对企业的盈利能力进行正确分析,发现企业风险并提出解决对策。

◇**德育目标**

能够通过对华为、比亚迪等我国优秀企业的盈利能力进行分析,理解制造强国战略,增强学生的民族自信和爱国意识。

思维导图

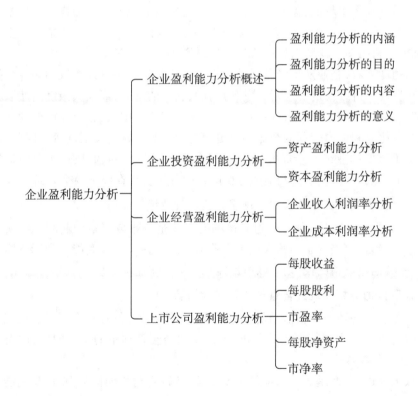

第一节 企业盈利能力分析概述

一、盈利能力分析的内涵

盈利能力是指企业在一定时期内获取利润的能力。利润是企业内外有关各方都关心的中心问题,是投资者取得投资收益、债权人收取本息的资金来源,是经营者经营业绩和管理效能的集中表现,也是职工集体福利设施不断完善的重要保障。因此,对企业盈利能力进行分析十分重要。

二、盈利能力分析的目的

盈利能力的强弱是一个相对的概念,即相对于一定的资源投入、一定的收入而言,利润率越高,盈利能力越强;利润率越低,盈利能力越差。企业经营业绩的好坏最终可通过企业盈利能力的强弱来反映。无论是企业的经营人员、债权人,还是股东(投资人),都非常关心企业的盈利能力,并重视对企业利润率及其变动趋势的分析与预测。

从企业的角度来看,企业从事经营活动的直接目的是最大限度地赚取利润并维持企业持续稳定的经营和发展。持续稳定的经营和发展是获取利润的基础,而最大限度地获取利润又是企业持续稳定发展的目标和保证。只有在不断地获取利润的基础上,企业才可能发展,并且,盈利能力较强的企业比盈利能力较弱的企业具有更大的活力和更好的发展前景。因此,盈利能力是企业经营人员最重要的业绩衡量标准,也是企业经营人员发现问题、改进企业管理的突破口。对企业经营人员来说,进行企业盈利能力分析的目的具体表现在以下两个方面。

1. 利用盈利能力的有关指标反映和衡量企业经营业绩

企业经营人员的根本任务就是通过自己的努力使企业赚取更多的利润。各项收益数据反映着企业的盈利能力,也表现了经营人员工作业绩。用已达到的盈利能力指标与标准、基期、同行业平均水平、其他企业相比较,则可以衡量经营人员工作业绩。

2. 通过盈利能力分析发现经营管理中存在的问题

盈利能力是企业各环节经营活动的具体表现,企业经营的好坏都会通过盈利能力的强弱表现出来。通过对盈利能力进行深入的分析,可以发现经营管理中的重大问题,进而采取措施解决问题,提高企业收益水平。

对于债权人来讲,利润是企业偿债的重要来源,特别是对长期债务而言,盈利能力直接影响企业的偿债能力。企业举债时,债权人势必审查企业的偿债能力,而偿债能力最终取决于企业的盈利能力。因此,分析企业的盈利能力对债权人而言也是非常重要的。

对于股东(投资人)而言,企业的盈利能力更是至关重要的。在市场经济环境下,股东(投资人)往往会认为企业的盈利能力比财务状况、营运能力更重要。股东(投资人)的直接目的就是获得更多的利润,因为在信用相同或相近的几个企业中,人们会将资金投向盈利能力更强的企业。股东(投资人)之所以关心企业赚取利润的多少并重视对利润率的分析,是因为股息与企业的盈利能力是紧密相关的。此外,企业盈利能力的增加还会使股票价格上升,从而使股东(投资人)获得资本收益。

三、盈利能力分析的内容

盈利能力的分析是企业财务分析的重点,财务结构分析、偿债能力分析等,其根本目的是通过分析及时发现问题,改善企业财务结构,提高企业偿债能力、经营能力,最终提高企业的盈利能力,促进企业持续稳定地发展。对企业盈利能力的分析主要是指对利润率的分析。虽然对利润额的分析可以说明企业财务成果的变动状况及其原因,为改善企业经营管理指明方向;但是,由于利润额受企业规模或投入总量的影响较大,一方面,不同规模的企业之间不便于对比;另一方面,不能准确地反映企业的盈利能力和盈利水平。因此,仅进行利润额分析一般不能满足各方面对财务信息的要求,还必须对利润率进行分析。

利润率指标从不同角度或从不同的分析目的看,可以有多种形式。在不同的所有制企业中,反映企业盈利能力的指标形式也不同。对企业盈利能力的分析包括以下三个方面:一是与投资有关的盈利能力分析。与投资有关的盈利能力分析主要是对总资产报酬率、净资产收益率指标进行分析与评价。二是与销售有关的盈利能力分析。商品经营盈利能力分析即利用损益表资料进行利润率分析,包括收入利润率分析和成本利润率分析两方面内容。为了做好利润率因素分析,有必要对销售利润进行因素分析。三是上市公司盈利能力分析。上市公司盈利能力分析即对每股收益指标、普通股权益报酬率指标、股利发放率指标以及价格与收益比率指标进行分析。

四、盈利能力分析的意义

利润是投资者取得投资收益、债权人收取债务本息、国家取得税收收入、企业职工获得劳动收入和福利保障的资金来源,同时,企业的盈利能力也是衡量经营者经营业绩的集中体现。企业盈利能力分析的意义体现在以下四个方面。

(一)有助于保障投资人的所有者权益

投资人的投资动机是获取较高的投资回报。一个不能盈利甚至赔本经营的项目会对投资人的投资构成严重威胁,特别是在企业所有权与经营权相分离的股份有限公司,企业经营者需要对广大的股东承担起管好用好资金、保障他们权益的责任。若企业经营得好,盈利能力就强,就能给企业带来较丰厚的利润,从而使权益性股份每股账面价值增大,每股所得利润增多,还能使每股分得较多的股利。而且,这样的业绩往往会引起企业股票市价的升值,给企业及股东带来双重好处。总之,较强的盈利能力既能为企业进一步增资扩股创造有利条件,又能给更多的投资人带来新的投资机会。

(二)有利于债权人衡量投入资金的安全性

向企业提供中长期贷款的债权人十分关心企业的资本结构和长期偿债能力,以此衡量本息的安全程度。从根本上看,企业具有较强的盈利能力以及盈利能力的发展趋势乃是保证中长期贷款的债权人利益的基础。一般而言,企业向金融机构借入中长期贷款的目的是增加固定资产投资,扩大经营规模。当新建项目投入使用后,若不能给企业带来收益或只能带来较少的收益,不具备或者基本不具备盈利能力,就难以承担贷款利息及本金的偿付重担。若企业具有较强的盈利能力,往往说明企业管理者经营有方、管理得当,企业有发展前途,这实际上也就给信贷资本提供了好的流向和机会。

(三)有利于政府部门行使社会管理职能

政府社会管理职能的行使,要有足够的财政收入作保证。税收是国家财政收入的主要来源,而税收的大部分收入又来自企业。企业盈利能力强,就意味着实现的利润多,对政府税收贡献大。各级政府如能集聚较多的财政收入,就能更多地投入基础设施建设、科技教育、环境保护及其他各项公益事业,更好地行使社会管理职能,为国民经济的良性运转提供必要的保障,推动社会向前发展。

(四)有利于保障企业职工的劳动者权益

企业盈利能力的强弱、经济效益的好坏,直接关系到企业员工自身利益能否得到保障,实际上也是人们择业的一个主要的衡量标准。企业的竞争归根结底是人才的竞争。企业经营得好,具有较强的盈利能力,就能为员工提供较稳定的就业岗位、较多的深造和发展机会、较丰厚的薪金及物质待遇,为员工工作、生活、健康等各方面创造良好的条件,同时也能留住人才,让他们更努力地为企业工作。

总之,盈利能力能够用以评价一个企业的经营业绩、管理水平,乃至预期它的发展前途,对企业意义重大。因而,盈利能力是企业以及其他相关利益群体极为关注的一个重要方面。

第二节 企业投资盈利能力分析

企业投资盈利能力分析是指通过对实现利润和占用投入资金比率的分析,来评价企业投入资金的增值能力。企业的资金无论是来自债权人还是来自所有者,一旦投入企业,就会形成各种形态的资产,所以进行资产盈利能力的分析能够从总体上反映投资效果。另外,由于所有者权益资本在企业发展中具有举足轻重的地位,企业只有提高投资报酬才能吸引现有投资者继续投资及潜在投资者进行投资。综上所述,投资盈利能力分析应包括资产盈利能力分析和资本盈利能力分析,资产盈利能力分析侧重于总资产报酬率的分析,资本盈利能力分析侧重于净资产收益率的分析。

一、资产盈利能力分析

反映资产盈利能力的指标是总资产报酬率。

（一）总资产报酬率指标的计算

总资产报酬率又称资产所得率，是指企业在一定时期内获得的报酬总额与平均资产总额的比率，表示企业全部资产的总体盈利能力，是评价企业资产运营效益的重要指标。其计算公式如下：

总资产报酬率=（利润总额+利息支出）/平均资产总额×100%

利润总额是指企业实现的全部利润，包括企业当年营业利润、投资收益、补贴收入、营业外收支净额等各项内容，如为亏损，则用"—"号表示。利息支出是指企业在生产经营过程中实际支出的借款利息、债权利息等。息税前利润是指企业当年实现的全部利润与利息支出的合计数。平均资产总额是指企业资产总额期初数与期末数的平均值，其计算公式如下：

平均资产总额=（期初资产总额+期末资产总额）/2

总资产报酬率表示企业全部资产获取收益的水平，全面反映了企业的盈利能力和投入产出状况。通过对该指标的深入分析，可以增强各方面对企业资产经营的关注，促进企业提高单位资产的收益水平。一般情况下，企业可据此指标与市场利率进行比较，如果该指标大于市场利率，则表明企业可以充分利用财务杠杆，进行负债经营，获取尽可能多的收益。该指标越高，表明企业投入产出的水平越好，企业的资产运营越有效。

> 【例7-1】光明乳业总资产报酬率分析

光明乳业2018—2022年总资产报酬率分析情况如表7-1所示。

表7-1 光明乳业2018—2022年总资产报酬率分析表

项目	2022年年报	2021年年报	2020年年报	2019年年报	2018年年报
利润总额（万元）	49,790.47	69,990.35	115,691.18	107,377.74	79,230.56
利息支出（万元）	15,988.40	10,993.47	10,209.45	14,793.24	24,076.39
平均资产总额（万元）	2,395,136.89	2,188,015.57	1,897,350.86	1,778,543.31	1,723,650.84
总资产报酬率	2.75%	3.70%	6.64%	6.87%	5.99%

光明乳业总资产报酬率从2020年开始呈下降趋势，2019年总资产报酬率为6.87%，到2022年仅有2.75%，表示总资产的盈利能力在下降，通过表7-1可知，在资产增加的同时，该企业的利润总额反而在下降，这是造成总资产报酬率下降的主要原因。

（二）提高总资产报酬率的途径

1. 优化资产结构

企业在保证正常生产经营的前提下，减少流动资产的资金占用，对闲置或由于技术进步使用价值变小的固定资产及时进行处置或更新换代，提高资产管理水平，加强对资产的日常管理等。

2. 提高利润总额

采取有效的产品或服务销售策略，努力扩大产品或服务的销售份额，增加营业收入，控制成本费用的支出，不断提高企业营业利润。在此基础上，控制营业外支出，为提高利润总额打好基础。

二、资本盈利能力分析

资本盈利能力即资本经营盈利能力,是指企业的所有者通过投入资本经营取得利润的能力,反映资本经营盈利能力的基本指标包括净资产收益率和资本保值增值率。

(一)净资产收益率

1. 净资产收益率指标的计算

净资产收益率又称股东权益报酬率或净值报酬率或权益报酬率,是指净利润与平均股东权益的百分比,是企业税后利润除以平均净资产得到的指标,该指标反映股东权益的收益水平,可以衡量企业运用自有资本的效率。该指标值越高,说明投资带来的收益越高,该指标体现了自有资本获得净收益的能力。其计算公式如下:

净资产收益率=净利润/平均净资产×100%

平均净资产=(期初所有者权益总额+期末所有者权益总额)/2

净资产收益率是反映企业自有资本及其积累获取报酬水平的最具综合性和代表性的指标。该指标不受行业限制,通用性强,适用范围广。一般来说,净资产收益率越高,企业资本运营效益越好,投资者和债权人受保障的程度也越高。

▶【例7-2】光明乳业净资产收益率分析

光明乳业2018—2022年净资产收益率分析情况如表7-2所示。

表7-2 光明乳业2018—2022年净资产收益率分析表

项目	2022年年报	2021年年报	2020年年报	2019年年报	2018年年报
净利润(万元)	39,115.69	56,689.36	78,514.20	68,245.24	52,659.40
平均净资产(万元)	1,045,007.73	963,358.32	816,610.26	710,087.70	673,363.21
净资产收益率	3.74%	5.88%	9.61%	9.61%	7.82%

由表7-2可知,光明乳业的净资产收益率自2020年之后就大幅度下降,从9.61%下降到2021年的5.88%,到2022年仅有3.74%。主要原因是企业平均净资产不断增加,但净利润不断下降。光明乳业2022年净利润为3.91亿元,相较于2021年下降幅度为31.00%,而2021年的净利润与2020年相比也有较大幅度下降,最终单位净资产创造的净利润出现下滑。

2. 净资产收益率的影响因素

影响净资产收益率的因素主要有总资产报酬率、负债利息率、资本结构和所得税税率等。

1)总资产报酬率

净资产是企业全部资产的一部分,因此,净资产收益率必然受企业总资产报酬率的影响。在负债利息率和资本构成等条件不变的情况下,总资产报酬率越高,净资产收益率就越高。

2)负债利息率

负债利息率之所以影响净资产收益率,是因为在资本结构一定的情况下,当负债利息率变动使总资产报酬率高于负债利息率时,将对净资产收益率产生有利影响;反之,在总资产报酬率低于负债利息率时,将对净资产收益率产生不利影响。

3) 资本结构

资产结构可用负债与所有者权益之比来反映。当总资产报酬率高于负债利息率时,提高负债与所有者权益之比,将使净资产收益率提高;反之,降低负债与所有者权益之比,将使净资产收益率降低。

4) 所得税税率

因为净资产收益率的分子是净利润即税后利润,因此,所得税税率的变动必然引起净资产收益率的变动。通常,所得税税率提高,净资产收益率下降;反之,则净资产收益率上升。

下面公式可反映出净资产收益率与各影响因素之间的关系:

净资产收益率 = [总资产报酬率 + (总资产报酬率 − 负债利息率) × (负债/净资产)] × (1 − 所得税税率)

上述公式推导过程如下:

净资产收益率 = (利润总额/净资产) × (1 − 所得税税率)

= (利润总额 + 利息支出 − 利息支出)/净资产 × (1 − 所得税税率)

= [(利润总额 + 利息支出)/总资产 × (总资产/净资产) − 利息支出/净资产] × (1 − 所得税税率)

= [(利润总额 + 利息支出)/总资产 × (1 + 负债/净资产) − 利息支出/净资产] × (1 − 所得税税率)

= [(利润总额 + 利息支出)/总资产 + (利润总额 + 利息支出)/总资产 × (负债/净资产) − (利息支出/净资产) × (负债/负债)] × (1 − 所得税税率)

= [(利润总额 + 利息支出)/总资产 + (负债/净资产) × (利润总额 + 利息支出)/总资产 − (负债/净资产) × (利息支出/负债)] × (1 − 所得税税率)

= [总资产报酬率 + (总资产报酬率 − 负债利息率) × (负债/净资产)] × (1 − 所得税税率)

(二) 资本保值增值率

1. 资本保值增值率指标的计算

资本保值增值率是指企业本期末所有者权益同期初所有者权益的比率,该指标表示企业当期资本在企业自身努力下的实际增减变动情况,反映了投资者投入企业资本的完整性和保全性,其计算公式如下:

资本保值增值率 = 期末所有者权益总额/期初所有者权益总额 × 100%

资本保值增值率是财政部制定的评价企业经济效益的十大指标之一,反映了企业资本的运营效益与安全状况。该指标越高,表明企业的资本保全状况越好,所有者权益增长越快,债权人的债务越有保障,企业发展后劲越强。

该指标主要反映企业资本的完整性和保全性,大于 100% 表明实现了企业资产增值,等于 100% 表示保值,小于 100% 表明企业的资产贬值、资本流失。所有者权益指的是企业的净资产,用净资产而不是总资产来检验企业资产的保值增值,是因为企业总资产的增减并不能说明企业是否实现了资产的保值增值,企业总资产的增加有可能是企业负债增加的结果。

企业的资本有两个来源,一部分来源于自有资金,另一部分来源于负债。在某一个时间点上,企业资本等于负债和所有者权益的总和。企业的费用相当于企业资产的耗费和占用,企业的收入相当于企业的资金来源,因此得到下面的公式:

$$资产＋费用＝负债＋期初所有者权益总额＋收入$$

对上述公式移项得出以下公式:

$$收入－费用＝资产－负债－期初所有者权益总额＝新增资产$$

由上面的公式可知,企业实现的利润在分配之前正好等于企业的新增资产,说明企业资本的保值增值程度,在一定程度上反映了企业的盈利能力。当企业利润为零时,企业实现了资本保值;当企业利润为正时,所有者权益中未分配利润增加,企业实现了利润增值;当利润为负时,企业发生亏损,所有者权益减少,企业资本减少。

> 【例 7-3】光明乳业资本保值增值率分析

光明乳业 2018—2022 年资本保值增值率汇总情况如表 7-3 所示。

表 7-3　光明乳业 2018—2022 年资本保值增值率汇总表

项目	2022 年年报	2021 年年报	2020 年年报	2019 年年报	2018 年年报
期末所有者权益总额（万元）	1,054,825.24	1,035,190.22	891,526.41	741,694.10	678,481.30
期初所有者权益总额（万元）	1,035,190.22	891,526.41	741,694.10	678,481.30	668,245.11
资本保值增值率	101.90%	116.11%	120.20%	109.32%	101.53%

由表 7-3 可知,光明乳业在 2021 年之前,每年年末的所有者权益较年初都有所增加,资本保值增值情况较好,但 2022 年资本保值增值率相较于前几年有所下降,2022 年期末和期初的所有者权益总额变化不大。

2. 资本保值增值率指标分析时应注意的问题

应用资本保值增值率指标分析时需要注意,有时资本保值增值率有较大的增长,并不是企业自身生产经营提高经济效益的结果,而是由于投资者注入了新的资本。因此,分析时要区别是投资者的新投资[实收资本(或股本)、资本公积],还是企业经营所得(盈余公积、未分配利润)。

第三节　企业经营盈利能力分析

企业经营盈利能力分析是指通过对实现利润和收入或成本的对比分析来评价企业的盈利能力。所谓企业经营是在一定时期内,投入一定的人、财、物,实现相应的收入和利润,是供应、生产、销售的不断循环。企业经营盈利能力是衡量投资报酬率、资源利用率的基础,也是同一行业中各企业之间比较工作业绩、考查管理水平的重要依据。企业经营盈利能力分析不考虑企业的筹资或投资问题,只研究利润与收入或成本之间的比率关系,主要指标包括各种利润额与收入之间的比率和各种利润额与成本之间的比率。

一、企业收入利润率分析

反映企业收入利润率的指标主要包括营业毛利率、营业净利率等。

(一) 营业毛利率

1. 营业毛利率指标的计算

营业毛利率是指企业的营业毛利润与营业收入净额的比率关系,表示营业收入净额扣除营业成本后,有多少资金可以用于支付各项期间费用及形成盈利,通常称为毛利率。通俗地讲,营业毛利率是用以反映企业每1元营业收入中含有多少毛利额,是净利润的基础,没有足够高的毛利率便不能形成企业的盈利。实际上,衡量企业盈利能力不能单看营业收入,因为营业收入中还包括营业成本。只有扣除了这一成本之后,才能用以补偿企业的各项营业支出,其计算公式如下:

$$营业毛利率 = 营业毛利润 / 营业收入净额 \times 100\%$$

其中,营业毛利润是指企业的营业收入净额与营业成本的差额,它可以在一定程度上反映企业生产环节效率的高低;营业收入净额是指企业主营业务的营业收入和非主营业务的营业收入扣除销售折扣、销售折让及销售退回后的余额,反映了销售实际取得的收入。

▶【例7-4】光明乳业营业毛利率分析

光明乳业2018—2022年营业毛利率分析情况如表7-4所示。

表7-4 光明乳业2018—2022年营业毛利率分析表

项目	2022年年报	2021年年报	2020年年报	2019年年报	2018年年报
营业收入净额(万元)	2,821,490.80	2,920,599.25	2,522,271.60	2,256,323.68	2,098,556.04
营业成本(万元)	2,295,205.39	2,384,630.55	1,871,236.46	1,550,469.70	1,399,322.32
营业毛利润(万元)	526,285.41	535,968.70	651,035.14	705,853.98	699,233.72
营业毛利率	18.65%	18.35%	25.81%	31.28%	33.32%

注:当销售折扣、销售折让及销售退回不明确时,营业收入净额用营业收入代替。

光明乳业2018—2022年的营业毛利率整体呈下降趋势,从2018年的33.32%下降到2022年的18.65%,主要原因是在营业收入增加的同时,营业毛利润反而在下降。

2. 营业毛利率指标分析时应注意的问题

(1) 营业毛利率具有明显的行业特点。一般而言,营业周期短、固定费用低的行业,营业毛利率比较低,如商业与代理业的营业毛利率在5%左右;反之,营业周期长、固定费用高的行业具有较高的营业毛利率,以弥补巨大的固定成本,如交通运输业的营业毛利率可达50%。营业毛利率随着行业的不同而高低各异,但同一行业的营业毛利率一般差别不大。在分析营业毛利率的时候,必须结合企业以前各年度营业毛利率、同行业的营业毛利率加以对比分析评价。

(2) 营业毛利率反映了企业经营活动的盈利能力。企业只有取得足够高的营业毛利率,才能为形成企业的最终利润打下良好基础。在分析该指标时,应从各成本项目入手,深入分析企业在成本费用控制、产品或服务经营策略等方面的不足与优点。

(二)营业净利率

1.营业净利率指标的计算

营业净利率也称销售净利率,是指净利润与营业收入净额的比率,反映企业营业收入创造净利润的能力,其计算公式如下:

$$营业净利率 = 净利润 / 营业收入净额 \times 100\%$$

从公式可以看出,只有当净利润的增长速度快于营业收入的增长速度时,营业净利率才会上升。营业净利率是企业销售的最终盈利能力指标,比率越高,说明企业的盈利能力越强。但是它受行业特点影响较大,通常来说,越是资本密集型企业,营业净利率就越高;反之,资本密集程度较低的企业,营业净利率也较低,对该比率的分析应结合不同行业的具体情况进行。

> 【例7-5】光明乳业营业净利率分析

光明乳业2018—2022年营业净利率分析情况如表7-5所示。

表7-5 光明乳业2018—2022年营业净利率分析表

项目	2022年年报	2021年年报	2020年年报	2019年年报	2018年年报
净利润(万元)	39,115.69	56,689.36	78,514.20	68,245.24	52,659.40
营业收入净额(万元)	2,821,490.80	2,920,599.25	2,522,271.60	2,256,323.68	2,098,556.04
营业净利率	1.39%	1.94%	3.11%	3.02%	2.51%

光明乳业2018—2022年的营业净利率为1.39%~3.11%,营业净利率偏低,另外从2020年之后,光明乳业的营业净利率逐年呈下降趋势,需要引起光明乳业管理层的关注。

2.营业净利率指标分析时应注意的问题

分析营业净利润指标时应注意,营业收入包含主营业务收入和其他业务收入,利润的形成也并非都由营业收入产生,还受到投资收益、营业外收支等因素的影响。要注意的是,净利润是否受到了大额的非常项目损益或大额的投资收益的影响,在分析报告中须另加说明,金额不大则可以忽略不计。当然,利润应主要来自营业收入,这样才具有可持续性。

对上市公司的分析要注意投资收益、营业外收入等一次性的偶然收入和收入突升,如利用资产重组、非货币资产置换、股权投资转让、资产评估、非生产性资产与企业建筑物销售所得收入调节盈余,即企业可能用这些手段调节利润。

二、企业成本利润率分析

企业成本利润率即不同的利润形式与不同的费用形式之间的比率,反映成本利润率的指标主要有营业成本毛利润率、营业成本费用利润率、全部成本费用利润率。

(一)营业成本毛利润率

营业成本毛利润率是营业毛利润与营业成本之间的比率,计算公式如下:

营业成本毛利润率＝营业毛利润/营业成本×100%

其中，营业毛利润是指企业的营业收入减去营业成本后的余额，是指企业生产经营第一个层次的业绩；营业成本是指企业经营主要业务而发生的实际成本，是指为取得营业收入所付出的代价。企业营业成本主要反映资源的耗费情况。对营业成本毛利润率进行分析的时候应注意，为了正确反映每一会计期间的收入、成本和利润情况，根据收入和费用配比原则，企业应在确认收入的同时或同一会计期间结转相关的成本。如果一项交易收入尚未确认，即使商品已经发出，相关的成本也不能结转。

▶【例7-6】光明乳业营业成本毛利润率分析

光明乳业2018—2022年营业成本毛利润率分析情况如表7-6所示。

表7-6　光明乳业2018—2022年营业成本毛利润率分析表

项目	2022年年报	2021年年报	2020年年报	2019年年报	2018年年报
营业毛利润（万元）	526,285.41	535,968.70	651,035.14	705,853.98	699,233.72
营业成本（万元）	2,295,205.39	2,384,630.55	1,871,236.46	1,550,469.70	1,399,322.32
营业成本毛利润率	22.93%	22.48%	34.79%	45.53%	49.97%

光明乳业2018—2022年营业成本毛利率整体呈下降趋势，从2018年的49.97%下降到2022年的22.93%，下降幅度较大，主要原因是在营业毛利润下降的同时，营业成本在上升，光明乳业后续应当加大相关措施的力度以控制好成本。

（二）营业成本费用利润率

营业成本费用利润率是指营业利润与营业成本费用总额的比率，其计算公式如下：

营业成本费用利润率＝营业利润/营业成本费用总额×100%

其中，营业利润是指企业的营业收入减去营业成本、税金及附加、期间费用等项目，加上投资净收益后的数额，其中期间费用主要包括销售费用、管理费用及财务费用等。

▶【例7-7】光明乳业营业成本费用利润率分析

光明乳业2018—2022年营业成本费用利润率分析情况如表7-7所示。

表7-7　光明乳业2018—2022年营业成本费用利润率分析表

项目	2022年年报	2021年年报	2020年年报	2019年年报	2018年年报
营业利润（万元）	54,120.88	65,686.52	119,637.85	113,517.21	54,120.88
营业成本费用总额（万元）	2,763,932.81	2,861,642.33	2,409,352.11	2,132,013.36	2,763,932.81
营业成本费用利润率	1.96%	2.30%	4.97%	5.32%	1.96%

光明乳业的营业成本费用利润率2018年为1.96%，2019年猛增至5.32%，但是2020—2022年，该指标持续下降，到2022年仅有1.96%，说明2020—2022年光明乳业在成本管控和利润创造方面有所不足。

(三)全部成本费用利润率

1. 全部成本费用利润率指标的计算

全部成本费用利润率即成本费用利润率,是指企业在一定时期内利润总额与成本费用总额的比率,该指标表明每付出1元成本费用可获得多少利润,体现了经营耗费所带来的经营成果,其计算公式如下:

$$全部成本费用利润率 = 利润总额 / 成本费用总额 \times 100\%$$

其中:

$$成本费用总额 = 营业成本 + 税金及附加 + 期间费用$$

该项指标越高,表明企业生产经营单位成本费用取得的利润越多,成本耗费的效益越高;反之,则表明单位成本费用实现的利润越少,成本耗费的效益越低。这是一个能直接反映企业增收节支效益的指标。

▶【例 7-8】光明乳业全部成本费用利润率分析

光明乳业 2018—2022 年全部成本费用利润率分析情况如表 7-8 所示。

表 7-8 光明乳业 2018—2022 年全部成本费用利润率分析表

项目	2022年年报	2021年年报	2020年年报	2019年年报	2018年年报
利润总额(万元)	49,790.47	69,990.35	115,691.18	107,377.74	49,790.47
成本费用总额(万元)	2,763,932.81	2,861,642.33	2,409,352.11	2,132,013.36	2,763,932.81
全部成本费用利润率	1.80%	2.45%	4.80%	5.04%	1.80%

光明乳业 2018—2022 年全部成本费用利润率和营业成本费用利润率走势基本相同,均在 2019 年之后全部成本费用利润率持续下降。

对于企业管理者来讲,全部成本费用利润率是非常有价值的指标,可以让管理者发现企业在生产经营的哪些方面存在问题、哪些环节需要改进。因此,全部成本费用利润率既可以评价企业盈利能力的强弱,又可以直接评价企业成本费用控制和管理水平的高低。

2. 全部成本费用利润率指标分析时应注意的问题

全部成本费用利润率反映的是企业投入与产出的比率关系,应保持公式分子与分母口径一致。对全部成本费用利润率进行分析,应将本期指标与计划或上期指标进行比较,可以说明本期成本管理工作的成效大小。消耗和利润是此消彼长的关系。

第四节 上市公司盈利能力分析

上市公司是指所发行的股票经过国务院或者国务院授权的证券管理部门批准在证券交易所上市交易的股份有限公司。股份有限公司通过上市,使其股票具有较强的流通性和变现性,便于投资者以购买股票的方式实现对企业的直接投资,对于企业来说,也能更便捷地在资本市场实现增资和融资。

由于购买上市公司股票已经成为重要的投资渠道,因此就需要规范上市公司的财务行为,并要求其定期对外公布财务数据,实现上市公司财务信息公开,接受中国证监会和社会公众的监督,以保障广大投资者的合法利益不被侵犯。投资者通过购买股票的方式投资于某一企业,除了考虑其行业特点外,最重要的是期望这个企业在未来的一定时期内能给投资者带来较好的收益。或者,投资者已经购买了某一上市公司的股票,就需要关注它的经营状况的好坏和盈利能力的大小,以确定是否长期持有该上市公司的股票,在未来分得较多的红利。所有这些,都需要对上市公司的盈利能力进行分析。

上市公司盈利能力分析的指标主要有每股收益、每股股利、市盈率、每股净资产、市净率等。

一、每股收益

每股收益即每股盈利(EPS, earnings per share),又称每股税后利润、每股盈余,是税后利润与股本总数的比率,是普通股股东每持有一股所能享有的企业净利润或需要承担的企业净亏损。每股收益通常被用来反映企业的经营成果,衡量普通股的获利水平及投资风险,是投资者等信息使用者据以评价企业盈利能力、预测企业成长潜力,进而作出相关投资决策的重要财务指标之一,其计算公式如下:

每股收益=本期净利润/流通在外的普通股的加权平均数

上式中,分子最好使用扣除非经营性损益后的净利润,分母是其中已发行的普通股加权平均数。每股收益是反映上市公司盈利能力大小的一个非常重要的指标,反映普通股的获利水平。

在计算每股收益时应注意上市公司的股票有普通股和优先股之分。根据财务制度的相关规定,优先股股利在提取任意盈余公积金和支付普通股股利之前支付。如果企业发行了优先股,则计算每股收益时,分子应是净利润扣除分配给优先股股东股利后的余额。如果企业在会计年度内发行了新股或分派股票股利,则普通股股数应该是加权平均发行在外的普通股股数,即等于发行在外普通股股数与发行的月份数乘积的和,再除以12。

在使用每股收益进行企业盈利能力分析时应该注意两个问题:其一,每股收益并不反映企业蕴藏的潜在风险,如企业原先主营业务为低风险,现在转入一个高风险的行业,但其每股收益可能不变。其二,每股收益高并不意味着当年企业分红就多,因为这还涉及企业股利分配政策和股利支付率的高低。

> 【例7-9】光明乳业每股收益分析

光明乳业2018—2022年每股收益分析情况如表7-9所示。

表7-9 光明乳业2018—2022年每股收益分析表

项目	2022年年报	2021年年报	2020年年报	2019年年报	2018年年报
本期净利润(万元)	36,068.82	59,233.72	60,759.03	49,840.70	34,175.67
流通在外的普通股的加权平均数(万股)	137,864.09	137,864.09	122,448.75	122,448.75	122,448.75
每股收益(元/股)	0.26	0.43	0.50	0.41	0.28

注:本期净利润用归属于母公司的净利润计算,流通在外的普通股用股本数计算。

光明乳业2018—2020年的每股收益不断增加,从0.28元/股增长到0.50元/股,但是

2020—2022年，该企业的每股收益开始不断下降，到2022年仅有0.26元/股，主要原因是在普通股的加权平均数增加的同时，该企业的净利润反而在下降。

二、每股股利

每股股利是企业股利总额与企业流通股数的比值，其计算公式如下：

每股股利＝派发给普通股股东的股利总额/流通在外的普通股股份总额

该指标反映的是上市公司每一普通股获取股利的大小，是衡量每份股票代表多少现金股利的指标，每股股利越大，则企业股本盈利能力就越强；每股股利越小，则企业股本盈利能力就越弱。但须注意，上市公司每股股利的发放，除了受上市公司盈利能力的影响以外，还取决于企业的股利发放政策。如果企业为了增强企业发展的后劲而增加企业的公积金，则当前的每股股利必然会减少；反之，则当前的每股股利会增加。

每股收益是企业每一普通股所能获得的税后净利润，但上市公司实现的净利润往往不会全部用于分派股利。每股股利通常低于每股收益，其中一部分作为留存利润，用于企业自我积累和发展。但在有些年份，每股股利也有可能高于每股收益。例如，在有些年份，企业经营状况不佳，税后利润不足以支付股利或经营亏损无利润可分。按照规定，为保持投资者对企业及其股票的信心，企业仍可按不超过股票面值的一定比例，用历年积存的盈余公积金支付股利，或在弥补亏损以后支付。这时每股收益为负值，每股股利却为正值。

运用该指标进行分析的时候应注意，按照企业价值的股利折现模型，企业的价值取决于未来的股利发放能力。每股股利的高低，一方面取决于企业盈利能力的强弱，另一方面还受到企业股利发放政策与利润分配需要的影响。例如，处于朝阳产业的企业为了扩大再生产、增强发展后劲，可能采取保守的股利政策，而处于夕阳产业的企业可能由于缺乏投资机会而派发较多的每股股利。

三、市盈率

（一）市盈率指标的计算

市盈率也称本益比、股价收益比率或市价盈利比率，是指普通股每股市价与每股收益的比值。市盈率是最常用来评估股价水平是否合理的指标，也是通过上市公司股票的市场行情间接评价企业盈利能力强弱的指标，计算公式如下：

普通股每股市价的市盈率＝普通股每股市价/普通股每股收益

该指标越大，说明市场对该上市公司的未来越看好，表明该上市公司具有良好的发展前景，投资者预期能获得很好的回报。在每股收益确定的情况下，市盈率越高，风险越大；反之，风险越小。在某种情况下，市盈率越低，对投资者可能越具有吸引力。在全球成熟的资本市场中，股市的市盈率一般为20倍。

➢【例7-10】光明乳业市盈率分析

光明乳业2018—2022年市盈率分析情况如表7-10所示。

表 7-10　光明乳业 2018—2022 年市盈率分析表

项目	2022年年报	2021年年报	2020年年报	2019年年报	2018年年报
每股市价（元）	3.00	4.41	2.32	2.23	1.94
每股收益（元/股）	0.26	0.43	0.50	0.41	0.28
市盈率（倍）	11.54	10.26	4.64	5.44	6.93

注：本期股价用本期最后一个交易日的收盘价计算。

（二）市盈率指标分析时应注意的问题

（1）每股市价一般采用年度平均价格，即全年每天收盘价的简单平均数，从证券市场发布的证券交易资料即可获得。为计算简单和增加适时性，也可以采用报告日前一日的收盘价。

（2）影响市盈率变动的因素之一是股票市价，但股票市价的变动除了受企业本身经营状况的影响外，还受到宏观形势和经济环境等多种因素的影响。因此，要对股票市场进行全面的了解和分析，才能对市盈率波动的原因作出正确的评价。

（3）在每股收益很小或亏损时，市价不会降至零，相反，报亏的股票往往因资产重组等现象而使股价大涨，从而产生了很高的市盈率，但已无实际意义。所以单纯使用市盈率指标而不看具体盈利状况的话，可能会错误地估计企业的未来发展能力。市盈率指标分析要结合其他相关指标共同考虑。

（4）市盈率不能用于不同行业企业之间的比较，一般新兴行业的市盈率普遍较高，而成熟工业的市盈率普遍较低，但并不说明成熟工业的企业就不具备投资价值。

四、每股净资产

每股净资产是上市公司期末股东权益与期末股本总额的比率，其计算公式如下：

每股净资产＝期末股东权益/期末股本总额

这一指标反映每股股票所拥有的资产现值。每股净资产通常被认为股价下跌的底线，如果股价低于每股净资产，那么企业的发展前景一般是不理想的。每股净资产越高，股东拥有的资产现值越多，企业内部积累越雄厚；每股净资产越小，股东拥有的资产现值越小。通常每股净资产越高越好。

上市公司的资产是采用历史成本计价的，其账面上的每股净资产会随着时间的推移增加或减少，因此，该指标所代表的实质是历史的每股净资产。

五、市净率

市净率指的是每股股价与每股净资产的比率，其计算公式如下：

市净率＝每股市价/每股净资产

市净率可用于投资分析，一般来说，市净率较低的股票，投资价值较高，相反，则投资价值较低。但在判断投资价值时还要考虑当时的市场环境及企业经营情况、盈利能力等因素。市净率可用于投资分析。每股净资产是股票的本身价值,是用成本计量的,而每股市价是这些资产的现在价格,是在证券市场上交易的结果。市价高于价值时,企业资产的质量较好,有发展潜力,反之则资产质量差,没有发展前景。优质股票的市价都超出每股净资产许多,一般来说,市净率达到3,则可以树立较好的企业形象。市价低于每股净资产的股票,就像售价低于成本的商品一样,属于"处理品"。当然,"处理品"也不是没有购买价值,问题在于该企业经营今后是否有转机,或者购入后经过资产重组能否提高盈利能力。

市净率的作用还体现在可以作为确定新发行股票初始价格的参照标准。如果股票溢价发行的话,要考虑按市场平均投资潜力状况来确定溢价幅度,这时股票市场中各种类似股票的平均市盈率便可作为参照标准。

本章总结

本章的重点内容是对企业盈利能力进行分析,盈利能力的内容主要包括资产盈利能力、资本盈利能力、商品盈利能力和上市公司盈利能力。针对不同的内容,也需要用不同的财务指标来进行衡量。比如可以用总资产报酬率衡量资产盈利能力,可以用净资产收益率衡量资本盈利能力,可以用企业收入利润率和成本利润率的相关指标衡量商品盈利能力,还可以用每股收益、每股股利、市盈率、每股净资产、市净率等指标衡量上市公司盈利能力。本章需要重点掌握以上各个指标的含义及计算公式,并且要对这些指标的使用注意事项有一定了解,最终可以利用恰当的指标对企业的盈利能力进行分析与评价。

思政小课堂

经济强则国家强,企业兴则民族兴。民族企业见证并参与了中华人民共和国从弱小走向强大、从贫穷走向富裕的峥嵘历程。在中华民族伟大复兴的进程中,由我国公民所掌握、其行为能够始终服从国家和社会的整体利益、品牌形象受到绝大多数公民尊重和认同的民族企业,发挥着重要的生力军作用。民族企业自成立之初就承载着中华民族伟大复兴的重任。回溯近代以来民族企业发展史,在国家和民族陷入危难时,民族企业总是冲锋在前,不论是救亡图存还是战争灾害,民族企业总是冲在国家和社会需求的第一线;民族企业也是国家和社会创新发展的引领者,在工艺创新、产品创新、科技创新等方面,民族企业始终走在前沿;民族企业是社会稳定的压舱石,始终坚持解决国家最为普遍和最为紧迫的需求。可以说,推动国家富强、民族复兴和社会共同富裕,是民族企业在不同时期的共同目标,爱国也成为近代以来我国优秀企业家一以贯之的光荣传统,成为企业家精神的鲜明底色。中华民族伟大复兴是近代以来中国最伟大的事业,当前国际环境日趋复杂,不稳定性和不确定性明显增强,加快构建新发展格局,既是与时俱进提升我国经济发展水平的内在要求,也是塑造我国国际经济合作和竞争新优势的战略抉择。党的十九届五中全会提出,"坚持扩大内需这个战略基点,加快培育完整内需体系,把实施扩大内需战略同深化供给侧结构性改革有机结合起来,以创新驱动、高质量供给引领和创造新需求",要"畅通国内大循环""促进国内国际双循环""全面促进消费""拓展投资空间"。作为国家的亮丽名片、在国民中有巨大号召力的民族企业,能够有效带动内需,部分民族企业在推动内循环、保证产业链供应链自主可控以及吸纳就业等方面,发挥了重要作用。

习近平总书记指出:"构建新发展格局最本质的特征是实现高水平的自立自强,必须更强调自主创新。"近年来,国潮消费的出现与盛行,与品牌自身的产品质量或高性价比获得消费者青睐,以及品牌文化充分体现了民族自信心与民族自豪感,使消费者获得了民族认同密切相关。这也充分彰显了民族企业正在由制造转向创造本土品牌之路,既有利于破除国民对于西方消费文化的神化和对西方消费方式的沉溺,又能通过创造本土品牌,弘扬民族文化,增强民族认同,以"中国创造"的形象在全球化生产和消费链中占据"一席之地"。在中华民族伟大复兴的战略全局下,面对加快构建新发展格局带来的新机遇,民族企业如何实现"指数式"增长,如何提升企业核心能力,创造更多价值,如何创建世界一流品牌,打造全球样板产业,成为各方关注的焦点。在中华民族伟大复兴进程中,民族企业要善于创新,发挥好以贯彻新发展理念、助力新发展格局实现的引领作用;要敢于破局,扮演好以"一带一路"建设助力新发展格局实现的"联轴器"角色;民族企业家要勇于担当,承担起以创业创新构建新发展格局和共同富裕的先行军角色。事实证明,把企业发展同国家繁荣、民族兴盛和人民幸福紧密结合起来,"利于国者爱之"所展现出的责任担当,极大增强了国民对于民族企业的认同感、自豪感和文化自信,在社会各界的广泛认可和支持下,企业才能走得更远。今天,实现中华民族伟大复兴进入了不可逆转的历史进程。新时代东风浩荡,中国梦曙光在前,不忘初心的民族企业不断探索前进,为民族复兴作出更多贡献,为世界经济发展提供更多的中国方案、贡献更多的中国力量。承载着中国人民伟大梦想的中华巨轮,必将劈波斩浪,驶向充满希望的明天。

[资料来源:人民论坛"特别策划"组.民族企业的时代使命[J].人民论坛,2021(26):12-13,有改动。]

7-1 拓展阅读

7-2 微课视频

第八章 企业营运能力分析

CAIWU BAOBIAO FENXI
JIAOCHENG

第八章　企业营运能力分析

学习目标

本章的学习目标是使学生能够对企业的营运能力进行正确的分析和评价。

◇ **知识目标**

了解企业营运能力分析的目的；把握企业营运能力指标的内涵；明确企业营运能力指标之间的关系，掌握企业营运能力指标的含义和计算、分析方法。

◇ **能力目标**

能够在流动资产周转速度指标对比分析和因素分析的基础上，对流动资产利用效率作出综合评价；能够在固定资产利用效果指标对比分析和因素分析的基础上，对固定资产利用效果作出综合评价；能够在总资产营运能力指标对比分析和因素分析的基础上，对总资产营运能力作出综合评价；在以上分析的基础上，能够结合营运能力分析对企业的整体营运能力作出全面评价。

◇ **德育目标**

从营运能力分析角度，理解我国刺激消费等宏观经济政策，引导学生关注国家大事，关心国家方针政策。

思维导图

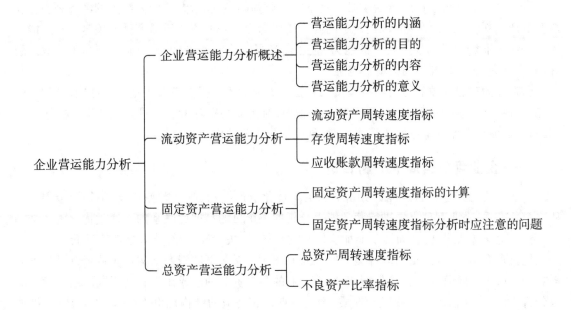

第一节　企业营运能力分析概述

一、营运能力分析的内涵

营运能力有广义和狭义之分,广义的营运能力是指企业利用各项资源,包括人力资源、生产资料资源、财务资源、信息技术资源和管理资源等,基于环境约束与价值增值目标,通过配置组合与相互作用而生成的推动企业运行的物质能量。狭义的营运能力是指企业营运资产的效率与效益。企业营运资产的效率主要指资产的周转速度。企业营运资产的效益通常是指企业的产出额与资产占用额之间的比率。

营运能力分析就是要通过对反映企业资产营运效率与效益的指标进行计算与分析,评价企业的营运能力,为企业提高经济效益指明方向。企业营运能力分析的内容主要包括流动资产营运能力分析、固定资产营运能力分析和总资产营运能力分析。

二、营运能力分析的目的

资产是企业从事生产经营活动必须具备的物质基础,它能给企业带来巨大的经济利益。在企业资产不断转化的过程中,转化效率的高低就成为影响企业资产质量高低的关键。营运能力正是表明企业管理当局运用资产的能力,企业资产周转速度越快,表明企业资产利用的效果越好、效率越高,企业管理当局的能力越强。

营运能力对企业盈利能力的持续增长和偿债能力的不断提高有着决定性的影响。因此,营运能力分析,对企业管理当局加强企业经营管理,对企业所有者考查其投入企业资金的运用效率,对企业债权人评价企业的偿债能力,都具有十分重要的作用和意义。

(一)企业管理当局的分析目的

企业管理当局进行营运能力分析的目的是优化资产结构、改善财务状况、加快资金周转。从这个角度看,企业管理当局进行营运能力分析的三个目的是彼此联系的。通过优化资产结构来改善企业财务状况,资金周转就能加快,而资金周转加快,资产的经营风险就能降低。

优化资产结构,资产结构即各类资产之间的比例关系。不同资产结构对企业经营具有不同影响,所以,不同经营性质、不同经营时期的企业的各类资产的组成比例有所不同。通过营运能力分析,可发现和揭示与企业经营性质、经营时期不相适应的结构比例,并及时加以调整,形成合理的资产结构。

改善财务状况,企业在一定时点上的存量资产,是企业获得收益或利润的基础。然而,当企业的长期资产、固定资产占用资金过多或出现有问题资产、质量不高资产时,就会形成资金积压,以致营运资金不足,从而使企业投资者对企业财务状况留下不好的印象。因此,企业必须注重营运能力分析,使资产保持足够的流动性,以增强外界对企业的投资信心。

加快资金周转,非流动资产只有伴随着产品或服务的销售才能形成营业收入,在资产总量一定的情况下,非流动资产和非商品资产所占的比重越大,企业所实现的周转价值越小,资金的周转速度也就越慢。为此,企业管理当局必须进行营运能力分析,通过分析,合理调整流动资产与其他资产的比例关系,从而加快资金周转速度。

(二)企业所有者的分析目的

企业所有者进行营运能力分析的目的是判断企业财务的安全性、资本的保全程度及资产的收益能力。首先,企业财务的安全性与其资产结构密切相关,如果企业流动性强的资产所占比重大,企业资产的变现能力强,企业一般不会有现金拮据的压力,企业财务的安全性较高。所以企业所有者通过营运能力分析判断企业财务的安全性。其次,企业所有者通过营运能力分析判断资本的保全程度。要保全企业所有者的投入资本,除要求在资产的运用过程中,资产的净损失不得冲减资本金外,还要有高质量的资产作为其物质基础,否则资金周转价值不能实现,就无从谈及资本保全。通过资产结构和资产管理效果分析,我们可以很好地判断资本的保全程度。最后,企业的资产结构直接影响着企业的收益。企业存量资产的周转速度越快,实现收益的能力越强;存量资产中商品资产越多,实现的收益额也越大;商品资产中毛利润高的商品所占比重越高,取得的利润率就越高。良好的资产结构和资产管理效果预示着企业未来的收益能力。所以,企业所有者通过营运能力分析可以判断企业资产的收益能力。

(三)企业债权人的分析目的

营运能力分析有助于企业债权人判明其债权的物资保证程度及其安全性,可以进行相应的信用决策。短期债权人通过了解企业短期资产的数额,可以判明企业短期债权的物资保证程度,长期债权人通过了解企业长期资产的数额,可以判明企业长期债权的物资保证程度。我们在通过资产结构分析企业债权的物资保证程度时,应将资产结构与债务结构相联系,进行匹配分析,考查企业的资金周转期限结构与债务期限结构的匹配情况、资产的周转实现日结构与债务的偿还期结构的匹配情况,以进一步掌握企业的各种结构是否相互适应。通过资产管理效果分析,我们可对企业债务本息的偿还能力有更直接的认识。

三、营运能力分析的内容

资产营运能力分析也称为资产营运状况分析,具体内容包括资产营运效率分析、资产规模分析和资产结构分析三个方面。其中,资产营运效率分析是最重要的,用以解释企业资产经营运作的结果;资产规模分析和资产结构分析用以解释企业资产经营运作效率高低的原因。

(一)资产营运效率分析

一般选择资产周转速度作为资产营运效率的指标,而不是选择资产利润率。资产利润率取决于企业产品或服务的盈利水平和资产周转速度两个因素,其中企业产品或服务的盈利水平更多地受到市场竞争环境、国家税收制度等外部因素的影响,而资产周转速度的快慢则完全取决于企业管理当局对资产的管理水平和运作能力的高低。资产周转速度越快,资产的使用效率越高,则营运能力越强,通过分析企业各项资产周转速度的快慢来判断资产对企业盈利贡献的大小。

（二）资产规模分析

资产规模即资产占用量，可以从期末资产占用与平均资产占用两个角度来考查。期末资产占用分析的内容是资产质量及其变现能力，平均资产占用分析的内容是资产占用规模与结构的合理性，通过资产占用分析可以揭示不同资产给企业带来的收益，以及不同的资产结构对资产流动性或变现能力的影响，从而进一步确定资产规模变化的原因。

（三）资产结构分析

资产结构分析包括资产结构变动分析与资产结构弹性分析。资产结构变动分析是以总资产构成比例的变动为起点，分析导致企业资产结构变动的内在原因。由于受企业财务活动的影响，企业期末资产结构与期初相比在资产的流动性与收益性两个方面发生了变化，通过分析引起这两个方面变化的原因就可以真正评价一个企业的资产状况与经营水平。此外，企业的资产占用量和结构应随着外部经营环境及企业内部经营条件的变化而变化，这种变化是建立在企业资产具有弹性的基础上的，即企业是否具有相应调整的能力。这时，分析企业资产结构弹性大小就成了企业资产营运能力分析体系的一个重要组成部分。

四、营运能力分析的意义

营运能力不仅反映企业的盈利水平，还反映企业基础管理、经营策略、市场营销等方面的状况。因此，对企业营运能力进行分析十分重要。

（一）评价企业资产利用的效率

企业营运能力强弱的实质就是企业是否能以尽可能少的资产占用、尽可能短的时间周转创造出尽可能多的财富，通过对企业营运能力的分析，能够了解并评价资产利用的效率。

（二）确定合理的资产规模

营运能力分析可以帮助分析者了解企业经营活动对资产的需要情况，以便根据企业生产经营的变化调整资产存量，使资产的增减变动与生产经营规模大小变动相适应。

（三）促进企业资产的合理配置

企业的各项资产在企业经营过程中的作用是不同的，对企业的财务状况和经营成果的影响程度也不同。在企业资产存量一定的情况下，如果资产配置不合理，营运效率就会降低。通过对企业营运能力的分析，可以了解资产配置中存在的问题，不断优化资产配置，改善企业的财务状况。

（四）提高企业资产的使用效率

通过对企业营运能力的分析，能够了解资产利用过程中存在的问题，进一步挖掘资产利用潜力，提高企业资产的利用效率，以最少的资产占用获得最大的经济效益。

第二节 流动资产营运能力分析

流动资产是指企业全部资产中流动性最强的资产,企业经营成果的取得主要依靠流动资产的形态转换。流动资产完成从货币到商品再到货币这一循环过程,表明流动资产周转了一次。反映企业流动资产周转情况的主要指标有流动资产周转速度指标、存货周转速度指标和应收账款周转速度指标。

一、流动资产周转速度指标

流动资产周转速度指标有流动资产周转率(次数)和流动资产周转天数两种。

(一)流动资产周转速度指标的计算

1. 流动资产周转率(次数)

流动资产周转率(次数)表示企业在一定时期内完成几次从货币到商品再到货币的循环,是企业在一定时期内营业收入净额与流动资产平均余额的比率。流动资产周转率(次数)是评价企业资产利用率的一个重要指标,其计算公式为:

$$流动资产周转率(次数)=营业收入净额/流动资产平均余额$$

上述公式中的营业收入净额是指企业当期销售商品、提供劳务等主要经营活动取得的收入减去销售折扣与折让后的数额,数值取自企业利润表及利润分配表。流动资产平均余额是指企业流动资产总额的期初数与期末数的平均值。数值取自企业资产负债表,可表示为:

$$流动资产平均余额=(期初流动资产余额+期末流动资产余额)/2$$

一般情况下,该指标越高,表明企业流动资产周转速度越快,流动资产利用得越好。在较快的周转速度下,流动资产会相对节约,其意义相当于流动资产投入的扩大,在某种程度上提高了企业的盈利能力。相反,流动资产周转速度慢,为了维持正常经营,企业必须不断补充流动资金参与周转,从而导致资金使用效率低,降低了企业的盈利能力。

▶【例 8-1】光明乳业流动资产周转率(次数)分析

光明乳业 2018—2022 年流动资产周转率(次数)分析情况如表 8-1 所示。

表 8-1 光明乳业 2018—2022 年流动资产周转率(次数)分析表

项目	2022 年年报	2021 年年报	2020 年年报	2019 年年报	2018 年年报
营业收入净额(万元)	2,821,490.80	2,920,599.25	2,522,271.60	2,256,323.68	2,098,556.04
流动资产平均余额(万元)	954,338.21	907,757.21	809,118.16	789,374.92	821,520.26
流动资产周转率(次数)	2.96	3.22	3.12	2.86	2.55

光明乳业 2018—2021 年流动资产周转率（次数）呈上升趋势，但是 2022 年有所下降，从 2021 年的 3.22 次下降到 2.96 次，主要原因是流动资产平均余额上升的同时，营业收入净额没有同比增加，甚至在下降，因此造成了流动资产周转率（次数）的下降。

2. 流动资产周转天数

流动资产周转天数表示企业完成一次从流动资产投入至营业收入收回的循环所需要的时间，其计算公式为：

$$流动资产周转天数 = 360 / 流动资产周转率（次数）$$

流动资产周转率（次数）用周转天数表示，周转一次所需要的天数越少，表明流动资产在经历生产和销售各环节占用的时间越短，周转速度越快。企业生产经营任何一个环节上的工作得到改善，都会反映到周转天数的缩短上来。按天数表示的流动资产周转率（次数）更能直接地反映企业生产经营状况的改善，便于比较不同时期的流动资产周转率（次数），因此其应用较为普遍。

> **【例 8-2】** 光明乳业流动资产周转天数分析

光明乳业 2018—2022 年流动资产周转天数分析情况如表 8-2 所示。

表 8-2　光明乳业 2018—2022 年流动资产周转天数分析表

项目	2022 年年报	2021 年年报	2020 年年报	2019 年年报	2018 年年报
流动资产周转率（次数）	2.96	3.22	3.12	2.86	2.55
流动资产周转天数（天）	121.62	111.80	115.38	125.87	141.18

流动资产周转天数与流动资产周转率（次数）成反比，光明乳业流动资产周转天数从 2018 年的 141.18 天下降到 2021 年的 111.80 天，但是 2022 年又上升到 121.62 天。

（二）流动资产周转速度指标分析时应注意的问题

（1）流动资产周转率（次数）反映了企业流动资产的周转速度，是从企业全部资产中流动性最强的流动资产角度对企业资产的利用效率进行分析，以进一步揭示影响企业资产质量的主要因素。要实现该指标的良性变动，应以营业收入增幅高于流动资产增幅作为保证。通过该指标的对比分析，可以促进企业加强内部管理，充分有效地利用流动资产，如降低成本、调动暂时闲置的货币资金用于短期投资创造收益等，还可以促进企业采取措施扩大销售，提高流动资产的综合使用效率。企业生产经营任何一个环节上的工作得到改善，都会反映到周转速度提升上来。

（2）流动资产周转率（次数）和流动资产周转天数两个指标都是衡量流动资产营运能力的指标，但是流动资产周转率（次数）指标不便于不同时期的比较。流动资产周转天数表示的流动资产周转率（次数）更能直接地反映企业生产经营状况的改善，便于比较不同时期的流动资产周转率（次数），所以在日常的使用中多用流动资产周转天数指标。

（3）流动资产变现能力的大小反映企业短期偿债能力的强弱，企业应该有一个较稳定的流动资产数额，在此基础上提高流动资产使用效率，不能在现有管理水平下，以大幅度降低流动资产为代价去追求较高的周转率（次数）。

二、存货周转速度指标

在流动资产中,存货所占比重较大,存货的周转速度将直接影响企业流动资产的周转速度。因此,必须特别重视对存货周转速度的分析。存货周转速度分析的目的是从不同的角度和环节找出存货管理中的问题,使存货管理在保证生产经营连续性的同时,尽可能少地占用营运资金,提高企业资金的使用效率,促进企业管理水平的提高。

存货周转速度分析一般有两个指标,即存货周转率(次数)和存货周转天数。存货周转速度指标是企业营运能力分析的重要指标,在企业管理决策中被广泛地使用。存货周转速度指标不仅可以用来衡量企业生产经营各环节中存货营运效率,还被用来评价企业的经营成效,反映企业的绩效。

(一)存货周转速度指标的计算

1.存货周转率(次数)

存货周转率(次数)是指在一定时期内企业主营业务成本与存货平均余额的比率,是衡量和评价企业购入存货、投入生产、销售收回等各环节管理效率的综合性指标,其意义可以理解为一个财务周期内存货周转的次数,其计算公式为:

$$存货周转率(次数)=主营业务成本/存货平均余额$$

其中:

$$存货平均余额=(期初存货余额+期末存货余额)/2$$

存货余额是指企业存货账面价值与存货跌价准备之和,即:

$$存货余额=存货账面价值+存货跌价准备$$

存货周转率(次数)反映了企业的销售效率和存货使用效率。在正常情况下,如果企业经营顺利,存货周转率(次数)越高,说明企业存货周转得越快,企业的销售能力越强,营运资金占用在存货上的金额也会越少。

▶【例8-3】光明乳业存货周转率(次数)分析

光明乳业 2018—2022 年存货周转率(次数)分析情况如表 8-3 所示。

表 8-3 光明乳业 2018—2022 年存货周转率(次数)分析表

项目	2022 年年报	2021 年年报	2020 年年报	2019 年年报	2018 年年报
主营业务成本(万元)	2,295,205.39	2,384,630.55	1,871,236.46	1,550,469.70	1,399,322.32
存货平均余额(万元)	365,560.52	298,842.48	258,465.72	216,981.95	191,510.26
存货周转率(次数)	6.28	7.98	7.24	7.15	7.31

光明乳业存货周转率(次数)2018—2022 年呈现波动性变化,其中 2019—2021 年有小幅度上升,但是 2021—2022 年,存货周转率(次数)从 7.98 次下降到了 6.28 次,说明存货周转速度放慢,光明乳业的营运能力可能受到影响,需要引起光明乳业管理层的重视。

2. 存货周转天数

存货周转天数是指企业从取得存货开始,至消耗、销售为止所经历的天数,其计算公式为:

$$存货周转天数 = 360 / 存货周转率(次数)$$

该指标越小说明存货周转天数越少,存货变现的速度越快,存货管理工作的效率越高。一般而言,存货周转速度越快,表明存货周转率(次数)越高、存货周转天数越短、存货占用营运资金的水平越低、流动性越强,存货转化为现金或应收账款的速度就越快,这样会增强企业的短期偿债能力及盈利能力。通过存货周转速度分析,有利于找出企业存货管理中存在的问题,尽可能降低资金占用水平。

> 【例8-4】光明乳业存货周转天数分析

光明乳业 2018—2022 年存货周转天数分析情况如表 8-4 所示。

表 8-4 光明乳业 2018—2022 年存货周转天数分析表

项目	2022年年报	2021年年报	2020年年报	2019年年报	2018年年报
存货周转率(次数)	6.28	7.98	7.24	7.15	7.31
存货周转天数(天)	57.32	45.11	49.72	50.35	49.25

存货周转天数和存货周转率(次数)呈相反方向变动,2018—2020 年光明乳业存货周转天数在 50 天上下浮动,但是 2021—2022 年,存货周转天数从 45.11 天上升到 57.32 天,说明 2022 年光明乳业的存货周转速度明显变慢。

(二)存货周转速度指标分析时应注意的问题

(1)计算存货周转率(次数)指标时采用企业的主营业务成本表示企业的存货周转额,存货计价方法对存货周转率(次数)指标的计算具有较大的影响,因此,在分析企业不同时期或不同企业的存货周转率(次数)时,应注意存货计价方法是否一致。

(2)在存货水平一定的条件下,存货周转率(次数)越高,表明企业的销货成本数额增多,产品销售的数量增长,企业的销售能力增强。企业要扩大产品销售量,提高销售能力,就必须在原材料购进、生产过程中的投入、产品的销售、现金的收回等环节做好协调和衔接。因此,存货周转率(次数)不仅可以反映企业的销售能力,还能用来衡量企业生产经营中的各有关方面运用和管理存货的水平。运用存货周转率(次数)指标时,应综合考虑进货批量、生产销售的季节性变动等因素。

(3)应关注构成存货的产成品、自制半成品、原材料、在产品和低值易耗品之间的比例关系。正常的情况下,各类存货之间存在某种比例关系,如果某一类的比重发生明显的大幅度变化,可能就暗示存在某种问题。例如,产成品大量增加,其他项目减少,很可能是销售不畅,会放慢生产节奏。然而,此时总的存货余额可能并没有显著变化,甚至尚未引起存货周转率(次数)的显著变化。

(4)存货平均余额一般按照期初、期末存货余额的平均值计算。当期初、期末存货余额变动幅度不大时,可用期初、期末存货余额的平均值计算。在计算全年存货平均余额时,为了准确起见,应按 12 个月月初、月末数计算其平均值。

(5)存货周转天数并不是越少越好。例如,减少存货量,可以缩短周转天数,但可能会对企业正常的经营活动产生不利影响。

(三)影响存货周转速度指标的因素

1. 流动资产中存货所占比例

$$存货周转率(次数) = 主营业务成本 / 存货平均余额$$

$$= \frac{流动资产平均余额 \times 主营业务成本}{存货平均余额 \times 流动资产平均余额}$$

$$= \frac{主营业务成本}{流动资产中存货所占比率 \times 流动资产平均余额}$$

$$= \frac{流动资产垫支周转率}{流动资产中存货所占比率}$$

通过上述公式分解可以看出,存货周转率(次数)与流动资产中存货所占比率成反比,与流动资产垫支周转率成正比,即存货在流动资产中所占的比例越低,存货的周转率(次数)越高,反之则存货的周转率(次数)越低;流动资产垫支周转率越高,存货周转率(次数)越高,反之则存货周转率(次数)越低。

2. 存货各项目

企业管理者和有条件的外部财务报表分析者除了分析进货批量、季节性生产变化等影响因素外,还应对存货结构以及影响存货周转速度的重要项目进行分析。

存货包括各类材料、在产品、半成品、商品、产成品、低值易耗品、包装物等,存货周转速度的快慢直接受这些项目的影响。因此,为了加强存货管理和存货周转,在进行存货周转速度分析时,必须从存货组成各项目的流动性方面进行更深入的分析,以便能查明影响存货周转速度快慢的具体原因。通常情况下,可以计算分析反映材料存货周转速度、在产品存货周转速度、产成品存货周转速度的指标。

1) 材料存货周转速度

材料存货的周转是从材料购入验收入库开始到材料投入生产为止的过程。考核企业材料在一定时期内所完成的周转速度,要以企业在这一时期内所耗用材料成本的大小作为其周转的额度,材料存货周转速度计算公式为:

$$材料存货周转率(次数) = 材料耗用成本 / 平均材料存货$$

$$材料存货周转天数 = 360 / 材料存货周转率(次数)$$

2) 在产品存货周转速度

在产品存货的周转是从产品投料生产开始到产品完工验收入库的过程。考核企业在产品存货在一定时期内所完成的周转速度,要以企业在这一时期内所发生的制造成本的大小作为其周转的额度,在产品存货周转速度计算公式为:

$$在产品存货周转率(次数) = 制造成本 / 平均在产品存货$$

$$在产品存货周转天数 = 360 / 在产品存货周转率(次数)$$

3) 产成品存货周转速度

产成品存货的周转是从产品完工验收入库开始到产品销售出库为止的过程。考核产成品存货在一定时期内所完成的周转速度,要以企业在这一时期内所发生的销售成本的大小作为其周转的额度,产成品存货周转速度计算公式为:

产成品存货周转率(次数)＝销货成本/平均产成品存货

产成品存货周转天数＝360/产成品存货周转率(次数)

通过上述分析可以看出,存货周转速度的快慢受其各项目存货周转速度、部分成本与销售成本比例关系等因素变动的影响。要加快存货的周转,首先要加快存货各项目的周转,同时要缩小部分成本与销售成本的比例。只有把存货管理的措施落实到各项目,才能全面加快流动资产的流动,改善企业财务状况。

三、应收账款周转速度指标

应收账款是指企业在正常的经营过程中因销售商品、提供劳务等,应向购买单位或接受劳务方收取的款项。应收账款表示企业在销售过程中被购买单位或接受劳务方所占用的资金,在流动资产中占有举足轻重的地位。及时收回应收账款不仅可以弥补企业在生产经营过程中的各种耗费,保证企业持续经营,而且可以增强企业的短期偿债能力,同时也反映出企业管理应收账款的效率。

(一)应收账款周转速度指标的计算

应收账款周转速度分析一般有两个指标,即应收账款周转率(次数)和应收账款周转天数。应收账款周转速度指标是企业进行营运能力分析的重要指标,在企业管理决策中被广泛使用。

1. 应收账款周转率(次数)

应收账款周转率(次数)反映企业应收账款周转速度的比率,是指企业在一定时期内主营业务收入净额与应收账款平均余额的比率。它表明在一定时期内企业应收账款转为现金的平均次数,其计算公式为:

应收账款周转率(次数)＝主营业务收入净额/应收账款平均余额

上述公式中,主营业务收入净额是指企业当期销售商品、提供劳务等主要经营活动所取得的收入减去销售折扣与折让后的数额。

应收账款余额＝应收账款账面价值＋坏账准备

应收账款平均余额＝(期初应收账款余额＋期末应收账款余额)/2

应收账款平均余额是指企业因销售商品、提供劳务等应向购买单位或接受劳务方收取的款项,以及收到的商业汇票。它是资产负债表中"应收账款""应收票据"项目的期初、期末余额的平均数。

应收账款周转率(次数)可以用来估计企业应收账款变现的速度和管理的效率。回收迅速既可以节约资金,又可以说明企业信用状况好,不易发生坏账损失。

> **【例 8-5】光明乳业应收账款周转率(次数)分析**

光明乳业 2018—2022 年应收账款周转率(次数)分析情况如表 8-5 所示。

表 8-5　光明乳业 2018—2022 年应收账款周转率(次数)分析表

项目	2022 年年报	2021 年年报	2020 年年报	2019 年年报	2018 年年报
主营业务收入净额(万元)	2,821,490.80	2,920,599.25	2,522,271.60	2,256,323.68	2,098,556.04

续表

项目	2022年年报	2021年年报	2020年年报	2019年年报	2018年年报
应收账款平均余额（万元）	209,137.65	186,486.66	170,690.43	162,122.65	175,664.37
应收账款周转率（次数）	13.49	15.66	14.78	13.92	11.95

光明乳业2018—2021年应收账款周转率（次数）不断增加，但是2022年又有所下降，从2021年的15.66次下降到13.49次，主要原因是在应收账款平均余额增加的同时，主营业务收入净额反而在下降，最终造成了应收账款周转速度下降。

2. 应收账款周转天数

应收账款周转天数是反映应收账款周转速度的另一个指标，也称平均应收账款回收期或平均收现期，表示企业从获得应收账款的权利到收回款项、变成现金所需要的时间，其计算公式为：

应收账款周转天数 = 360/应收账款周转率（次数）

应收账款周转天数越少，表明应收账款变现的速度越快，企业资金被其他单位占用的时间越短，管理工作的效率越高。

一般来说，应收账款周转率（次数）越高越好，表明企业收账速度快，平均收账期短，坏账损失少，资产流动快，偿债能力强。与之相对应，应收账款周转天数则是越短越好。如果企业实际收回账款的天数超过了企业规定的应收账款天数，则说明债务人拖欠时间长、资信度低，增加了企业发生坏账损失的风险；同时也说明企业催收账款不力，使资产形成了呆账甚至坏账，造成流动资产不流动，这不利于企业正常的生产经营。

▶【例8-6】光明乳业应收账款周转天数分析

光明乳业2018—2022年应收账款周转天数分析情况如表8-6所示。

表8-6 光明乳业2018—2022年应收账款周转天数分析表

项目	2022年年报	2021年年报	2020年年报	2019年年报	2018年年报
应收账款周转率（次数）	13.49	15.66	14.78	13.92	11.95
应收账款周转天数（天）	26.69	22.99	24.36	25.86	30.13

应收账款周转天数的变化方向和应收账款周转率（次数）的变化方向是相反的，2018—2021年，光明乳业应收账款周转天数不断减少，说明回款速度在加快，但是2022年，光明乳业应收账款周转天数有所增加，回款速度又出现了下降趋势。

（二）应收账款周转速度指标分析时应注意的问题

（1）主营业务收入净额的选择。应收账款周转率（次数）计算公式中的分母应该是赊销收入净额，不应该包括现销额，因为应收账款都是由赊销引起的。但是在财务报表中很少将赊销和现销加以区分，所以财务分析人员应进一步收集有关资料，以计算赊销收入净额。在实际工作中,不仅外部财务报表分析者无法取得赊销收入的数据,而且内部财务报表分析者也未必能获取该数据,因此在计算应收账款周转率(次数)的时候往往用主营业务收入替代赊销收入净额,即把现金销售视为收现期为零的赊销收入。

(2)应收账款周转率(次数)并不是越高越好,如果应收账款周转率(次数)过高,则表明企业奉行较紧的信用政策,付款条件过于苛刻,这样会限制企业销售规模的扩大,特别是当这种限制的代价(机会收益)大于赊销成本时,会影响企业的盈利水平。

(3)应收账款周转率(次数)尚无一定标准,很难确定一个理想的比较基础,一般以行业平均水平作为企业的比较标准。评价企业的应收账款周转率(次数),要结合企业的经营特点,并将计算结果与该企业前期指标、行业平均水平或其他类似企业的指标相比较,得出比较准确的分析结论。

(4)对于季节性经营、大量使用分期收款结算方式、大量使用现金结算销售方式和期末销量呈大幅增加或期末销量呈大幅下降的企业使用该指标计算时存在一定的局限性。

(5)对于已贴现且已不在外流通的应收票据,应从分母中剔除。

(6)报告期天数,一年均以360天计,一个季度均以90天计,一个月均以30天计。

第三节 固定资产营运能力分析

固定资产是指企业为生产商品、提供劳务、出租或者经营管理而持有的,使用时间超过12个月的,价值达到一定标准的非货币性资产。固定资产是企业赖以生产经营的主要资产。

固定资产营运能力分析主要是判断企业管理固定资产的能力,反映企业固定资产周转速度的指标主要有固定资产周转率(次数)和固定资产周转天数。

一、固定资产周转速度指标的计算

(一)固定资产周转率(次数)

固定资产周转率(次数)也称固定资产利用率,是指在一定时期内企业实现的主营业务收入净额与固定资产平均余额的比率,其计算公式如下:

固定资产周转率(次数)=主营业务收入净额/固定资产平均余额

其中:

固定资产平均余额=(期初固定资产净值+期末固定资产净值)/2

固定资产净值=固定资产原值-累计折旧

固定资产周转率(次数)主要用于分析厂房、设备等固定资产的利用效率,比率越高,说明利用率越高、管理水平越好。如果固定资产周转率(次数)与同行业平均水平相比偏低,则说明企业对固定资产的利用率较低,可能会影响企业的盈利能力。

固定资产周转率(次数)表示在一定时期内,固定资产周转的次数,或表示每1元固定资产支持的营业收入。

(二)固定资产周转天数

固定资产周转天数表示在一定时期内,固定资产转换成现金平均需要的时间,即平均天数。固定资产的周转率(次数)越高,则周转天数越短;周转率(次数)越低,则周转天数越长。其计算公式如下:

$$固定资产周转天数 = 360 / 固定资产周转率(次数)$$

▶【例8-7】光明乳业固定资产周转率(次数)分析

光明乳业2018—2022年固定资产周转率(次数)分析情况如表8-7所示。

表8-7 光明乳业2018—2022年固定资产周转率(次数)分析表

项目	2022年年报	2021年年报	2020年年报	2019年年报	2018年年报
主营业务收入净额(万元)	2,821,490.80	2,920,599.25	2,522,271.60	2,256,323.68	2,098,556.04
固定资产平均余额(万元)	833,251.28	821,835.78	798,053.94	676,173.72	599,321.25
固定资产周转率(次数)	3.39	3.55	3.16	3.34	3.50

光明乳业2018—2022年固定资产周转率(次数)为3.16~3.55次,变动不大,2022年固定资产周转率(次数)相较于2021年有小幅度下降,主要是由于固定资产平均余额增加了,而主营业务收入净额反而在下降。

二、固定资产周转速度指标分析时应注意的问题

(1)一般情况下,企业固定资产的增加不是渐进的,而是突然上升的,这会导致固定资产周转率(次数)的变化。

(2)固定资产周转率(次数)计算公式的分母是期初和期末固定资产净额的平均,不同企业固定资产所采用的折旧方法和折旧年限的不同,会导致不同的固定资产账面净值,所以也会对固定资产周转率(次数)的计算产生重要影响,造成指标数值的人为差异。

(3)如果存在通货膨胀,则通货膨胀因素就会导致物价上涨,从而虚增营业收入,使固定资产周转率(次数)上升,但企业固定资产的实际效能并未增加。

(4)在进行固定资产周转速度分析时,应以企业前期水平和同行业平均水平作为标准进行对比分析,从中找出差距,从而努力提高企业固定资产周转速度。

第四节　总资产营运能力分析

总资产是指某一经济实体拥有或控制的、能够带来经济利益的全部资产。一般可以认为，某一会计主体的总资产金额等于其资产负债表的"资产总计"项目金额。

总资产营运能力是衡量企业组织、管理和营运整个资产的能力和效率。总资产营运能力是企业经营效率的重要影响因素。反映总资产营运能力的指标有总资产周转速度指标、不良资产比率指标。

一、总资产周转速度指标

（一）总资产周转速度指标的计算

1. 总资产周转率（次数）

总资产周转率（次数）是指企业在一定时期内主营业务收入净额与总资产平均余额的比率。总资产周转率（次数）是综合评价企业全部资产经营质量和利用效率的重要指标，其计算公式如下：

$$总资产周转率（次数）＝主营业务收入净额 / 总资产平均余额$$

上述公式中主营业务收入净额是指减去销售折扣与折让后的数额。总资产平均余额是指企业资产总额期初数与期末数的平均值，数值取自资产负债表，其计算公式如下：

$$总资产平均余额＝（期初总资产余额＋期末总资产余额）/2$$

总资产周转率（次数）的直接经济含义是单位总资产能够产出多少主营业务收入净额，是考查企业资产运营效率的一项重要指标，体现了企业经营期间全部资产从投入至产出的流转速度，反映了企业全部资产的管理质量和利用效率。通过对该指标的对比分析，可以反映企业本期以及以前经营期间总资产的运营效率和变化，发现企业与同类企业在资产利用上的差距，促进企业挖掘潜力、积极创收、提高产品或服务市场占有率、提高资产利用效率。一般情况下，该数值越高，表明企业总资产周转速度越快，销售能力越强，资产利用效率越高。企业可以通过薄利多销的办法，加速资产的周转，从而带来利润绝对额的增加。

2. 总资产周转天数

总资产周转天数表示在一定时期内总资产转换成现金平均需要的时间，即平均天数，其计算公式如下：

$$总资产周转天数＝360 / 总资产周转率（次数）$$

总资产周转天数越少，说明企业利用其资产进行经营的效率越高，反之，则越低。总资产周转天数越多，不仅会影响企业的盈利能力，还会直接影响上市公司的股利分配。

➤【例 8-8】光明乳业总资产周转率（次数）分析

光明乳业 2018—2022 年总资产周转率（次数）分析情况如表 8-8 所示。

表 8-8 光明乳业 2018—2022 年总资产周转率（次数）分析表

项目	2022 年年报	2021 年年报	2020 年年报	2019 年年报	2018 年年报
主营业务收入净额（万元）	2,821,490.80	2,920,599.25	2,522,271.60	2,256,323.68	2,098,556.04
总资产平均余额（万元）	2,395,136.89	2,188,015.57	1,897,350.86	1,778,543.31	1,723,650.84
总资产周转率（次数）	1.18	1.33	1.33	1.27	1.22

光明乳业的总资产周转率（次数）2018—2020年逐渐增加，2020年和2021年保持一致，但是2022年又有所下降，因此整体呈现先增加再下降的趋势。其中2021—2022年总资产平均余额增加，而主营业务收入净额反而下降，说明光明乳业总资产的使用效率变低，所以造成了总资产周转率（次数）的下降。

（二）总资产周转速度指标分析时应注意的问题

(1) 一般情况下，总资产周转速度的快慢往往取决于流动资产周转速度和流动资产占总资产的比重。流动资产周转速度往往高于其他类资产的周转速度，加速流动资产周转，就会使总资产周转速度加快。所以，企业流动资产所占总资产的比重越大，总资产周转速度就会越快。

(2) 由于年度报告中只包括资产负债表的年初数和年末数，外部财务报表分析者可直接用资产负债表的年初数来代替上年平均数进行比率分析，这一替代方法也适用于其他利用资产负债表数据计算的比率。

(3) 如果企业的总资产周转率（次数）突然上升，而企业的营业收入却无明显变化，则可能是因为企业本期报废了大量固定资产，并不是企业的资产利用效率提高了。

(4) 如果企业的总资产周转率（次数）较低，且长期处于较低的状态，企业应采取措施提高各项资产的利用效率，处置多余、闲置不用的资产，提高营业收入，从而提高总资产周转率（次数）。

(5) 如果企业资金占用的波动性较大，总资产平均余额应采用更详细的数据进行计算，如按照月份计算等。

二、不良资产比率指标

（一）不良资产比率指标的计算

不良资产比率是指企业期末不良资产总额和期末资产总额的比值。不良资产比率是从企业资产管理的角度对企业资产营运状况进行修正，其计算公式为：

$$不良资产比率 = 期末不良资产总额 / 期末资产总额 \times 100\%$$

上述公式中，期末不良资产总额是指企业资产中存在问题、难以正常参与经营运转的资产，主要包括三年以上应收账款、其他应收款及预付账款，积压的存货、闲置的固定资产和不良投资等的账面余额，待处理流动资产、固定资产净损失，以及潜亏挂账和经营亏损挂账等。期末资产总额是指企业资产总额的期末数，数据一般取值于资产负债表。

(二)不良资产比率指标分析时应注意的问题

(1)不良资产比率着重从企业不能正常循环周转以谋取收益的资产分析角度反映企业资产的质量,揭示了企业在资产管理和使用上存在的问题,用以对企业资产的营运状况进行补充修正。

(2)该指标在用于分析评价工作的同时,也有利于企业发现自身不足,改善经营管理,提高资产的利用效率。

(3)一般情况下,该指标越高,表明企业沉积下来、不能正常参与经营运转的资产越多,资产利用率越差。该指标越小越好,零是最优水平。

本章总结

本章的学习重点是能够对企业的营运能力进行分析,包括流动资产、固定资产,以及总资产等项目营运能力的计算与衡量。一方面需要掌握资产周转率(次数)、周转天数等指标的计算方法,需要注意分母应当用资产的平均值计算;另一方面需要掌握营运能力的衡量方法。资产周转率(次数)越高越好吗?对于一些资产而言并非如此,一味追求过高的资产周转率(次数)反而会得不偿失,资产周转率(次数)是企业经营的结果,而不是目标,想要提高资产周转率(次数),还是要在经营方面下功夫,积极提高企业的营业收入。

思政小课堂

加快形成以国内大循环为主体、国内国际双循环相互促进的新发展格局,是党中央在我国发展阶段和国内外环境发生显著变化的大背景下,推动我国开放型经济向更高层次发展的重大战略部署,为"十四五"时期乃至更长远的发展提供了方向性的引领。

坚持以国内大循环为主体,要充分认识"双循环"战略的整体性和统一性。以国内大循环为主体、国内国际双循环相互促进的新发展格局包含着作为主体的国内大循环和国际市场上的外循环。两个循环具有同一性,构成一个有机的整体,二者有机结合、相互依存、相互促进,缺少任何一个循环或者两个循环没有充分发挥集成和协同作用,对新时期经济的高质量发展都会产生极大的影响。因为要实现我国经济高质量发展,必须始终坚持利用好国内和国际两个市场、两种资源,而国内和国际两个市场、两种资源的利用从整个经济系统的结构以及运行过程来看,都是交织在一起的。

要加快形成基于"双循环"的新发展格局,必须坚持以国内大循环为主体。"内循环"是以满足国内人民美好生活需求为出发点和落脚点,以国内分工体系和产业体系为支撑,以国际循环为补充,生产、流通、分配、消费有机衔接,畅通循环的动态体系。2006年国家"十一五"规划明确提出要"立足扩大国内需求推动发展,把扩大国内需求特别是消费需求作为基本立足点,促使经济增长由主要依靠投资和出口拉动向消费与投资、内需与外需协调拉动转变"。经过几个五年规划的建设与发展,我国已经为以国内大循环为主体的新发展格局奠定了坚实的基础。

从生产环节来看,我国已经建立起全世界最为齐全、规模最大的工业体系,成为唯一拥有联合国产业分类中全部工业门类的国家,产业配套和产业链建设使我国经济已经具备以国内大循环为主体的基础和能力。在受到新冠疫情严重冲击的2020年,我国成为全球唯一实现经济正增长的主要经济体。可以预期,我国"十四五"规划的目标和2035年远景目标的实现,必将保障以国内大循环为主体的新发展格局的形成和巩固。

在消费环节,我国拥有世界最大规模的国内消费市场,具有世界最大的人口规模和中等收入群体,消费品零售总额和进出口总额都位居世界前列,以新一代互联网技术和其他高新技术为基础的新兴产业和数字化经济体系的发展,正在创造极其强大的新消费市场。

在流通领域和分配领域,以现代信息技术为基础的数字化智能型物流体系和电子商务体系,以产业链金融为主线的数字化金融支撑体系,以实现人民群众对美好生活的向往为奋斗目标的国民收入分配体系的完善和发展,为生产和消费之间建立起顺畅的连接机制。

国内大循环是"双循环"格局的主体和基础,没有这个扎实的基础,"双循环"格局不可能形成和顺畅。改革开放以来的实践表明,像我国这样的发展中国家,要在世界市场经济体系中迅速崛起并不断增强国际竞争力,有效利用国际资源和国际市场,在国际市场规则和全球经济秩序方面取得一定的话语权甚至发挥一定的主导作用,没有强大的内部经济循环体系作为基础,是根本不可能的。

(资料来源:李新家,郑红军.拉动新消费 促进"双循环"[EB/OL].[2024-04-12].https://baijiahao.baidu.com/s?id=1701226767041276465&wfr=spider&for=pc,部分节选,有改动。)

8-1 拓展阅读

8-2 微课视频

第九章
企业偿债能力分析

CAIWU BAOBIAO FENXI
JIAOCHENG

学习目标

本章学习的主要目标是使学生掌握企业偿债能力分析的基本内涵、基本目的和相关指标计算与分析。

◇ **知识目标**

掌握偿债能力的内涵,了解偿债能力分析的目的和内容;理解不同财务分析主体对企业偿债能力的要求;了解偿债能力分析与盈利能力分析之间的关系;熟悉影响短期偿债能力和长期偿债能力的主要因素;掌握反映短期偿债能力的指标体系和反映长期偿债能力的指标体系。

◇ **能力目标**

熟练应用各项短期偿债能力指标对企业偿债能力进行分析,主要包括流动比率、速动比率和现金比率的分析和具体应用;熟练应用各项长期偿债能力指标对企业偿债能力进行分析,特别是产权比率、资产负债率和利息保障倍数等指标的分析和具体应用;在熟练运用并灵活掌握反映企业偿债能力的各项指标的基础之上,准确分析企业偿债能力,进而评价企业整体的财务状况。

◇ **德育目标**

培养学生树立诚信意识,使学生具备言行如一、守约重诺、诚实守信的良好品质。

思维导图

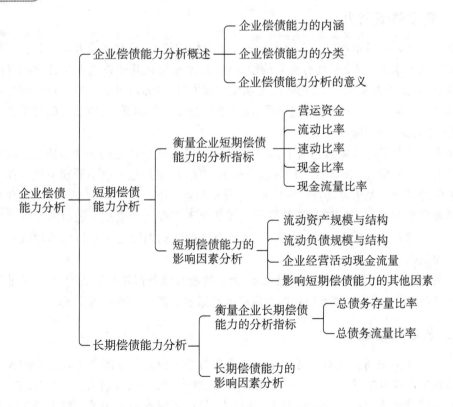

第一节 企业偿债能力分析概述

一、企业偿债能力的内涵

企业的偿债能力是指企业对到期债务清偿的能力和现金的保障程度,即用资产偿还短期债务与长期债务的能力。

企业偿债能力,静态地讲就是用企业资产清偿企业债务的能力;动态地讲就是用企业资产和经营过程创造的收益偿还债务的能力。企业有无现金支付能力和偿债能力是企业能否健康发展的关键。企业偿债能力分析是企业财务分析的重要组成部分。

能否对企业的偿债能力进行合理评价,既关系到企业财务风险乃至经营风险能否得以有效控制,又维系着与企业有利害关系的投资者、债权人、政府及社会公众的经济利益。

二、企业偿债能力的分类

企业的偿债能力按其债务到期时间的长短分为短期偿债能力和长期偿债能力。

(一)短期偿债能力

短期偿债能力是指企业以流动资产偿还流动负债的能力,反映了企业偿付日常到期债务的能力。对债权人来说,企业要具有充分的偿还能力,才能保证其债权的安全,按期取得利息,到期取回本金;对投资者来说,如果企业的短期偿债能力发生问题,就会使得企业经营管理人员耗费大量精力去筹集资金,以应付到期负债,还会增加企业筹资的难度,或加大临时紧急筹资的成本,影响企业的盈利能力。

一个企业的短期偿债能力的大小,要看其流动资产和流动负债的多少和质量状况的好坏。流动资产的质量是指其"流动性",即转换成现金的能力,包括是否能不受损失地转换为现金以及转换需要的时间。关于流动资产的质量,应着重理解以下三点:其一,资产转变成现金是经过正常交易程序变现的;其二,流动性的强弱主要取决于资产转换成现金的时间和资产预计出售价格与实际出售价格的差额的大小;其三,流动资产的流动期限为一年以内或超过一年的一个正常营业周期内。

流动负债也有"质量"问题。一般说来,企业的所有债务都是要偿还的,但是并非所有债务都需要在到期时立即偿还,债务偿还的强制程度和紧迫性被视为负债的质量。

(二)长期偿债能力

长期偿债能力是指企业对债务的承担能力和对偿还债务的保障能力。企业的长期债务是指偿还期在一年或者超过一年的一个营业周期以上的负债,包括长期借款、应付债券、长期应付款等。长期偿债能力分析是企业经营者、债权人、投资者等各利益相关方都十分关注的重要问题。长期偿债能力是反映企业财务安全和稳定程度的重要标志。分析一个企业长期偿债能力，主要是为了确定该企业偿还债务本金和支付债务利息的能力。由于长期债务的期限长，企业的长期偿债能力主要取决于企业资产与负债的比例关系以及盈利能力。

资本结构是指企业各种长期筹资来源的构成和比例关系。长期资本来源，主要是指权益筹资和长期债务。资本结构对企业长期偿债能力的影响主要体现在两个方面：一是权益资本是承担长期债务的基础；二是资本结构影响企业的财务风险，进而影响企业的偿债能力。

长期偿债能力与盈利能力密切相关。企业是否有充足的现金流入偿还长期负债，在很大程度上取决于企业盈利能力的大小。一般来说，企业的盈利能力越强，长期偿债能力越强；反之，则越弱。

三、企业偿债能力分析的意义

随着经营观念、经营意识的不断转变和增强，企业的偿债能力分析也越来越受到经营者、债权人、投资者、关联方的关注。不管是中小型企业还是上市公司，都应将自身的偿债能力提升到关乎企业生死存亡的高度，应加强科学分析，将它作为企业正常经营的晴雨表。偿债能力分析是企业财务分析的一个重要方面，通过各种分析可以揭示企业的财务风险。

（一）有利于经营者作出正确的经营决策

企业经营者主要是指企业经理及其他高级管理人员，他们既关心企业的盈利，又关心企业的风险，与其他主体最为不同的是，他们进行的财务分析是综合的、全面的，特别关心盈利、风险产生的原因和过程。因为只有通过对原因和过程进行分析，经营者才能及时发现经营活动中存在的问题和不足，并采取有效措施解决这些问题。企业偿债能力好坏既是对企业资金循环状况好坏的直接反映，又对企业生产经营各环节的资金循环和周转有着重要的影响。因此，企业偿债能力的分析，对于企业经营者及时发现企业在经营过程中存在的问题，并采取相应措施加以解决，保证企业生产经营顺利进行有着十分重要的作用。

（二）有利于债权人作出正确的借贷决策

企业债权人包括向企业提供贷款的银行、其他金融机构及购买企业债券的单位和个人。债权人更会从他们的切身利益出发来研究企业的偿债能力，只有企业有较强的偿债能力，才能使他们的债权及时收回，并能按期取得利息。由于债权人的收益是固定的，他们更加关注企业债权的安全性。实际上，债权人的安全程度与企业长期偿债能力密切相关。企业偿债能力越强，债权人的安全程度也就越高。

任何一个债权人都不愿意将资金借给一个偿债能力很差的企业，债权人在进行借贷决策时，首先要对借款企业的财务状况特别是偿债能力状况进行深入细致的分析，否则将可能作出错误的决策，不仅无法获得利息，还会使本金都难以收回，所以说企业偿债能力分析对债权人有着重要的意义。

（三）有利于投资者作出正确的投资决策

企业投资者包括企业的所有者和潜在投资者，投资者通过长期偿债能力分析，可以判断其投资的安全性及盈利性,因为投资的安全性与企业的偿债能力密切相关。通常,企业的偿债能力越强,投资者投资的安全性越高。在这种情况下,企业不需要通过变卖资产偿还债务。另外,投资的盈利性与企业的长期偿债能力密切相关。在投资收益率大于借入资金的资金成本率时,企业适度负债,不仅可以降低财务风险,还可以利用财务杠杆的作用,增加盈利。盈利能力是投资者资本保值增值的关键。所以,投资者在对一个企业进行经营状况分析时,不仅要考虑企业的盈利能力,还要考虑企业的偿债能力,这样才可能安全收回投资并获取收益或分得红利。

(四)有利于关联方对企业的财务状况作出正确的评估

在实际经营中,会有其他部门、机构等关联方与企业产生经济联系。对企业长期偿债能力进行分析,对它们也有重要意义。对于政府及相关管理部门来说,通过偿债能力分析,可以了解企业经营的安全性,从而制定相应的财政金融政策;对于业务关联企业来说,通过长期偿债能力分析,可以了解企业是否具有长期的支付能力,借以判断企业信用状况和未来业务能力,并作出是否建立长期稳定的业务合作关系的决定。

第二节 短期偿债能力分析

一、衡量企业短期偿债能力的分析指标

对企业短期偿债能力的分析,通常可以运用一系列反映短期偿债能力的指标。短期偿债能力指标是指企业以流动资产偿还流动负债的能力,反映企业偿付日常到期债务的实力。所以,对短期偿债能力的分析主要侧重于研究企业流动资产与流动负债的关系,以及资产变现速度的快慢。因为在大多数情况下,短期债务需要用货币资金来偿还,因而各种资产的变现速度也直接影响到企业的短期偿债能力。

反映企业短期偿债能力的财务指标主要有:营运资金、流动比率、速动比率、现金比率和现金流量比率等。

(一)营运资金

1.营运资金指标的计算

营运资金是指流动资产减去流动负债后的差额,也称净营运资本,表示企业的流动资产在偿还全部流动负债后还有多少剩余,其计算公式为:

$$营运资金 = 流动资产 - 流动负债$$

营运资金越多,说明不能偿债的风险越小。如果营运资金大于零,则与此相对应的"净流动资产"是以长期负债或所有者权益的一定份额为资金来源;如果营运资金等于零,则在流动资产上占用的资金都是流动负债融资;如果营运资金小于零,则流动负债融资,由流动资产和固定资产等长期资产共同占用,偿债能力差。

营运资金是偿还流动负债的"缓冲垫",若企业营运资金连续三年都大于零,说明营运资金出现溢余,此时,与营运资金对应的流动资产是以一定份额的长期负债或所有者权益作为资金来源的。企业可用于偿还流动负债的资金越充足,短期偿债能力越强。

2. 营运资金指标分析时应注意的问题

(1)营运资金指标是一个绝对数,不便于不同规模的企业之间的比较。例如,甲企业的营运资金为200万元(流动资产500万元,流动负债300万元),乙企业的营运资金为200万元(流动资产1,000万元,流动负债800万元),虽然两个企业的营运资金相同,但它们的偿债能力显然不同。因此,在实务中很少直接使用营运资金作为衡量企业偿债能力的指标。

(2)营运资金的合理性。营运资金的合理性是指营运资金的数量多少是合适的。短期债权人希望营运资金越多越好,这样就可以减少贷款风险。营运资金过少,企业就会为了维持正常的经营和信用,在不合适的时机按不利的利率进行不利的筹资,从而影响企业的支付能力。但是,营运资金过多也不是好事。因为,流动资产过多不利于企业提高盈利能力,而流动负债过少,说明企业利用无息负债扩大经营规模的能力较差(除了短期借款、带息票据以外的流动负债通常不需要支付利息)。

衡量营运资金持有量是否合理没有统一的标准,不同行业的营运资金规模有很大差别。营运资金与经营规模有联系,所以同一行业不同企业之间的营运资金也缺乏可比性。

▶【例9-1】光明乳业营运资金分析

光明乳业2018—2022年营运资金分析情况如表9-1所示。

表9-1 光明乳业2018—2022年营运资金分析表(万元)

项目	2022年年报	2021年年报	2020年年报	2019年年报	2018年年报
流动资产	990,847.24	917,829.18	897,685.24	720,551.07	858,198.76
流动负债	1,073,451.69	868,914.10	900,681.21	823,077.21	978,037.75
营运资金	-82,604.45	48,915.08	-2,995.97	-102,526.14	-119,838.99

从表9-1可知,光明乳业营运资金除2021年外,其余年份均为负数,即流动资产小于流动负债,说明光明乳业流动资产不足以偿还流动负债,短期偿债能力较为不足。

(二)流动比率

1. 流动比率指标的计算

流动比率是指企业流动资产与流动负债的比率,表明企业每1元流动负债有多少流动资产作为偿还的保证,反映企业可用在短期内转变为现金的流动资产偿还到期的流动负债的能力,其计算公式为:

$$流动比率 = 流动资产/流动负债 \times 100\%$$

流动比率是衡量短期偿债能力的最常用的指标。一般情况下,流动比率越高,反映企业短期偿债能力越强,企业所面临的短期流动性风险越小,债权人的权益越有保证。一般认为,200%的流动比率比较适宜,它表明企业财务状况稳定可靠,除了满足日常生产经营的流动资金需要外,还有足够的财力偿付到期的短期债务。如果流动比率过低,则表示企业可能捉襟见肘,难以如期偿还到期债务。但是,流动比率也不能过高,过高表明企业流动资产占用较多,有较多的资金滞留在流动资产上未加以更好地利用,如出现存货超储积压、存在大量应收账款、拥有过分充裕的现金等,会影响资金的使用效率和企业筹资成本进而影响盈利能力。保持多高水平的流动比率,主要视企业对待风险与收益的态度而定。

2. 流动比率指标分析时应注意的问题

流动比率是一个相对数,排除了企业规模影响,比营运资金指标更适合同行业的企业间以及同一企业不同历史时期的比较。流动比率计算简单、便于理解,所以被广泛应用,但流动比率指标本身也具有一定的局限性,所以在应用时要注意以下四点。

(1)流动比率指标没有考虑流动资产的结构。虽然流动比率越高,企业偿还短期债务的流动资产保证程度越强,但这并不等于企业有足够的现金或存款用来偿债。流动比率高也可能是存货积压、应收账款增多且收账期延长,以及待摊费用和待处理财产损失增加所致,而真正可以用来偿债的现金和存款却严重短缺。所以,应在分析流动比率的基础上,进一步对现金流量加以考查。

(2)不同利益相关方对指标的评价标准不同。从短期债权人的角度看,自然希望流动比率越高越好。但从企业经营的角度看,过高的流动比率通常意味着企业闲置现金的持有量过多,这必然造成企业机会成本的增加和盈利能力的降低。因此,企业应尽可能将流动比率维持在不使货币资金闲置的水平。

(3)对企业短期偿债能力的判断必须结合其他有关因素。即使在同一行业内,某些企业的流动比率较低,也不一定表示其偿债能力较低。如果企业有大量充裕的现金、随时能变现的有价证券或具有相当强的融资能力等,企业实际的偿债能力要比流动比率指标所表示的偿债能力强得多,同时债权人的利益也有相当的保障;反之,一个企业的流动比率超过200%的标准,但流动资产中存货占相当大比例,也不能说明其偿债能力很强。所以,分析时一定要结合各种因素,最终对企业的短期偿债能力作出综合评价。

(4)在分析时应当注意人为因素对流动比率指标的影响。由于债权人注重以流动比率衡量企业的短期偿债能力,所以有的企业为了筹借资金,有意在会计期末采用推迟购货、抓紧收回应收账款、尽可能在偿还债务后再筹借资金等方法,粉饰其流动资产和流动负债状况,提高流动比率。因此,债权人在进行财务报表分析时,除了观察流动比率和现金流量的变化之外,还应该对不同会计期间流动资产和流动负债状况的变化进行分析。

流动比率是衡量企业短期偿债能力的重要指标。一般来说,从债权人的角度看,流动比率越高越好,因为流动比率越高,债权越有保障,借出的资金越安全。但从经营者和所有者的角度看,流动比率并不是越高越好,在偿债能力允许的范围内,根据经营需要,适当负债经营也是现代企业经营的策略之一。由于流动资产减去流动负债后的余额就是企业的营运资本,所以该指标还可以反映出企业在目前及今后的生产经营中提供现金、偿还短期债务、维护正常经营活动的能力。

> **【例 9-2】光明乳业流动比率分析**

光明乳业 2018—2022 年流动比率分析情况如表 9-2 所示。

表 9-2　光明乳业 2018—2022 年流动比率分析表

项目	2022 年年报	2021 年年报	2020 年年报	2019 年年报	2018 年年报
流动资产（万元）	990,847.24	917,829.18	897,685.24	720,551.07	858,198.76
流动负债（万元）	1,073,451.69	868,914.10	900,681.21	823,077.21	978,037.75
流动比率	92.30%	105.63%	99.67%	87.54%	87.75%

流动比率和营运资金存在对应关系，当营运资金小于 0 时，流动比率小于 100%；当营运资金大于 0 时，流动比率大于 100%；当营运资金等于 0 时，说明流动资产和流动负债恰好相等，营运资金等于 100%。由表 9-2 可知，光明乳业 2018—2022 年流动比率呈现先上升再下降的趋势，但是每年的结果都不理想，除 2021 年流动比率略大于 100% 外，其余年份流动比率均小于 100%，此结果和表 9-1 中营运资金小于 0 是相对应的，说明光明乳业的短期偿债能力较弱。

（三）速动比率

1. 速动比率指标的计算

速动比率又称酸性试验比率，是指企业速动资产与流动负债的比率，是对流动比率的补充，其计算公式为：

$$速动比率 = 速动资产 / 流动负债 \times 100\%$$

速动资产是指那些几乎可以立即变现用来偿付流动负债的资产，一般包括货币资金、交易性金融资产、应收票据、应收账款、应收利息、应收股利、其他应收款和其他流动资产。计算速动资产时，之所以要排除存货和预付账款等预付费用，是因为存货是流动资产中变现速度最慢的资产，而且存货在销售时受到市场价格的影响，其变现价值存在很大的不确定性，在市场萧条的情况下或产品不适销对路时，又可能成为滞销货而无法转换为现金。至于预付账款，本质上属于预付费用，只能减少企业未来时期的现金支出，其流动性实际是很低的。

速动比率是流动比率的一个重要辅助指标，用于评价企业流动资产变现能力的强弱。一般情况下，速动比率越高，说明企业偿还短期债务的能力越强，反之其短期偿债能力越弱。西方企业传统经验认为，速动比率为 100% 时是安全标准，说明 1 元流动负债有 1 元的速动资产作为保证。如果速动比率小于 100%，企业会面临很大的偿债风险，将会依赖出售存货或举借新债偿还到期债务，这就造成急需出售存货带来的削价损失或举借新债产生的利息支出；如果速动比率大于 100%，说明企业有足够的能力偿还短期债务，债务偿还的安全性很高，但同时也说明企业可能拥有过多的不能获利的现款和应收账款，大大增加了企业的机会成本。

2. 速动比率指标分析时应注意的问题

（1）速动比率没有统一的标准。一般认为，每 1 元的流动负债要有 1 元的速动资产来支付，同时说明企业有较好的短期债务偿还能力和较为合理的流动资产结构。但速动比率与流动比率一样，没有统一的标准，各行业的速动比率差别很大，需要参考行业的平均水平或先进水平以及企业的历史情况综合判断一个企业速动比率的高低。例如，采用现金销售的商店，几乎没有应收账款，速动比率低于 100% 是很正常的。相反，一些应收账款较多的企业，速动比率可能要大于 100% 才会被认为合理。

(2)影响速动比率可信性的重要因素是应收账款的变现能力。账面上的应收账款不一定都能变现,实际发生的坏账可能要比计提的坏账多,如果应收账款的金额过大或质量较差,也会高估速动比率。所以在评价速动比率指标时,应结合应收账款周转率(次数)指标分析应收账款的质量。

(3)速动比率是静态指标。速动比率与流动比率一样,反映的是会计期末的情况,并不代表企业长期的财务状况。另外,由于季节性的变化,财务报表上的应收账款反映的不是平均水平,这也影响速动比率指标的真实性。

(4)在分析时应当注意人为因素对速动比率指标的影响。速动比率和流动比率一样,容易受人为控制。

> 【例 9-3】光明乳业速动比率分析

光明乳业 2018—2022 年速动比率分析情况,如表 9-3 所示。

表 9-3　光明乳业 2018—2022 年速动比率分析表

项目	2022 年年报	2021 年年报	2020 年年报	2019 年年报	2018 年年报
流动资产(万元)	990,847.24	917,829.18	897,685.24	720,551.07	858,198.76
减:存货(万元)	419,670.01	311,451.03	286,233.92	230,697.51	203,266.38
速动资产(万元)	571,177.23	606,378.15	611,451.32	489,853.56	654,932.38
流动负债(万元)	1,073,451.69	868,914.10	900,681.21	823,077.21	978,037.75
速动比率	53.21%	69.79%	67.89%	59.51%	66.96%

由表 9-3 可知,光明乳业的速动比率均为 100% 以下,尤其是 2022 年,速动比率相较于前几年有所下降,仅为 53.21%。通常速动比率的经验标准为 100% 以上,所以可以看出光明乳业的短期偿债能力较弱。

(四)现金比率

1. 现金比率指标的计算

现金比率是指企业现金类资产与流动负债的比率,反映企业的立即变现能力。这里所说的现金类资产,是指货币资金和交易性金融资产等。与其他速动资产不同,它们本身就是可以直接用于偿债的资产,而其他速动资产需要等待不确定的时间,才能转换为不确定金额的现金。这项比率可显示企业立即偿还到期债务的能力,其计算公式为:

$$现金比率 = (货币资金 + 交易性金融资产) / 流动负债 \times 100\%$$

现金比率可以准确地反映企业的直接偿付能力,当企业面临支付工资日或大宗进货日等需要大量现金时,这一指标更能显示出其重要作用。现金比率假设现金资产是可偿债资产,表明 1 元流动负债有多少现金资产作为偿债保障。

2. 现金比率指标分析时应注意的问题

(1)现金比率不宜过高。一般而言,现金比率越高,企业短期偿债能力越强;现金比率越低,企业短期偿债能力越弱。但是,现金比率过高,表明企业通过负债方式所筹集的流动资金没有得到充分利用,资产营运效率较低,可能失去较多投资获利的机会。所以,对该指标的界定,应以充分了解企业的情况为前提。

(2)特殊情况下,现金比率分析更具现实意义。对于出现财务困难的企业,特别是在企业的应收账款和存货的变现能力出现问题的情况下,计算现金比率更具有实际意义。它能更真实、更准确地反映企业的短期偿债能力。另外,经营活动具有高度的投机性和风险性,存货和应收账款停留的时间比较长的企业,对其进行现金比率分析非常重要。

(五)现金流量比率

现金流量比率是指企业在一定时期内经营活动现金净流量与流动负债的比率,它可以从现金流量角度来反映企业当期偿付短期债务的能力,其计算公式为:

$$现金流量比率=经营活动现金净流量/流动负债\times100\%$$

上述公式中经营活动现金净流量是指在一定时期内,由企业经营活动所产生的现金及其等价物的流入量与流出量的差额。该指标中的流动负债一般采用期末数而非平均数,因为实际需要偿还的是期末金额,而非平均金额。

该指标是从现金流入和流出的动态角度对企业实际偿债能力进行考查。由于有利润的年份不一定有足够的现金偿还债务,所以利用以收付实现制为基础的现金流动比率指标,能充分体现企业经营活动产生的现金净流量可以在多大程度上保证当期流动负债的偿还,直观地反映了企业偿还流动负债的实际能力,用该指标评价企业偿债能力更为谨慎。该指标越大,表明企业经营活动产生的现金净流量较多,能够保障企业按时偿还到期债务。但该指标也不是越大越好,太大则表示企业流动资金利用不充分,盈利能力不强。

分析该指标时,还应该结合行业数据来进行对比。一般而言,现金流量比率越高,说明企业短期偿债能力越强。但不同行业由于其经营性质的不同(如生产型、服务型),经营活动产生的现金净流量的差别较大,因此行业性质不同的企业,现金流量比率的变化较大。

▶【例9-4】光明乳业现金流量比率分析

光明乳业2018—2022年现金流量比率分析情况如表9-4所示。

表9-4 光明乳业2018—2022年现金流量比率分析表

项目	2022年年报	2021年年报	2020年年报	2019年年报	2018年年报
经营活动现金净流量(万元)	66,713.73	205,848.12	215,859.51	240,971.59	145,363.61
流动负债(万元)	1,073,451.69	868,914.10	900,681.21	823,077.21	978,037.75
现金流量比率	6.21%	23.69%	23.97%	29.28%	14.86%

光明乳业的现金流量比率在2019年之后呈下降趋势,尤其是在2021—2022年,现金流量比率从23.69%下降到6.21%,下降幅度非常大,这主要是由光明乳业在流动负债增加的同时,经营活动现金流量大幅度下降造成的,说明光明乳业的短期偿债能力较弱。

二、短期偿债能力的影响因素分析

本章前面介绍的影响短期偿债能力的指标,都是根据财务报表数据计算得到的,它们只是进行企业短期偿债能力分析的一部分。除了使用这些比率指标对短期偿债能力进行直观的分析以外，还要注意影响短期偿债能力的因素，这是企业短期偿债能力分析的基础。这些因素包括财务报表内因素和财务报表外因素。

（一）流动资产规模与结构

在企业的资产结构中，如果流动资产所占比重较大，则企业短期偿债能力相对较强，因为流动负债一般要通过流动资产的变现来实现偿还。但是，如果流动资产所占比重较大，而其内部结构不合理，企业实际的短期偿债能力就会受到影响。在流动资产中，如果存货资产所占的比重较大，而存货资产的变现速度通常又低于其他类别的流动资产，其短期偿债能力是要打折扣的。同样的道理，流动资产中如果应收账款所占比重较大，由于应收账款的变现是不确定的，企业的短期偿债能力可能也会受到影响。所以，流动资产中存货、应收账款等资产周转速度的快慢也是反映企业短期偿债能力强弱的辅助性指标。因此，在进行企业短期偿债能力分析时，考虑流动资产的规模和结构是非常有必要的。

（二）流动负债规模与结构

企业流动负债的偿还方式是不一样的，有些流动负债必须以现金偿还，如短期借款；有些流动负债是以商品或劳务偿还的，如预收货款等。需要用现金偿付的流动负债对资产的流动性要求最高，企业只有拥有足够的现金才能保证其短期偿债能力。如果在流动负债中预收货款的比重较大，则企业只要拥有充足的高质量存货就可以保证其偿还能力。此外，流动负债中各项负债的偿还期限是否集中，也会对企业的短期偿债能力产生影响。流动负债偿还期限不集中，企业可以较从容地安排资金进行短期债务的偿还；但如果企业流动负债的偿还期限比较集中，企业在偿还债务过程中可能会面临资金紧缺的局面。作为分析人员，在进行短期偿债能力分析时，不仅要看各种反映短期偿债能力指标的数据，还要根据各项影响因素考虑其实际的偿债能力。通常，短期负债是所有企业在生产经营过程中必然要发生的一种债务。所以，对短期偿债能力进行分析是财务报表分析中非常重要的内容。

（三）企业经营活动现金流量

企业负债的偿还无论是以企业本身所拥有的资产偿还，还是以新的收益和负债偿还，最终都是要以企业的资产去偿还。其中，现金流量是决定企业偿债能力的重要因素。企业的现金流量状况主要受企业的经营状况和融资能力两个方面因素的影响，所以企业的经营状况也影响企业的短期偿债能力。当企业经营业绩好时，就会有持续稳定的现金收入，这样就从根本上保障了债权人的权益；相反，当企业经营业绩差时，其现金的流入不足以抵补现金的流出，势必造成现金短缺，短期偿债能力必然下降。

（四）影响短期偿债能力的其他因素

有些财务报表之外的因素也会影响企业的短期偿债能力，甚至有可能影响相当大，因此，财务报表分析者应尽可能了解这方面的信息，以作出正确的判断。

1. 增强企业短期偿债能力的表外因素

(1) 可动用的银行贷款指标。银行已同意、企业未办理贷款手续的银行贷款限额,可以随时增加企业的现金,提高支付能力。这一数据不反映在财务报表中,但会在董事会决议中披露。

(2) 准备很快变现的非流动资产。企业可能有一些长期资产可以随时出售变现,而不出现在"一年内到期的非流动资产"项目中。例如,储备的土地、未开采的采矿权、目前出租的房产等,在企业发生资金周转困难时,将其出售并不影响企业的持续经营。

(3) 偿债能力的声誉。声誉好的企业,在出现短期偿债困难时,有能力通过条件较为宽松的新贷款、发行债券或股票等方式筹集资金,从而大大缓解短期偿债压力。

2. 降低企业短期偿债能力的表外因素

(1) 记录的或有负债。或有负债是有可能发生的债务,按我国《企业会计准则》的相关规定,对这些或有负债并不作为负债登记入账,也不在财务报表中反映。只有已贴现的商业承兑汇票作为附注列示在资产负债表的下端,其他的或有负债,包括售出产品或服务可能发生的质量赔偿、尚未解决的税额争议可能出现的不利后果、诉讼案件和经济纠纷案可能败诉并需要赔偿等,都没有在财务报表中反映。这些或有负债一旦成为事实上的负债,将会增加企业的短期偿债负担。

(2) 担保责任引起的负债。企业有可能以自己的一些流动资产为他人提供担保,如为他人向金融机构借款提供担保,为他人购物担保或为他人履行有关经济责任提供担保等,这些担保有可能成为企业的负债,增加企业的短期偿债负担。

(3) 经营租赁合同中承诺的付款,很可能是需要偿付的义务。

(4) 建造合同、长期资产购置合同中的分阶段付款,也是一种承诺,应视同需要偿还的债务。

第三节 长期偿债能力分析

一、衡量企业长期偿债能力的分析指标

企业对一笔债务总是负有两种责任:一是偿还债务本金;二是支付债务利息。分析企业长期偿债能力,主要是为了确定该企业偿还债务本金和支付债务利息的责任。长期偿债能力分析是企业管理者、投资者、债权人和其他与企业有关联的各利益相关方都十分关注的重要问题。

(一)总债务存量比率

长期来看,所有债务都要偿还,企业的长期偿债能力体现在资产与负债的对比关系上。因此,从总债务存量角度反映企业长期偿债能力的指标是资产、负债和所有者权益之间的比例关系,常用的反映企业长期偿债能力的指标主要有资产负债率、产权比率、有形净值债务率、权益乘数和长期资本负债率。

1. 资产负债率

1) 资产负债率指标的计算

资产负债率也称负债比率或举债经营率,是指负债总额与全部资产总额之比,用来衡量企

业利用债权人提供的资金进行经营活动的能力,反映债权人发放贷款的安全程度。这一比率是衡量企业长期偿债能力的指标之一,其计算公式为:

$$资产负债率 = 负债总额 / 资产总额 \times 100\%$$

上述公式中的负债总额既包括长期负债,也包括流动负债,资产总额是指企业的全部资产总额,包括流动资产、固定资产、无形资产和递延资产等。

资产负债率是衡量企业负债水平及风险程度的重要标志,资产负债率越低说明以负债取得的资产越少,企业运用外部资金的能力较差;资产负债率越高说明企业通过借债筹资取得的资产越多,风险较大。因此,资产负债率应保持在一定的水平上。

一般认为,资产负债率在 40%～60%,有利于风险与收益的平衡。但不同行业、不同地区的企业对债务的态度是不一样的。经营风险低的企业为增加股东收益,通常选择比较高的资产负债率,如供电、供水企业的资产负债率都比较高;经营风险比较高的企业,为降低财务风险通常会选择比较低的资产负债率,如许多高科技企业资产负债率都比较低。

2) 资产负债率指标对不同信息使用者的意义

要判断资产负债率是否合理,首先要看站在谁的立场。

从债权人的立场来看,该指标越低越好。他们最关心的是贷给企业款项的安全程度,也就是能否按期收回本金和利息。如果股东提供的资本与企业资本总额相比,只占较小的比例,则企业的风险主要由债权人负担,这对债权人来讲是不利的。因此,他们希望债务比例越低越好,企业偿债有保证,则贷款给企业不会有太大的风险。

从股东的立场来看,企业通过举债筹措的资金与股东提供的资金在经营中发挥着同样的作用,所以,股东关心的是全部资本利润率是否超过借款利息率,即借入资本的代价。当企业全部资本利润率超过因借款而支付的利息率时,股东所得到的利润就会加大。如果相反,运用全部资本所得的利润率低于借款利息率,则对股东不利,因为借入资本多余的利息要用股东所得的利润份额来弥补。因此,从股东的立场来看,在全部资本利润率高于借款利息率时,负债比例越大越好,否则相反。

从经营者的立场来看,如果举债很多,超出债权人心理承受程度,企业就借不到钱。如果企业不举债,或负债比例很小,说明企业畏缩不前,对发展前景信心不足,利用债权人资本进行经营活动的能力很差。从财务管理的角度来看,企业应当审时度势,全面考虑,在利用资产负债率制定借入资本决策时,必须充分估计预期的利润和可能的风险,在二者之间权衡利害得失,作出正确的决策。

3) 资产负债率指标分析时应注意的问题

第一,计算公式中的负债总额既包括长期负债又包括流动负债,这是因为,就一笔流动负债而言,企业要在短期内偿还,但在企业长期的经营活动中,流动负债总是被长期占用的。

第二,资产负债率指标是指确定企业在破产这一最坏情形出现时,从资产总额和负债总额的相互关系来分析企业负债的偿还能力以及对债权人利益的保障程度,即企业破产时,债权人能得到多大程度的保护。当这个指标达到或超过 100% 时,说明企业已资不抵债。但是,财务报表分析是把企业作为一个持续经营的单位,不是建立在破产清算基础上的。一个持续经营的企业是不能靠出售非流动资产还债的。这个指标的主要用途之一就是揭示债权人利益的保护程度。

> **【例 9-5】光明乳业资产负债率分析**

光明乳业 2018—2022 年资产负债率分析情况如表 9-5 所示。

表 9-5　光明乳业 2018—2022 年资产负债率分析表

项目	2022 年年报	2021 年年报	2020 年年报	2019 年年报	2018 年年报
负债总额（万元）	1,390,408.43	1,309,849.88	1,139,464.62	1,022,016.58	1,114,894.65
资产总额（万元）	2,445,233.67	2,345,040.10	2,030,991.03	1,763,710.68	1,793,375.94
资产负债率	56.86%	55.86%	56.10%	57.95%	62.17%

2019—2022 年，光明乳业资产负债率较为稳定，维持在 55%～58%，说明该企业资本结构十分稳定。从资产负债率来看，光明乳业的长期偿债压力不大，但是仅从资产负债率指标来分析是较为片面的，还需要结合资产结构和负债结构等相关信息来进行分析。

2. 产权比率

1）产权比率指标的计算

产权比率是指企业负债总额与所有者权益总额的比率。该指标反映投资者对债权人的保障程度，用于衡量企业的风险程度和对债务的长期偿还能力，其计算公式为：

$$产权比率 = 负债总额 / 所有者权益总额 \times 100\%$$

上述公式中的"所有者权益"在股份有限公司是指"股东权益"。

产权比率用来表明债权人提供的资金和投资人提供资金的相对关系，表明每 1 元所有者权益借入的债务额，侧重于揭示企业基本财务结构的稳定程度以及自有资金对偿债风险的承受能力。一般来说，所有者提供的资本大于借入资本为好。这一指标越低，表明企业的长期偿债能力越强，债权人权益的保障程度越高，承担的风险越小。该指标同时也表明债权人的资本受到所有者权益保障的程度，或者说是企业清算时对债权人利益的保障程度。

一般认为，该指标负债总额与所有者权益总额维持 1∶1 的比例最为理想，因为这意味着企业所有者权益资本可以足够偿还债务人提供的资本，对债务人来说是安全的借款。

反映企业长期偿债能力的核心指标是资产负债率，产权比率是对资产负债率的必要补充。产权比率主要反映负债总额与所有者权益总额的相对关系，包括以下三个方面。

第一，该项指标反映由债权人提供的资本与所有者权益资本的相对关系，反映企业基本财务结构的稳定性。一般来说，所有者权益资本大于借入资本较好，但也不能一概而论。从所有者权益角度来看，在通货膨胀加剧时期，企业多借债可以把损失和风险转嫁给债权人；在经济繁荣时期，多借债可以获得额外的利润；在经济萎缩时期，少借债可以减少利息负担和财务风险。产权比率高，是高风险、高报酬的财务结构；产权比率低，是低风险、低报酬的财务结构。

第二，该指标同时也表明债权人投入的资本受到所有者权益保障的程度，或者说是在企业清算时对债权人利益的保障程度，而国家规定债权人的求偿权优先于所有者。

第三，该指标在一定程度上反映了经营者运用财务杠杆的程度。产权比率过低，表明企业不能充分发挥负债带来的财务杠杆作用；相反，产权比率过高，表明企业过度负债，增加了企业的风险。

2）产权比率指标分析时应注意的问题

第一，运用产权比率指标分析企业长期偿债能力必须与其他企业以及行业平均水平对比才能作出合理的判断,将本企业产权比率与其他企业产权比率对比时,应注意计算口径是否一致。

第二,虽然产权比率与资产负债率都是衡量企业长期偿债能力的指标,但两者各有侧重。产权比率侧重于通过债务资本与所有者权益资本的对比揭示企业财务结构的稳健程度以及自有资金对偿债风险的承受能力,资产负债率侧重于通过债务资本与总资产的对比揭示债务偿付安全性的物质保障程度。

第三,产权比率所反映的长期偿债能力是以净资产为物质保障的。但是净资产中的一些项目价值具有不确定性,且不易形成支付能力,如无形资产等。因此,在使用产权比率指标时,应该结合有形净值债务率指标进行分析。

> 【例 9-6】光明乳业产权比率分析

光明乳业 2018—2022 年产权比率分析情况如表 9-6 所示。

表 9-6 光明乳业 2018—2022 年产权比率分析表

项目	2022 年年报	2021 年年报	2020 年年报	2019 年年报	2018 年年报
负债总额(万元)	1,390,408.43	1,309,849.88	1,139,464.62	1,022,016.58	1,114,894.65
所有者权益总额(万元)	1,054,825.24	1,035,190.22	891,526.41	741,694.10	678,481.30
产权比率	131.81%	126.53%	127.81%	137.79%	164.32%

从表 9-6 可知,光明乳业产权比率较为稳定,且在合理范围内,说明企业不存在长期偿债风险。此结论与例 9-5 中资产负债率的分析结论一致,因为产权比率与资产负债率有极强的相关性。

3. 有形净值债务率

有形净值债务率是企业负债总额与有形资产净值的比率,用来反映企业在清算时债权人投入资本受到所有者具有所有权的有形资产净值的保护程度,其计算公式为:

$$\text{有形净值债务率} = \text{负债总额} / (\text{所有者权益} - \text{无形资产净值}) \times 100\%$$

有形净值是所有者权益减去无形资产后的净值,即所有者具有所有权的有形资产净值。之所以减去无形资产,是因为无形资产的价值具有极大的不确定性,且不易形成支付能力,为了谨慎起见,把无形资产一律视为不能偿还债务的资产,并将其从所有者权益中剔除,这样有利于更切实际地衡量企业的偿债能力。

有形净值债务率指标实质上是产权比率指标的延伸,能更为谨慎、保守地反映在企业清算时债权人投入的资本受到所有者权益保障的程度。从长期偿债能力来讲,该指标越低说明企业风险越小,长期偿债能力越强,但企业有可能不能充分地发挥财务杠杆作用。所以有形净值债务率指标的分析与产权比率分析相同,负债总额与有形资产净值维持 1∶1 的比例较为合适。

4. 权益乘数

权益乘数又称股本乘数,是指资产总额相对于所有者权益总额的倍数,其计算公式为:

$$\text{权益乘数} = \text{资产总额} / \text{所有者权益总额}$$

权益乘数代表企业所有可供运用的总资产是所有者权益的几倍。该乘数越大,说明所有者投入的资本在资产中所占比重越小,债权人的权益保护程度越低,同时也说明企业向外融资的财务杠杆倍数越大,企业将承担较大的风险。但是,若企业营运状况刚好处于上升趋势中,较高的权益乘数反而可以创造更高的企业利润,通过提高企业的净资产收益率,能对企业的股票价值产生正面激励效果。

权益乘数是资产权益率的倒数,所有者权益除以资产是资产权益率,资产除以所有者权益就称为权益乘数,经过推导后可以表示为:

$$权益乘数 = 1/(1-资产负债率)$$

权益乘数和资产负债率两个指标都是衡量企业长期偿债能力的指标,可以互相补充,因此权益乘数的分析可以参见对资产负债率的分析。但两者之间也存在区别,权益乘数侧重于揭示资产总额与所有者权益的倍数,倍数越大,说明企业资产对负债的依赖程度越高,风险越大。资产负债率侧重于揭示总资本中有多少是靠负债取得的,说明长期债务偿付安全性的物质保障程度。

▶【例9-7】光明乳业权益乘数分析

光明乳业2018—2022年权益乘数分析情况如表9-7所示。

表9-7 光明乳业2018—2022年权益乘数分析表

项目	2022年年报	2021年年报	2020年年报	2019年年报	2018年年报
资产总额(万元)	2,445,233.67	2,345,040.10	2,030,991.03	1,763,710.68	1,793,375.94
所有者权益总额(万元)	1,054,825.24	1,035,190.22	891,526.41	741,694.10	678,481.30
权益乘数(倍)	2.32	2.27	2.28	2.38	2.64

光明乳业权益乘数较为稳定,由于产权比率、权益乘数与资产负债率具有极强相关性,在实际分析中,以上三个指标选择一到两个指标进行计算即可。

5. 长期资本负债率

长期资本负债率是指非流动负债占长期资本的百分比,其计算公式为:

$$长期资本负债率 = 非流动负债/(非流动负债+所有者权益) \times 100\%$$

长期资本指的是企业的长期筹资来源,由非流动负债和所有者权益构成。

长期资本负债率的实质就是长期资本中非流动负债所占的比例,在资本结构管理中经常使用该指标。流动负债经常变化,因此,本指标剔除了流动负债。如果企业不存在流动负债的话,该指标与资产负债率是一样的。

(二)总债务流量比率

1. 利息保障倍数

1)利息保障倍数指标的计算

利息保障倍数,又称已获利息倍数(或叫作企业利息支付能力,这样比较容易理解),是指企业生产经营所获得的息税前利润与利息费用的比率(企业息税前利润与利息费用之比),其计算公式为:

$$利息保障倍数 = 息税前利润/利息费用$$

上述公式中,息税前利润是指企业支付利息和交纳所得税之前的利润,可以用"利润总额加利息费用"来计算。利息费用是指企业本期发生的全部利息,包括财务费用中的利息和计入固定资产成本的资本化利息。

该指标是衡量企业支付负债利息能力的指标（用以衡量偿付借款利息的能力）。企业生产经营所获得的息税前利润与利息费用相比，倍数越大，说明企业支付利息费用的能力越强。因此，债权人要分析利息保障倍数指标，以此来衡量债权的安全程度。

一般来说，利息保障倍数要大于1。该指标越大，说明支付债务利息的能力越强。就一个企业某一时期的利息保障倍数来说，应与本行业该项指标的平均水平比较，或与本企业历年该项指标的水平比较，评价企业的指标水平。

2）利息保障倍数指标分析时应注意的问题

第一，利息保障倍数是从偿付债务利息资金来源的角度考查债务利息的偿还能力，反映企业息税前利润为所需支付债务利息的多少倍。如果该指标刚好等于1，表明企业刚好能赚取相当于借款利息的收益，但是由于息税前利润受经营风险的影响，此时支付利息仍然缺乏足够的保障。企业经营风险越大，要求的利息保障倍数越大。息税前利润是利息支出的来源，需要提供所得税和净利润，因此，利息保障倍数为1是不够的，必须大于1。

第二，利息保障倍数究竟多少才是合理的，对于该指标的衡量，没有绝对的标准，需要与其他企业，特别是本行业平均水平进行比较，分析本企业的指标水平，并且最好比较本企业连续几年的数据，要选择最低指标年度的数据作为标准。这是因为，经营好的年度和经营差的年度都要偿还大约同量的债务利息，采用指标最低年度的数据，可以估测企业最低的偿债能力，符合谨慎性原则。

第三，分析利息保障倍数时，还要特别注意一些非付现费用问题。

> 【例9-8】光明乳业利息保障倍数分析

光明乳业2018—2022年利息保障倍数分析情况如表9-8所示。

表9-8　光明乳业2018—2022年利息保障倍数分析表

项目	2022年年报	2021年年报	2020年年报	2019年年报	2018年年报
息税前利润（万元）	65,778.87	80,983.82	125,900.63	122,170.98	103,306.95
利息费用（万元）	15,988.40	10,993.47	10,209.45	14,793.24	24,076.39
利息保障倍数（倍）	4.11	7.37	12.33	8.26	4.29

光明乳业利息保障倍数2021—2022年不断下降，其中2022年仅有4.11倍，说明企业的息税前利润是利息费用的4.11倍，企业利润偿付利息是有保障的，但是此数值并不算非常高，且变动趋势为下降，还是应当引起光明乳业管理层的重视，注意规避长期偿债风险。

2. 现金流量利息保障倍数

现金流量利息保障倍数是指经营活动现金净流量相对于利息费用的倍数，其计算公式为：

现金流量利息保障倍数＝经营活动现金净流量／利息费用

上述公式中的经营活动现金净流量，通常使用现金流量表中的"经营活动产生的现金流量净额"，而利息费用可以用财务费用金额作为利息费用，也可以根据财务报表附注确定更准确的利息费用金额。

该指标反映了企业在一定时期内经营活动所取得的现金是现金利息支出的多少倍，更明确地表明了企业用经营活动所取得的现金偿付债务利息的能力。它比以收益为基础的利息保障倍数更可靠,因为实际用以支付利息的是现金,而非收益。

现金流量利息保障倍数是以现金为基础的利息保障倍数,表明每1元利息费用有多少倍的经营活动现金净流量作为保障。

3.现金流量债务比

现金流量债务比是指经营活动现金净流量与债务总额的比率,其计算公式为:

$$现金流量债务比 = 经营活动现金净流量 / 债务总额 \times 100\%$$

上述公式中的经营活动现金净流量,通常使用现金流量表中的"经营活动产生的现金流量净额",而债务总额一般采用期末数而非平均数,因为实际需要偿还的是期末金额,而非平均金额。现金流量债务比表明企业用经营活动现金净流量偿付全部债务的能力。

该指标表明企业在债务期内预计的经营活动现金净流量对全部债务的保障程度,反映企业长期偿债能力。该指标越大,表明企业经营活动产生的现金流量净额越多,能够保障企业按期偿还到期债务,降低企业财务风险。

▶【例9-9】光明乳业现金流量债务比分析

光明乳业2018—2022年现金流量债务比分析情况如表9-9所示。

表9-9 光明乳业2018—2022年现金流量债务比分析表

项目	2022年年报	2021年年报	2020年年报	2019年年报	2018年年报
经营活动现金净流量(万元)	66,713.73	205,848.12	215,859.51	240,971.59	145,363.61
债务总额(万元)	1,390,408.43	1,309,849.88	1,139,464.62	1,022,016.58	1,114,894.65
现金流量债务比	4.80%	15.72%	18.94%	23.58%	13.04%

光明乳业的现金流量债务比从2020年开始不断下降,从2019年的23.58%下降到2022年的4.80%,说明企业用经营活动现金净流量偿付债务的长期偿债能力逐年减弱,主要原因是经营活动现金净流量不断下降。

二、长期偿债能力的影响因素分析

(一)资本结构

资本结构是指企业各种资本的构成及其比例关系。企业筹资的渠道和方式尽管有多种,但企业全部资本归结起来不外乎是权益资本和债务资本两大类。

权益资本和债务资本的作用不同。权益资本是企业创立和发展最基本的因素,是企业拥有的净资产,它不需要偿还,可以在企业经营中永久使用,同时权益资本也是股东承担民事责任的限度,如果借款不能按时归还,法院可以强制债务人出售财产偿债,因此权益资本就成为借款的基础。权益资本越多,债权人越有保障;权益资本越少,债权人蒙受损失的可能性越大。在资金市场上,企业能否借入资金以及借入多少资金,在很大程度上取决于企业的权益资本实力。

由于单凭自有资金很难满足企业的需要,实际中很少有企业不利用债务资本进行生产经营活动,负债经营是企业普遍存在的现象。此外,债务资本不仅能从数量上补充企业资金的不足,而且由于国家允许在所得税前扣除企业支付给债权人的收益（如债券的利息），降低了融资资金成本，同时负债的利息是固定的，不管企业是否盈利以及盈利多少，都要按约定的利率支付利息。这样，如果企业经营得好，就有可能获取财务杠杆利益。这些都会促使企业维持一定的债务比例。企业的债务资本在全部资本中所占的比重越大，财务杠杆发挥的作用就越明显。一般情况下，负债筹集资金成本较低，弹性较大，是企业灵活调动资金余缺的重要手段。但是，负债是要偿还本金和利息的，无论企业的经营业绩如何，负债都有可能给企业带来财务风险。可见，资本结构对企业长期偿债能力的影响一方面体现在权益资本是承担长期债务的基础，另一方面体现在债务资本的存在可能带给企业财务风险，进而影响企业的长期偿债能力。

（二）盈利能力

企业是否有充足的现金流入供偿债使用，在很大程度上取决于企业的盈利能力。企业对一笔债务总是负有两种责任：一是偿还债务本金的责任；二是支付债务利息的责任。短期债务可以通过流动资产变现来偿付，因为大多数流动资产的取得往往以短期负债为资金来源。而企业的长期负债大多用于长期资产投资，在企业正常生产经营条件下，长期资产投资形成企业的固定资产能力，一般来讲企业不可能靠出售资产作为偿债的资金来源，而只能依靠企业生产经营所得。另外，企业支付给长期债权人的利息支出，也要从所融资创造的收益中予以偿付。可见，企业的长期偿债能力是与企业的盈利能力密切相关的。一个长期亏损的企业，正常生产经营活动都不能进行，保全其权益资本肯定是存在困难的，保持正常的长期偿债能力也就更无保障了。一般来说，企业的盈利能力越强，长期偿债能力越强；反之，则长期偿债能力越弱。如果企业长期亏损，则必须通过变卖资产才能清偿债务，最终要影响投资者和债权人的利益。因此，企业的盈利能力是影响长期偿债能力的重要因素。需要特别指出的是，现金流量状况决定了企业长期偿债能力的保证程度。

（三）企业经营活动现金流量

企业的债务主要用现金清偿，虽然说企业的盈利是偿还债务的根本保证，但是盈利毕竟不等同于现金。企业只有具备充裕的现金，才能保证具有真正的偿债能力。因此，企业经营活动现金流量状况决定了企业长期偿债能力的保证程度。

（四）其他因素

1. 长期租赁

当企业急需某种设备或厂房而又缺乏足够的资金时，可以通过租赁的方式解决。财产租赁的形式包括融资租赁和经营租赁。融资租赁形成的负债大多会反映于资产负债表，而经营租赁则没有反映于资产负债表。当企业的经营租赁量比较大，期限比较长或具有经常性时，就形成了一种长期性筹资，这种长期性筹资，到期时必须支付租金，会对企业的长期偿债能力产生影响。因此，如果企业经常发生经营租赁业务，应考虑租赁费用对长期偿债能力的影响。

2. 或有事项

或有事项是指过去的交易或事项形成的一种状态，其结果须通过未来不确定事项的发生或不发生予以证实，分为或有资产和或有负债。或有资产是指过去交易或事项形成的潜在资产，其存在要通过未来不确定事项的发生或不发生予以证实。产生或有资产会提高企业的偿债能力;产生或有负债会降低企业的偿债能力。因此,在分析企业的财务报表时,必须充分注意有关或有项目的财务报表附注披露,以了解未在资产负债表上反映的或有项目,并在评价企业长期偿债能力时,考虑或有项目的潜在影响。同时,应关注是否有资产负债表日后的或有事项。

3. 承诺

承诺是指企业对外发出的将要承担的某种经济责任和义务。企业为了经营的需要,常常要作出某些承诺,这种承诺有时会大量增加该企业的潜在负债或承诺义务,却没有通过资产负债表反映出来。因此,在进行企业长期偿债能力分析时,财务报表分析者应根据财务报表附注及其他有关资料等,判断承诺变成真实负债的可能性,判断承诺责任带来的潜在长期负债,并作出相应处理。

4. 金融工具

金融工具是指引起一方获得金融资产,并引起另一方承担金融负债或享有所有者权益的契约,与偿债能力有关的金融工具主要是债券和金融衍生工具。

金融工具对企业长期偿债能力的影响主要体现在两个方面。

(1)金融工具的公允价值与账面价值发生重大差异,但并没有在财务报表中或财务报表附注中揭示。

(2)未能对金融工具的风险程度恰当披露。财务报表分析者在分析企业的长期偿债能力时,要注意结合具有资产负债表表外风险的金融工具,分析信贷风险集中的信用项目和金融工具项目,以此综合起来对企业长期偿债能力作出判断。

▶ 本章总结

本章的重点是对企业偿债能力进行分析,包括短期偿债能力和长期偿债能力,需要掌握的是短期偿债能力和长期偿债能力衡量指标和衡量方法。短期偿债能力的衡量指标包括营运资金、流动比率、速动比率、现金比率、现金流量比率等;长期偿债能力的衡量指标包括总债务存量比率、总债务流量比率等。另外要掌握以上指标的衡量方法,如资产负债率是否越低越好,不同的信息使用者对资产负债率又有何要求。通过学习本章内容,应该能够对企业偿债能力进行分析与评价,找出企业偿债能力存在的问题,识别企业的风险并提出改善措施。

▶ 思政小课堂

陈金英,女,汉族,1931年12月生,浙江省丽水市兴华羽绒制品有限公司负责人。陈金英53岁时办厂,3000元起家,艰难创业。当企业遭遇困难欠下巨款,80岁的她选择勇敢担当。为了还债,她顶着寒风摆地摊,90岁时终于还清所有债务,被人们誉为"诚信奶奶"。

20世纪80年代初,退休后的陈金英创办了专门为老年人做羽绒服的服装厂。2011年9月该服装厂因股东撤资引发资金链断裂,导致欠下了2,077万元的巨额债务。这一年,陈金英已经80岁。有人劝她申请破产,剩下的债务就不用还了。她没有这样选择,而是将厂房低价转让,又卖掉了名下的两套房子,还了1,800万元,还剩欠款277万元。有的债主看她年事已高,提出"还不上就算了"。陈金英说:"做人要诚信,不管怎样我都不能失信于人,钱是一定会还的。做人,背可以驼,但腰不能弯!"

81岁的陈金英租了一个小厂房,带领老员工们继续生产。可是羽绒服销路不畅,产品积压。到年底,她甚至无法支付12名员工的工资。陈金英横下一条心,一有时间就到街头摆摊卖羽绒服,好不容易凑齐了12万元,她将钱交给员工,让他们过了一个安心年。就这样,她把钱存起来,一笔一笔偿还债务。直到2021年春节前夕,90岁的陈金英还完了最后一笔7万元欠款,划掉了还款名单上最后一个名字。

10年、90岁、2077万元,这三个数字叠加在一起,闪烁的是奋斗的火花,是诚信的光芒。老人的背越来越弯,但她的腰杆越来越直。陈金英用自己的行动,弘扬了诚信向善的社会风气,诠释了"一诺千金"的深刻内涵。

(资料来源:2021年度"中国好人"事迹巡礼·浙江——陈金英[EB/OL].[2024-03-18].https://baijiahao.baidu.com/s?id=1724429258992288845&wfr=spider&for=pc,有改动。)

9-1 拓展阅读

9-2 微课视频

第十章 企业发展能力分析

CAIWU BAOBIAO FENXI
JIAOCHENG

学习目标

本章学习的主要目标是使学生掌握企业发展能力分析的内涵、意义、内容和相关指标的计算与分析。

◇ **知识目标**

掌握发展能力的内涵,了解发展能力分析的意义和内容;理解不同财务分析主体对企业发展能力的要求;了解发展能力分析与盈利能力、营运能力和偿债能力分析之间的关系;掌握反映发展能力的财务指标体系。

◇ **能力目标**

熟练应用各种发展能力指标对企业的发展能力进行分析;能够从各方面准确分析企业的发展能力,进而评价企业整体的财务状况,发现企业在经营中存在的问题并提出改善对策。

◇ **德育目标**

理解可持续发展的内涵,对国家的可持续发展战略和绿色发展战略有所了解。

思维导图

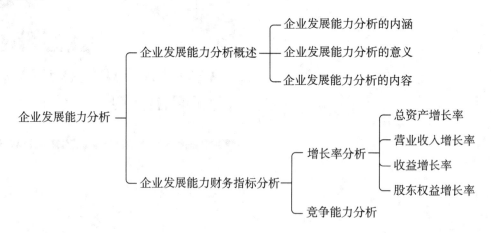

第一节 企业发展能力分析概述

一、企业发展能力分析的内涵

企业发展能力,又称为企业的增长能力或成长能力,是指企业的未来发展趋势与发展速度,包括企业规模的扩大,利润和所有者权益的增加。企业发展能力是随着市场环境变化的,包括企业资产规模、盈利能力、市场占有率持续增长的能力,反映了企业未来的发展前景。根据很多企业因成长过快而破产的事实可知,增长率达到最大化不一定代表企业价值达到最大化,增长并不是一件非要达到最大化不可的事情。在很多企业,保持适度的增长率,在财务上积蓄能量是非常有必要的。总之,从财务角度看,企业的发展必须具有可持续性的特征,即在不耗尽财务资源的情况下,企业财务具有增长的最大可能。

企业发展能力分析是一个动态与静态相结合的分析过程。一方面,企业价值在很大程度上取决于未来的盈利能力,取决于营业收入、收益及股利的未来增长,而不是企业过去或者目前所取得的收益情况;另一方面,在企业的经营管理过程中,无论是致力于增强盈利能力、偿债能力,还是提升资产营运效率,其根本目的均在于确保企业未来的持续活力与发展能力。发展能力不仅代表了企业的综合实力,更是其盈利能力、营运能力和偿债能力的综合体现,体现了企业持续、稳健发展的核心动力。因此,要全面衡量一个企业的价值,就不应该仅仅从静态的角度分析其经营能力,而更应该从动态的角度出发,分析和预测企业的经营发展水平,即发展能力。

二、企业发展能力分析的意义

企业的可持续发展对股东、潜在投资者、经营者、债权人等各利益相关方至关重要,因此,有必要对企业的发展能力进行深入分析。企业发展的核心是企业价值的增长,但由于企业价值评估较困难,要全面衡量一个企业的价值,就不能仅仅从静态的角度分析其财务状况和经营能力,而是更应该从动态的角度出发分析企业的发展能力。因此,发展能力分析是企业财务分析的一个重要方面。

分析企业的发展能力,可以抑制企业的短期行为。企业的短期行为集中表现为追求眼前的利润,忽视企业资产的保值增值。为了实现短期利润目标,有些企业不惜采用拼设备、拼消耗、少计费用和成本等手段。增加了对企业发展能力的考核后,不仅要考核企业当前实现的利润,还要考核企业资产的保值增值情况,这就可以从一定程度上抑制企业的短期行为,真正增加企业的经济实力,实现企业的可持续发展。

基于此,企业发展能力分析对各利益相关方的意义主要体现在以下四个方面。

一是对于股东来说,通过发展能力分析,可以衡量企业创造股东价值的程度,从而为下一步战略行动提供依据。

二是对于潜在投资者来说,通过发展能力分析,可以评价企业的成长及其持续性,从而选择合适的目标企业并作出正确的投资决策。

三是对于经营者来说,通过发展能力分析,可以发现影响企业未来发展的关键因素,有利于企业制定正确的发展策略和财务策略,从而为实现企业的可持续发展奠定基础。

四是对于债权人来说,通过企业发展能力分析,可以判断企业未来的盈利能力、偿债能力,为企业作出正确的信贷决策提供依据。

三、企业发展能力分析的内容

企业发展的内涵是企业价值的增长,企业价值的增长分析应当是企业发展能力分析的核心。但是鉴于企业价值增长计算比较困难,所以在分析发展能力的时候可以转换一个思路进行分析,即不计算企业价值的增长,而重点关注影响企业价值增长的因素,也就是对发展能力的驱动因素进行分析。从企业发展能力形成角度分析发展能力主要体现在前后期的资产、营业收入、收益、股东权益的对比;从企业发展能力结果角度分析发展能力体现在股东权益增加值的增长情况。但是,仅仅利用增加额只能说明企业在某一方面的增加额度,无法反映企业在某一方面的增减幅度,既不利于不同规模企业之间的横向对比,又不能准确反映企业的发展能力,因此在实践中,发展能力分析主要包括增长率分析、股东权益增加值分析和竞争能力分析。

(一)增长率分析

企业价值要增长,就要依赖于资产、营业收入、收益、股东权益等方面的不断增长。增长率分析是对总资产增长率、营业收入增长率、收益增长率、股东权益增长率等指标进行分析。

(二)股东权益增加值分析

股东权益增加值分析主要通过比较不同时期的股东权益增加值增减变化,分析企业股东价值增减情况及其原因,从而评价企业的成长性。

(三)竞争能力分析

竞争能力分析主要通过比较产品或服务的市场占有率、市场覆盖率、产品或服务竞争能力、企业竞争策略等,对参与竞争的企业的实力作出合理的分析和评价。

第二节 企业发展能力财务指标分析

一、增长率分析

增长率分析的财务指标主要有总资产增长率、营业收入增长率、收益增长率和股东权益增长率。

(一)总资产增长率

1. 总资产增长率指标的计算

总资产增长率是企业本期总资产增加额同期初资产总额的比率。总资产增长率可以衡量企业本期资产规模的增长情况,评价企业经营规模总量上的扩张程度,其计算公式如下:

$$总资产增长率 = 本期总资产增加额 / 期初资产总额 \times 100\%$$

其中,本期总资产增加额是指企业本期末总资产与期初总资产的差额,计算公式如下:

$$本期总资产增加额 = 期末资产总额 - 期初资产总额$$

若本期总资产增加额为负,用"-"表示,而期初资产总额是指资产总额的期初数。总资产增长率是从企业资产总量方面来衡量企业发展能力的强弱,表明企业在一个经营周期内资产经营规模扩张速度的快慢。总资产增长率为正数,则说明企业本期资产规模增加,资产增长率提高,资产规模变大;相反,总资产增长率为负数,则说明企业本期资产规模缩减,资产出现负增长。

2. 总资产增长率指标分析时应注意的问题

1) 企业资产增长的评价标准

投资者通常希望总资产增长率越高越好,但是要评价企业的资产规模增长是否适当,必须与营业收入增长快慢、利润增长快慢等指标结合起来分析。只有在企业的营业收入增长、利润增长超过资产规模增长的情况下,这种资产规模增长才属于效益型增长,才是适当的、正常的;相反,如果企业的营业收入增长、利润增长远远低于资产规模增长,并且持续存在,则投资者对此应该提高警惕。因此,企业总资产增长率高并不意味着企业的资产规模增长就一定适当。

2) 企业资产增长的来源

企业资产一般来源于负债和所有者权益,因此,企业资产规模变动受负债规模和所有者权益规模两个因素的影响。在其他条件不变的情况下,无论是增加负债规模还是增加所有者权益规模,都会提高总资产增长率。负债规模增加,说明企业对外举债了。所有者权益规模增加可能存在多种原因,如企业吸收了新的投资,或者企业实现了盈利。

如果企业资产的增长完全依赖于负债的增长,而所有者权益在一定时期内没有发生变动或者变动不大,则说明企业不具备良好的发展潜力。企业资产的增加应该主要取决于企业盈利的增加,而不是负债的增加。因为企业只有通过增加股东权益,才有能力继续对外举债,才能进一步扩大资产规模,进而顺利地实现资产的增长,使企业的偿债能力也得到保障。因此,需要正确分析企业资产增长的来源。

> **【例10-1】光明乳业总资产增长率分析**

光明乳业2018—2022年总资产增长率分析情况如表10-1所示。

表10-1 光明乳业2018—2022年总资产增长率分析表(万元)

项目	2022年年报	2021年年报	2020年年报	2019年年报	2018年年报
期末资产总额(万元)	2,445,233.67	2,345,040.10	2,030,991.03	1,763,710.68	1,793,375.94
期初资产总额(万元)	2,345,040.10	2,030,991.03	1,763,710.68	1,793,375.94	1,653,925.74
总资产增长率	4.27%	15.46%	15.15%	−1.65%	8.43%

光明乳业2020—2022年总资产增长率均为正数,说明总资产在不断增加,总资产增长率在2022年为4.27%,相较于2020年和2021年有所下降,说明总资产增速在放缓。

(二)营业收入增长率

1. 营业收入增长率指标的计算

市场是企业生存和发展的空间,营业收入是企业价值增长的源泉。一个企业的营业收入越高,说明其在市场所占的份额越多,企业生存和发展的市场空间也越大,因此可以用营业收入增长率来反映企业在销售方面的发展能力,其计算公式如下:

营业收入增长率＝本期营业收入增加额／上期营业收入×100%

其中,本期营业收入增加额是指企业本期营业收入与上期营业收入的差额,计算公式如下:

本期营业收入增加额 ＝ 本期营业收入－上期营业收入

若本期营业收入增加额为负,用"－"表示。

需要说明的是,如果上期营业收入为负,则应取其绝对值代入公式进行计算。该公式反映的是企业在一定时期内整体销售增长情况。营业收入增长率为正数,则说明企业本期营业收入规模增加,指标越大,说明企业营业收入增长得越快,销售情况越好;营业收入增长率为负数,则说明企业营业收入规模减小,销售出现负增长,销售情况较差。

2. 营业收入增长率指标分析时应注意的问题

1)营业收入增长的效益性

如果营业收入的增加主要依赖于资产的相应增加,即营业收入增长率低于总资产增长率,说明这种营业收入增长不具有效益性,同时也反映出未来企业在营业收入方面的成长性并不好,可持续发展能力不强。在正常情况下,企业的营业收入增长率应高于总资产增长率,这样才能说明企业在营业收入方面具有较好的发展性。可见,要判断企业在营业收入方面是否具有较好的发展性,必须分析营业收入增长是否具有效益性。

2)营业收入增长的趋势

在对营业收入增长率指标进行实际分析时,应结合企业较长期的历年营业收入水平、企业市场占有情况、行业未来发展及其他影响企业发展的潜在因素进行前瞻性预测,或结合企业前三年的营业收入增长率来做趋势性分析判断。同时,在分析过程中要确定比较标准,因为单独的一个发展能力指标并不能说明所有的问题,只有在企业之间或本企业各年度之间进行比较才有意义。

3)根据某产品或服务的营业收入增长率指标分析企业的生命周期阶段

一种产品或服务的生命周期一般可划分为投放期、成长期、成熟期和衰退期四个阶段。投放期,营业收入增长率较小;成长期,营业收入增长率较大;成熟期,营业收入增长率较上期变动不大;衰退期,营业收入增长率表现为负数。根据这个原理,大致可以分析企业产品或服务所处的生命周期阶段,判断企业的发展前景。

▶【例10-2】光明乳业营业收入增长率分析

光明乳业2018—2022年营业收入增长率分析情况如表10-2所示。

表10-2　光明乳业2018—2022年营业收入增长率分析表

项目	2022年年报	2021年年报	2020年年报	2019年年报	2018年年报
本期营业收入（万元）	2,821,490.80	2,920,599.25	2,522,271.60	2,256,323.68	2,098,556.04
上期营业收入（万元）	2,920,599.25	2,522,271.60	2,256,323.68	2,098,556.04	2,167,218.52
营业收入增长率	－3.39%	15.79%	11.79%	7.52%	－3.17%

光明乳业营业收入增长率2019—2021年为正数,说明这几年营业收入相较于上一年有不同程度的增长,但是2022年营业收入增长率为-3.39%,说明2022年光明乳业营业收入较2021年有所下降。

(三)收益增长率

1. 收益增长率指标的计算

一个企业的价值很大程度上取决于其盈利及增长能力,所以企业的收益增长是反映企业发展能力的重要方面。收益在会计上表现为营业利润、利润总额、净利润等多项指标,因此,相应的收益增长率也具有不同的表现形式。通常使用的指标是净利润增长率、营业利润增长率。

1) 净利润增长率

净利润是企业经营业绩的反映,净利润的增长是企业成长性的基本表现。净利润增长率是本期净利润增加额与上期净利润之比,其计算公式如下:

$$净利润增长率 = 本期净利润增加额 / 上期净利润 \times 100\%$$

需要说明的是,如果上期净利润为负,则应取其绝对值代入公式进行计算。该公式反映的是企业净利润的增长情况。该指标为正,说明企业本期净利润增加,该指标越大,说明企业净利润增长得越多;该指标为负,则说明企业净利润减少,收益下降。

▶【例10-3】光明乳业净利润增长率分析

光明乳业2018—2022年净利润增长率分析情况如表10-3所示。

表10-3 光明乳业2018—2022年净利润增长率分析表

项目	2022年年报	2021年年报	2020年年报	2019年年报	2018年年报
本期净利润(万元)	39,115.69	56,689.36	78,514.20	68,245.24	52,659.40
上期净利润(万元)	56,689.36	78,514.20	68,245.24	52,659.40	81,810.88
净利润增长率	-31.00%	-27.80%	15.05%	29.60%	-35.63%

光明乳业净利润增长率在2021年和2022年均有大幅度下滑,其中2021年净利润增长率为-27.80%,2022年净利润增长率为-31.00%,光明乳业管理层应当积极采取措施,防止净利润进一步下降。

2) 营业利润增长率

如果一个企业营业利润增长,但营业收入并未增长,也就是说其利润的增长并不是来自营业收入,这样的增长也是不能持续的,随着时间的推移终将消失。因此,利用营业利润增长率这一指标也可以较好地考查企业的发展能力。营业利润增长率是本期营业利润增加额与上期营业利润之比,其计算公式如下:

$$营业利润增长率 = 本期营业利润增加额 / 上期营业利润 \times 100\%$$

该指标反映企业营业利润的变动水平,是企业发展能力的基本表现。需要说明的是,如果上期营业利润为负,则应取其绝对值代入公式进行计算。该公式反映的是企业营业利润的增长情况。该指标为正,说明企业本期营业利润增加,该指标越大,说明企业营业利润增长得越多;该指标为负,则说明企业营业利润减少,收益下降。

> 【例10-4】光明乳业营业利润增长率分析

光明乳业2018—2022年营业利润增长率分析情况如表10-4所示。

表10-4 光明乳业2018—2022年营业利润增长率分析表

项目	2022年年报	2021年年报	2020年年报	2019年年报	2018年年报
本期营业利润（万元）	54,120.88	65,686.52	119,637.85	113,517.21	87,850.08
上期营业利润（万元）	65,686.52	119,637.85	113,517.21	87,850.08	110,111.64
营业利润增长率	−17.61%	−45.10%	5.39%	29.22%	−20.22%

光明乳业营业利润增长率2019和2020年分别为29.22%和5.39%,说明这两年营业利润相较于上一年有不同程度的增加,但是2021年营业利润增长率−45.10%,2022年又下降为−17.61%,说明2021年和2022年营业利润均有较大幅度的减少,应当引起光明乳业管理层的重视。

2. 收益增长率指标分析时应注意的问题

在分析企业净利润增长率时,应结合营业收入增长率或营业利润增长率共同分析。如果企业的净利润增长率高于营业收入增长率或营业利润增长率,则表明企业产品或服务盈利能力在不断提高,企业正处于高速成长阶段,具有良好的发展能力;相反,如果企业净利润增长率低于营业收入增长率特别是营业利润增长率,表明企业成本费用的上升超过了营业收入的增长,反映出企业发展能力较差。

在分析营业利润增长率时,应结合企业的营业收入增长情况一起分析。如果企业的营业利润增长率高于企业的营业收入增长率,则说明企业的产品或服务正处于成长期,业务不断拓展,企业的盈利能力不断提高;反之,如果低于营业收入增长率,则反映出企业成本费用的上升超过了营业收入的增长,说明企业盈利能力不强,发展潜力值得怀疑。

需要注意的是,应将企业连续多年的净利润增长率、营业利润增长率指标进行对比分析,这样可以排除个别时期一些偶然性和特殊性因素的影响,从而全面真实地揭示企业是否具有持续稳定的发展能力。

(四)股东权益增长率

股东权益增加是驱动剩余收益增长的因素之一。股东权益增长率也叫资本积累率,反映了企业所有者权益在当期的变动水平,体现了企业的资本积累情况,是企业发展强盛的标志,是评价企业发展能力的重要指标,其计算公式如下:

$$股东权益增长率 = 本期股东权益增加额 / 股东权益期初余额 \times 100\%$$

股东权益增长率反映了投资者投入企业资本的保全性和增长性,该指标越高,表明企业资本积累越多;若该指标为负值,则表明企业资本受到侵蚀,所有者权益受到损害。

股东权益增长率反映了企业资本积累的增长情况,体现了企业的发展趋势和水平,资本增长是企业发展壮大的标志,也是企业扩大再生产的源泉,在没有新的所有者资本投入的情况下,该指标反映了投资者投入资本的保全和增长情况,该指标越高,说明资本的保值增值能力越强,企业可以长期使用的资金越充裕,应对风险和持续发展的能力也越强。

> 【例 10-5】光明乳业股东权益增长率分析

光明乳业 2018—2022 年股东权益增长率分析情况如表 10-5 所示。

表 10-5　光明乳业 2018—2022 年股东权益增长率分析表

项目	2022 年年报	2021 年年报	2020 年年报	2019 年年报	2018 年年报
本期股东权益（万元）	1,054,825.24	1,035,190.22	891,526.41	741,694.10	678,481.30
上期股东权益（万元）	1,035,190.22	891,526.41	741,694.10	678,481.30	668,245.11
股东权益增长率	1.90%	16.11%	20.20%	9.32%	1.53%

光明乳业股东权益增长率 2018—2022 年均为正数,说明每年的股东权益相较于上一年有不同程度的增长,但是 2022 年的股东权益增长率相较于前几年明显下降,具体原因应当结合光明乳业的资产负债表和所有者权益变动表进行分析。

上述指标中总资产增长率、营业收入增长率、收益增长率、股东权益增长率,分别从资产、营业收入、收益和股东权益等不同方面考查了企业的发展能力。

企业资产是取得营业收入的保障,要实现营业收入的增长,在资产效率一定的条件下就要扩大资产规模。要扩大资产规模,一方面可以通过负债融资来实现,另一方面可以依赖股东权益的增长,即净利润和净投资的增长。

营业收入的增长是企业收益增长的主要来源,也是企业价值增长的源泉。一个企业只有不断开拓市场,保持稳定的市场份额,才能不断扩大收益,增加股东权益。同时,为企业进一步扩大市场、开发新产品或服务和进行技术创新提供资金来源,最终促进企业的进一步发展。

收益的增长主要表现为净利润的增长,而对于一个持续发展的企业,净利润的增长应该主要来源于营业利润,而营业利润的增长在营业利润增长率保持不变的情况下,主要取决于营业收入的增加。

股东权益的增长,其来源可划分为两大方面。一方面,它源自净利润的累积。净利润的形成,主要基于企业营业利润的贡献,而营业利润则直接受营业收入的影响。在资产使用效率保持稳定的情况下,营业收入的增长往往需要依赖资产投入的增加。另一方面,股东权益的增长也来自股东的净投资。净投资的规模,则取决于本期股东投资资本的规模以及相应的资本运作决策。这两大方面共同促进了股东权益的增长。

总资产增长率、营业收入增长率、收益增长率和股东权益增长率这四类增长率之间是相互联系、相互作用的。只有企业的总资产增长率、营业收入增长率、收益增长率和股东权益增长率保持同步增长,且不低于行业平均水平,才可以判定这个企业具有良好的发展能力。

二、竞争能力分析

企业未来的发展能力,主要取决于企业的竞争能力。企业竞争能力综合表现在产品或服务的市场占有情况上。因此,通过分析企业产品或服务市场占有情况,就可以对企业竞争能力作出评价。

(一)市场占有率分析

市场占有率是反映企业市场占有情况的一个基本指标,是指在一定时期、一定市场范围内,企业某种产品或服务的销售量占市场上同种产品或服务的销售量的比重。

一般是将本企业的市场占有率与主要竞争对手进行对比分析。一方面,要通过对比分析看到本企业的差距或优势;另一方面,还要进一步寻找其原因。影响市场占有率的因素有很多,主要有市场需求状况、竞争对手的实力和本企业产品或服务的竞争能力、生产规模等因素。

(二)市场覆盖率分析

市场覆盖率是反映企业市场占有状况的又一重要指标,是指本企业某种产品或服务行销的地区数与同种产品或服务行销地区总数的比率。要想利用该指标说明企业竞争能力,就必须与竞争对手进行对比分析。影响市场覆盖率的主要因素有不同地区的需求结构、经济发展水平、民族风俗习惯、竞争对手的实力、本企业产品或服务的竞争能力及地区经济政策等。通过计算和对比分析市场覆盖率,可以考查企业产品或服务现在行销的地区,研究可能行销的地区,揭示产品或服务行销或服务不广的原因,有利于企业扩大竞争地域范围、开拓产品或服务的新市场、提高企业的竞争能力。

(三)产品或服务竞争能力分析

产品或服务竞争能力分析主要从以下四个方面进行。

1.产品或服务质量的竞争能力分析

产品或服务质量的优劣是产品或服务有无竞争能力的首要条件。提高产品或服务质量,是提高企业竞争能力的主要手段。本企业的产品或服务质量不好,不仅会损害消费者的利益,还会直接影响企业的信誉、产品或服务的销路、企业的市场竞争能力,进而影响企业的发展能力。

产品或服务质量的特征,可以概括为性能、寿命、安全性、可靠性、经济性和外观六个方面。分析企业产品或服务质量的竞争能力,就是将本企业产品或服务的有关质量指标与国家标准、竞争对手、用户的要求分别进行对比,从而了解本企业产品或服务质量的水平与差距,对本企业产品或服务质量的竞争能力作出客观评价。

2.产品或服务品种的竞争能力分析

企业要根据市场变化和新技术的发展,不断调整产品或服务结构,积极改进老产品或服务,主动开发新产品或服务、新品种,才能使企业的产品或服务保持竞争能力。产品或服务品种的竞争能力,应从产品或服务品种占有率和新品种开发两个方面进行分析。

3.产品或服务成本和价格的竞争能力分析

成本是价格的基础,成本高低决定着产品或服务价格竞争能力的强弱。成本越低,销售产品或服务的价格升降余地越大,竞争能力也就越强。所以,要通过与主要竞争对手或同行业成本最低的企业进行成本水平的对比分析,从而对本企业的价格竞争能力作出正确评价,并指出成本水平的差距及原因,提出有效对策,以进一步降低成本,提高企业的价格竞争力。

4. 销售服务的竞争能力分析

销售服务是影响企业竞争力的一个重要方面。强化销售服务是密切企业与用户关系、提升企业信誉、扩大销售、占领市场、提高企业竞争能力的重要手段。不仅要做好售前服务,而且也要做好售后服务。分析内容包括:调查用户对销售服务的要求;分析本企业销售服务的质量;分析研究本企业销售服务的技术力量满足需要的程度;调查用户对销售服务的满意程度和要求;对比分析本企业和竞争对手在服务方面的优劣。

(四)企业竞争策略分析

企业的竞争能力是否能得到正常或者最大限度的发挥,关键在于企业竞争策略正确与否。企业的竞争策略是指企业根据市场的发展和竞争对手的情况制定的经营方针。企业竞争策略可以归纳为以下几个方面:以优质取胜、以创新取胜、以价廉取胜、以快速交货取胜、以优质服务取胜、以信誉取胜等。

分析企业的竞争策略,要结合本企业的经济效益,并与主要竞争对手比较,分析研究现在采取的竞争策略存在哪些问题或潜力;根据市场形势及竞争格局的变化,提出本企业的竞争策略将要作出哪些改变。

通过上述竞争能力的分析,对企业的总体竞争能力在本地区、同行业中的位置作出客观评价,从而对企业发展能力作出合理的分析和评价。

本章总结

本章的学习重点是能够对企业发展能力进行分析和评价,要掌握相关的财务指标及分析方法。我们可以用总资产增长率、营业收入增长率、收益增长率、股东权益增长率等指标来衡量企业的发展能力,在分析时不能简单地计算分析,而是要把各种指标结合比较,衡量企业综合的发展能力,如当企业的资产增长而营业收入却没有同比增长的时候,这种增长就是缺乏效益性的。另外要注意结合当前国家的各项政策,判断企业是否能够实现可持续发展。

思政小课堂

习近平总书记指出,"绿色发展是生态文明建设的必然要求""人类发展活动必须尊重自然、顺应自然、保护自然",要"以对人民群众、对子孙后代高度负责的态度和责任,真正下决心把环境污染治理好、把生态环境建设好,努力走向社会主义生态文明新时代"。党的十八大以来,我们党鲜明提出了创新、协调、绿色、开放、共享的新发展理念,实现了生态文明建设与经济建设、政治建设、文化建设、社会建设高度融合。在推进生态文明建设、实现绿色发展进程中,必须深刻认识绿色发展在新发展理念中的重要地位,掌握绿色发展同创新、协调、开放、共享发展的相互关系。

绿色发展必须依托创新发展所拥有的科技力量与智能资源,以生产与经营领域的科技创新成果为支撑，借力科技成果、劳动者知识与智慧把生产成本、经营成本降到最低，把生产和经营过程中产生的废弃物及其对环境造成的影响降到最低，依靠科技创新破解绿色发展难题，特别是关键技术难题，形成人与自然和谐发展新格局。创新发展必须遵循绿色发展理念，适应绿色发展的要求，在将科技成果运用于生产与经营过程时必须充分考虑并防范新科技成果给生产和经营活动可能带来的负效应及其对环境造成的破坏，不能让创新发展以经济效率为唯一目的。绿色发展与创新发展相互贯通、相互促进：绿色发展对创新发展具有约束作用而使之具有环保性、生态性；创新发展对绿色发展具有动力支撑作用，创新发展构成绿色发展的技术支点或智能依托。

中国特色社会主义进入新时代，我国社会主要矛盾已经转化为人民日益增长的美好生活需要和不平衡不充分的发展之间的矛盾。必须把绿色发展融入协调发展之中，特别是乡村振兴等重大战略之中，在经济社会发展的横向层面获取绿色发展的空间，以引领、约束协调发展实践，提升其绿色发展的要素或成分，真正实现绿色发展的要求。协调发展必须遵循绿色发展理念，在区域协调发展、城乡协调发展，特别是支援革命老区、民族地区、边疆地区、贫困地区的过程中不能忽略这些区域的绿色发展方面的指向，要注重提升这些区域生产方式的层次，维护其生态环境质量。尽管绿色发展与协调发展分属经济发展过程中的两种不同指向，但它们实质上相互贯通、相互促进：绿色发展对协调发展具有牵引辐射作用而使之满足我国经济社会发展的新要求，绿色发展对协调发展具有约束作用而使之整体提升我国绿色发展的"含金量"；协调发展客观上为绿色发展提供"广阔天地"与具体运作路径。

（资料来源：张定鑫.深刻认识绿色发展在新发展理念中的重要地位[EB/OL].[2024-03-16].https://m.gmw.cn/baijia/2019-12/12/33394972.html.）

10-1 拓展阅读

10-2 微课视频

第十一章
企业财务综合分析

CAIWU BAOBIAO FENXI JIAOCHENG

学习目标

本章学习的主要目标是使学生掌握财务综合分析的相关内容和杜邦财务分析体系。

◇知识目标

掌握财务综合分析的相关内容;理解杜邦财务分析体系等财务综合分析的方法。

◇能力目标

熟练应用各种财务综合分析的方法对企业财务状况进行综合分析,进而评价企业整体的财务状况,发现企业在经营中存在的问题并提出改善对策。

◇德育目标

通过对杜邦财务分析体系的分解,能够理解企业高利润、高周转和高负债三种盈利模式的特点,从而理解我国实施科教兴国战略举措的意义。

思维导图

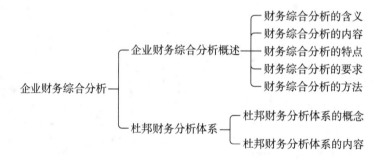

第一节 企业财务综合分析概述

一、财务综合分析的含义

财务综合分析是将企业盈利能力、营运能力、偿债能力和发展能力等方面的分析纳入一个有机的分析系统之中,全面地对企业财务状况和经营成果进行解剖和分析,从而对企业经济效益作出较为准确的评价与判断。

单项财务指标分析不足以全面评价企业财务状况和经营成果,只有系统地、综合地分析各项财务指标,才能对企业财务状况作出全面、合理、正确的评价。财务综合分析的目的就是要全方位表达和披露企业财务状况和经营成果,进而对企业经济效益作出正确合理的判断,为企业资金的筹集、投入、运用、分配等一系列财务活动的决策提供指导。因此，必须进行多项指标或比率之间的相关分析或采用适当的标准对企业财务状况进行综合评价，才能得出对企业财务状况和经营成果的全面、合理、正确的评价。

二、财务综合分析的内容

根据财务综合分析评价的含义和目的，财务综合分析评价至少包括两个方面的内容。

（一）财务目标与财务环节相互关联综合分析评价

企业财务目标是企业价值最大化的体现。企业价值增长的核心在于资本收益能力的提高，而资本收益能力受到企业各方面、各环节财务状况的影响。因此这一部分的分析需要以净资产收益率为核心，并通过对净资产收益率的分解，找出企业经营各环节对其产生影响的程度，从而综合分析评价企业各方面及各环节的经营业绩。

（二）企业经营业绩综合分析评价

虽然财务目标与财务环节的联系分析可以解决单项财务指标分析与单方面分析给评价带来的困难，但由于没能采用某种计量手段给相互关联的指标以综合评价，因此往往难以准确得出企业经营业绩改善与否的定量结论。企业经营业绩综合分析评价正是从解决这一问题的角度出发，利用业绩评价的不同方法对企业经营业绩进行量化分析，最后得出企业经营业绩评价的唯一结论。

三、财务综合分析的特点

财务综合分析是相对于单项财务指标分析而言的，与单项财务指标分析相比，财务综合分析具有以下特点。

（一）分析目的不同

单项财务指标分析的目的是有针对性的，侧重于找出企业财务状况和经营成果某一方面存在的问题，并提出改进措施；财务综合分析的目的是要全面评价企业的财务状况和经营成果，并提出具有全局性的改进意见。显然，只有财务综合分析获得的信息才是最系统、最完整的，单项财务指标分析仅涉及一个领域或一个方面。

（二）分析重点和基准不同

单项财务指标分析的重点和比较基准是财务计划、财务理论标准；而财务综合分析的重点和比较基准是企业整体发展趋势。因此，单项财务指标分析认为每个分析的指标都同等重要，难以考虑各种指标之间的相互关系；而财务综合分析强调各种指标有主、辅之分，一定要抓住主要指标，只有抓住主要指标，才能抓住影响企业财务状况和经营成果的主要矛盾。在主要指标分析的基础上再对辅助指标进行分析，才能分析透彻、把握准确且详尽。各主、辅指标功能应相互协调匹配，在利用主、辅指标时，还应特别注意主、辅指标之间的本质联系和层次关系。

（三）分析方法不同

单项财务指标分析通常把企业财务活动的总体分解为各个具体部分，认识每一个具体部分的财务现象，可以对企业财务状况和经营成果的某一方面作出判断和评价；而财务综合分析则是通过把个别财务现象从财务活动的总体上作出归纳综合，着重从整体上概括财务活动的本质特征。因此，单项财务指标分析具有实务性和实证性，是财务综合分析的基础；财务综合分析是对单项财务指标分析的抽象和概括，具有高度的抽象性和概括性，如果不把具体的问题提高到理性高度来认识，就难以对企业财务状况和经营成果作出全面、合理、正确的评价。因此，财务综合分析要以各单项财务指标及其各种指标要素为基础；要求各单项财务指标要素及计算的各项指标一定要真实、全面和适当，所设置的评价指标必须能够涵盖企业盈利能力、营运能力、偿债能力和发展能力等各方面总体分析的要求。只有把单项财务指标分析和财务综合分析结合起来，才能提高企业财务报表分析的质量。

四、财务综合分析的要求

财务综合分析的特点体现在财务指标的要求上。一个健全有效的综合财务指标体系必须具备三个基本素质：一是指标要素齐全适当；二是主、辅指标功能协调匹配；三是提供的信息具有多维性。指标要素齐全适当，意味着所设置的指标要同时考量企业的盈利能力、营运能力、偿债能力和发展能力等所有内容。

主、辅指标功能协调匹配，实质上强调两个方面：一方面，在进行企业盈利能力、营运能力、偿债能力和发展能力等财务状况和经营成果的评价时，整个综合指标中需要有主要指标和辅助指标，以便明确总体结构分析中各项指标的主、辅作用；另一方面，不同的财务综合分析中，企业应该有不同侧重点，对于债权人而言，进行财务综合分析时的侧重点是盈利能力和偿债能力，但是如果是股东，进行财务综合分析的侧重点则是营运能力和发展能力。

在构建评价指标体系时，必须确保其所提供的信息具备多维性，以满足不同利益方的需求。具体而言，这一体系需要能够涵盖多层次、多角度的信息。例如，对于企业管理当局而言，通过综合指标的呈现，他们能够清晰地识别出企业在经营中存在的问题，从而明确下一步的改进方向。而对于外部投资者而言，财务综合分析则能够协助他们评估投资企业的合理性，以及作出是否需要追加投资的决策。

五、财务综合分析的方法

财务综合分析的方法有很多，包括沃尔评分法、杜邦财务分析体系、雷达图分析法等，其中应用比较广泛的有沃尔评分法和杜邦财务分析体系。

（一）沃尔评分法

沃尔评分法又称评分综合法，是将几种财务比率分别给定其在总评价中所占的分值，总和为100分,然后确定标准比率,并与实际进行比较,评出每项指标的实际得分,最后求出总评分,以总评分来评价企业财务状况和经营成果。

(二)杜邦财务分析体系

杜邦财务分析体系又称杜邦分析法,是利用各主要财务比率的内在联系,对企业财务状况和经营成果进行综合分析和评价的方法。杜邦财务分析体系重点揭示了企业盈利能力及其变动的原因,因最初被美国杜邦公司成功运用而得名。

第二节 杜邦财务分析体系

一、杜邦财务分析体系的概念

杜邦财务分析体系又称杜邦分析法,是由美国杜邦公司的财务管理人员在实践中摸索和建立起来的,对净资产收益率进行要素分析的方法,是财务综合分析方法中比较常用的一种方法。这种方法经美国杜邦公司成功实践后,获得了业界的高度认可,并被公认为企业业绩评价体系中的一项重要且高效的工具。目前,该方法在我国上市公司中也得到了的推广与应用。

为了全面地了解和评价企业财务状况和经营成果,需要利用若干相互联系的财务指标对企业的盈利能力、营运能力、偿债能力等进行综合分析和评价。杜邦财务分析体系正是利用各种主要财务比率的内在联系,建立财务比率分析的综合模型,是对企业财务状况和经营成果进行综合评价和分析的方法。

杜邦财务分析体系是一种很实用的财务综合分析方法,它认为企业的财务状况和经营成果主要取决于企业的盈利能力、营运能力和偿债能力,并从这三个方面进行了具体分析。它以净资产收益率为核心指标,进行层层分解,最后分解至一些最基本的指标要素,可使财务比率分析的层次更清晰、条理更突出。通过分析各分解指标的变动对净资产收益率的影响来揭示企业盈利能力及其变动的原因,能够有效、直观地反映企业盈利能力的各指标间的相互联系,对企业盈利能力、营运能力、偿债能力等进行综合分析和评价。

杜邦财务分析体系为改善企业内部经营管理提供了有益的分析框架。杜邦财务分析体系实际上从两个角度进行分析,一是进行内部管理因素分析,二是进行资本结构和风险分析。

杜邦财务分析体系为企业管理者提供了明确的分析框架,使其能够深入理解净资产收益率的核心影响因素,为制定具体的优化策略指明了方向,包括优化经营结构和理财结构,旨在提升企业的偿债能力和经营效益。具体而言,提高净资产收益率的关键在于扩大销售规模、优化经营结构、控制成本费用、加速资金流转以及调整资本结构等。同时,该体系也为投资人、债权人及政府提供了了解企业资产管理效率的窗口,并评估企业是否能够实现股东投资回报的最大化。

二、杜邦财务分析体系的内容

(一)杜邦财务分析体系的分解

杜邦财务分析体系以净资产收益率为核心指标,可做如下分解(图11-1)。

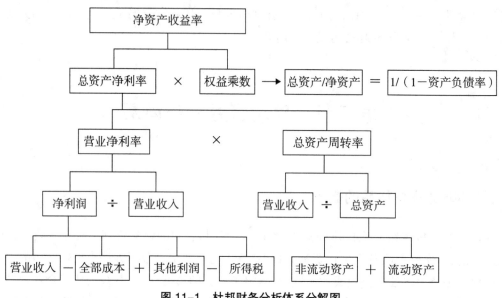

图11-1 杜邦财务分析体系分解图

(1)分解公式。

$$净资产收益率=净利润/净资产$$
$$=(净利润/总资产)\times(总资产/净资产)$$
$$=总资产净利率\times权益乘数$$

(2)由此,我们可以看出净资产收益率主要受企业资产的使用效率和债务利用程度的影响。其中资产的使用效率取决于企业的盈利能力和资产运行速度,所以我们可以再对总资产净利率做进一步分解,分解成营业净利率和总资产周转率。

$$总资产净利率=净利润/总资产$$
$$=(净利润/营业收入)\times(营业收入/总资产)$$
$$=营业净利率\times总资产周转率$$

权益乘数=总资产/(总资产−负债)=总资产/净资产=1/(1−资产负债率)

此时,我们便得到了杜邦财务分析体系的等式:

$$净资产收益率=营业净利率\times总资产周转率\times权益乘数$$

也就是说,影响净资产收益率的因素主要有三个:营业净利率、总资产周转率和权益乘数。这样分析以后,净资产收益率这一综合性指标发生升、降变化的原因被具体化了,定量地说明企业经营管理中存在的问题,比单项财务指标能提供更明确的、更有价值的信息。杜邦财务分析体系的作用是解释指标变动的原因和变动趋势,为企业采取措施指明方向。

(3)当然,为了进行深入的分析,我们可以做进一步分解。

①营业净利率的进一步分解如下。

营业净利率＝净利润/营业收入＝(总营业收入－总成本费用)/营业收入

其中：

总成本费用＝营业成本＋税金及附加＋期间费用＋资产减值损失

②总资产周转率的进一步分解如下。

总资产周转率＝营业收入/总资产＝营业收入/(非流动资产＋流动资产)

其中：

非流动资产＝长期投资＋固定资产＋无形资产＋长期待摊费用＋其他长期资产

流动资产＝货币资金＋有价证券＋应收及预付账款＋存货＋其他流动资产(待摊费用、一年内到期的长期债券投资等)

通过以上对杜邦财务分析体系的核心指标净资产收益率的分解，以及由此形成的指标体系，可以得出：净资产收益率与企业的销售规模、盈利能力、成本水平、营运能力、资产利用率以及资本结构等诸多因素存在密切联系，构成一个相互依存的系统。因此，只有协调好这个系统内各因素之间的关系，才能使净资产收益率达到最大值，实现价值最大化。

杜邦财务分析体系的内容可用图 11-1 来表示，即杜邦财务分析体系分解图，以净资产收益率为核心指标，将有关分析指标按其内在联系进行排列，可较直观地反映出企业财务状况和经营成果的总体面貌。把企业的资产负债表和利润表有机地结合起来，系统地展示出企业盈利能力、营运能力、偿债能力之间的内在联系，展示出企业的资本结构。

> 【例 11-1】光明乳业杜邦财务分析体系因素分解

光明乳业杜邦财务分析体系因素分解情况如表 11-1 所示。

表 11-1　光明乳业杜邦财务分析体系因素分解表

项目	2022 年年报	2021 年年报	2020 年年报	2019 年年报
净资产收益率（%）	3.81	5.86	9.43	9.13
因素分解：				
营业净利率（%）	1.39	1.94	3.11	3.02
总资产周转率（次数）	1.18	1.33	1.33	1.27
权益乘数	2.32	2.27	2.28	2.38

2020—2022 年，光明乳业的净资产收益率呈下降趋势，其中光明乳业 2022 年净资产收益率是 3.81%，2021 年净资产收益率是 5.86%，2022 年相较于 2021 年下降了 2.05 个百分点，根据杜邦财务分析体系分解公式：净资产收益率＝营业净利率×总资产周转率×权益乘数，结合因素分析法，可对净资产收益率下降的原因进行分解。

2021 年净资产收益率分解如下：

$1.94\% \times 1.33 \times 2.27 \approx 5.86\%$　　　　　　　　　　　(1)

第一次替代：$1.39\% \times 1.33 \times 2.27 \approx 4.20\%$　　　　　　(2)

第二次替代：$1.39\% \times 1.18 \times 2.27 \approx 3.72\%$　　　　　　(3)

第三次替代：$1.39\% \times 1.18 \times 2.32 \approx 3.81\%$　　　　　　(4)

由(2)－(1)＝－1.66% 可知，差额为负是受营业净利率下降的影响。由(3)－(2)＝－0.48%

可知,差额为负是受总资产周转率下降的影响。由(4)－(3)＝0.09% 可知,差额为正是受权益乘数上升的影响。经过检验,(－1.66%)＋(－0.48%)＋0.09%＝3.81%－5.86%＝－2.05%,本次计算是正确的。从总体来看,光明乳业2022年的净资产收益率是下降的,下降的主要原因是营业净利率下降。后续可以对营业净利率进行分解,分析其下降的原因。

同理可以对光明乳业2019—2020年、2020—2021年变动情况进行分解,寻找变动原因,对于光明乳业管理当局而言,可以针对下降原因提出改进措施,提高企业的净资产收益率。

(二)杜邦财务分析体系反映的关系

杜邦财务分析体系的作用是解释指标变动的原因和变动趋势,为企业采取措施指明方向。从杜邦财务分析体系分解图上,我们可以直观地看出企业总体的财务状况和经营成果,得到以下有关的财务信息。

(1)净资产收益率是杜邦财务分析体系的核心内容,是一个综合性最强、最有代表性的财务分析指标。它反映了企业所有者投入资金的盈利能力,净资产收益率越高,说明企业所有者投入资金的盈利能力越强。同时,它也反映了企业筹资、投资、资产运营等各项财务及其管理活动的效率。因为净资产收益率的高低主要取决于总资产净利率和权益乘数,总资产净利率反映了企业各项生产经营活动的效率,权益乘数反映了企业的筹资情况,即企业的资金来源结构。通过本层次的分解,我们可以看出,提高净资产收益率有两个基本途径:提高总资产净利率和提高权益乘数。

(2)根据公式可以得出,总资产净利率是营业净利率与总资产周转率的综合体现。因此,净资产收益率主要受三个因素的影响。

一是营业净利率,反映企业所获取的净利润和营业收入的关系,用来考核企业的盈利能力,直接影响着总资产净利率,是最为基础的财务指标。在买方市场条件下,企业经营业绩的好坏更大程度地取决于净利润,而营业净利率正是对企业销售业绩最有效的衡量指标。

二是总资产周转率,是营业收入与总资产之比,是反映总资产营运状况的指标,总资产周转率越大,表明企业资产在一定时期内周转次数越多,周转天数越少,资产利用率越高,用于揭示企业资产实现营业收入的综合能力。影响总资产周转率的一个重要因素是资产总额,其中,资产结构是否合理将直接影响总资产的周转速度。因此,需要对资产的各构成部分从占用量上是否合理进行分析。一般而言,流动资产直接体现企业的偿债能力和变现能力,而非流动资产则体现企业的经营规模与发展潜力,两者之间应该有一个合理的结构比率。例如,流动资产中货币资金所占的比重过大,就应该考虑企业是否存在资金闲置的现象,及其现金持有量是否合理等。此外,还要进一步分析各项资产的使用效率,找出问题所在。对流动资产,要侧重于分析货币资金是否闲置、存货是否积压、应收账款中客户的支付能力及发生坏账损失的可能性;对非流动资产,要侧重于分析企业固定资产是否得到充分的利用。

三是权益乘数,也被称为杠杆率,是一个反映企业资本结构的指标,反映了总资产与所有者权益的比例关系,反映了企业利用财务杠杆进行经营活动的程度。它主要受资产负债率的影响,资产负债率越高,权益乘数就越大。权益乘数越大,财务杠杆系数也就越大,这说明企业负债程度高,会有较多的杠杆利益,但这也会导致较高的财务风险;反之,资产负债率越低,权益乘数就越小,这说明企业负债程度越低,会有较少的杠杆利益,但相应所承担的财务风险也低。

(3)通过以上分析,将各因素加以综合考虑,我们可以看到,提高净资产收益率的途径有以下三种。

第一，提高营业净利率，提升企业的盈利能力。影响营业净利率的主要因素是营业收入与成本费用，这就要求企业一方面要提高产能，扩大销售量，增加营业收入；另一方面要降低成本费用，合理安排成本结构。增加营业收入、降低成本费用是提高营业利润率的基本途径。在企业的营业收入一定情况下，降低成本费用就成为获利的至关重要的因素。降低各项成本费用也是企业财务管理的重要对象，通过分析企业成本费用的基本结构，确定其是否合理，有利于加强成本控制。若企业财务费用支出过高，就要进一步分析其负债比率是否过高；若企业管理费用支出过高，就要进一步分析其资金周转情况等。在一定范围和一定时间内，在固定成本不变的情况下，营业收入的增长通常会带来利润净额的增长。如果企业的营业毛利及税率相对稳定，而分析期的营业净利率却有所下降，就需要考虑成本费用是否存在相对增加的可能性。利用杜邦财务分析体系，可以分析企业成本费用结构是否合理。通过分析企业盈利水平，可发现企业收入和费用积极或消极变化的原因，寻找有效对策，从而提高企业营业净利率。

第二，提高总资产周转率，必须一方面增加营业收入，另一方面加速企业经营性资产的流动，减少闲置资金占用。这就要求企业不断优化资产结构，降低资产存量，特别是找出闲置和利用程度较低的资产项目，通过加强企业管理以调整产品或服务结构，减少存货，加快应收账款的收现，加快资产周转速度，减少资金的占用。

第三，提高权益乘数。按照杜邦财务分析体系，如果企业总资产保持不变，适度开展负债经营，相对减少所有者权益所占份额，可使权益乘数提高，从而提高净资产收益率。因此，企业既要合理使用全部资产，又要不断优化资本结构，这样才能有效提高净资产收益率。较高的权益乘数固然可以较好地发挥财务杠杆的作用，但也可能导致较大的财务风险。可见，财务杠杆对股东投资回报起着"双刃剑"的作用。因此，这就要求企业将负债控制在一个合理的范围内，不能太高，也不能太低。

（三）杜邦财务分析体系的优缺点

1. 杜邦财务分析体系的优点

杜邦财务分析体系提供的上述财务信息，较好地揭示了企业财务指标变动的原因和趋势，为进一步采取具体措施指明了方向，还为决策者优化经营结构和理财结构，提高企业偿债能力和经营效益提供了基本思路。企业可以根据自身实际，采用相应的调整措施加以改善。此外，财务报表分析者在运用杜邦财务分析体系分析企业财务状况和经营成果时，也可以根据特定的目的，与其他所需的因素相配合，进一步分析。杜邦财务分析体系的优点主要体现在以下三个方面。

1) 强调企业经营管理活动的整体性

企业经营管理活动以系统方式存在，是一个整体，其中每一个环节的变动均会对经营活动这个整体产生影响。杜邦财务分析体系利用了能反映经营管理各方面状况的各项财务指标之间的有机联系，来对企业财务状况和经营成果进行综合分析：一方面使财务报表分析者全面地掌握企业的状况，从整体上综合评价企业的经营管理状况；另一方面也使财务报表分析者对单项财务指标的分析更加准确。比如在评价企业权益乘数的好坏时，注意分析权益乘数的变动对企业整体的影响，并结合负债总额及构成、资产总额及构成等因素来进一步分析。

2) 强调企业经营管理活动的协调性

杜邦财务分析体系在综合分析企业财务状况和经营成果时,突出了对各项财务指标之间协调性的分析。一是分析各项财务指标之间的静态协调状况。比如通过净资产收益率考查总资产净利率与权益乘数之间的协调,再通过总资产净利率考查营业净利率与总资产周转率之间的协调等。二是在静态分析的基础上,结合比较分析法来分析单项财务指标间的优化状况。比如将资产负债率、总资产净利率及净资产收益率作前后期对比,可发现权益乘数与总资产净利率协调状况的变动,通过净资产收益率的前后期差异可发现这种变动的效果。

3) 分析层次性鲜明

杜邦财务分析体系作为一个以单项财务指标为因素组合而成的财务分析系统,具有鲜明的层次性,在分析时具有以下两种逻辑顺序:其一,自下而上,从局部到整体的评价。这一过程实际上是指标计算、归纳的过程。从杜邦财务分析体系分解图的最底层,即以报表数据为基础的绝对数指标层,往上经中间财务财务比率指标层的计算、分析,最终到达综合评价指标层(净资产收益率指标)。这个过程的计算和分析,直观地体现了财务比率分析的过程,使财务报表分析者对指标之间的逻辑关系一目了然,加深了其对指标间关系的理解,同时也提高了财务综合分析的科学性。其二,自上而下,从整体到局部的分析。这是指标计算、归纳的逆过程,通过对净资产收益率指标的层层分解,来考查企业整体表现及其变化的深层次原因。通过自上而下的层层分析,寻找指标体系中的异常点,从而发现企业经营管理过程中存在的问题,而这些问题又往往是具体专项分析的重点;自上而下的层层分析也能使各种专题分析与综合分析更好地衔接起来,如债权人在做分析时,对杜邦财务分析体系分解图自上而下进行层层剖析,重点对反映企业偿债能力的部分进行层层分析,同时全面分析企业的偿债能力。可见,通过杜邦财务分析体系自上而下的分析并结合重点分析,可使财务分析深入企业经营管理的细节,从而使分析更具深度。通过自下而上和自上而下两种顺序的分析,财务分析的逻辑过程会更加完整,从而使财务分析结果更具有说服力。

2. 杜邦财务分析体系的缺点

杜邦财务分析体系还存在一定的局限性,主要表现如下。

(1) 对短期财务结果过分重视,有可能助长企业管理层的短期行为,忽略企业长期的价值创造。

(2) 财务指标反映的是企业过去的经营业绩,在当前的信息时代,客户、供应商、雇员、技术创新等因素对企业经营业绩的影响越来越大,而杜邦财务分析体系在这些方面是无能为力的。

(3) 在当前的市场环境下,企业的无形资产对提高企业长期竞争力至关重要,杜邦财务分析体系却不能解决无形资产的估值问题。

(4) 没有反映企业的现金流量,利润指标在杜邦财务分析体系中起到了承上启下的连接作用,但是利润指标提供的财务信息远远比不上现金流量指标,财务报表分析者更关注企业是否有充足的现金流量。

(5) 没有反映企业的经营风险及财务风险,净资产收益率体现的是企业所有者权益的回报水平。没有体现企业市场价值,对于企业为获得收益所承担的风险反映不足,不能反映每股收益、每股净资产、每股现金流量等有关上市公司的财务信息。

(6) 在运用杜邦财务分析体系进行分析时,更侧重于考虑企业股东的利益。从杜邦财务分析体系分解图上可以看出,在其他因素不变的条件下,资产负债率越高,净资产收益率越高。但是,该体系没有考虑财务风险因素,负债越多,财务风险越大,偿债压力越大。因此,还要结合其他指标进行综合分析。

杜邦财务分析体系与其他分析方法结合,不仅可以弥补自身的缺陷,而且也可以弥补其他方法的缺陷,使财务分析结果更完整、更科学。

本章总结

本章的学习重点是对企业财务综合分析进行阐述与评价。本章主要介绍了杜邦财务分析体系,杜邦财务分析体系是通过将净资产收益率进行分解,可以从企业盈利能力、资金周转能力和财务杠杆水平三个角度进行分解,结合因素分析法找出企业经营过程中存在的问题,并提出针对性的改进措施。

思政小课堂

进行持续的科技创新,并将其积极地运用到解决现实问题中,是我国宏观经济能实现质量变革、效率变革和动力变革的必要条件。

习近平总书记强调,"我国经济社会发展和民生改善比过去任何时候都更加需要科学技术解决方案,都更加需要增强创新这个第一动力"。在新一轮科技革命和产业变革的大背景下,我国社会经济的运行模式发生了根本性的改变,也对如何保持经济持续增长提出了更高要求。放眼未来,以科技创新驱动经济发展,显得尤为迫切。

对于经济增长来说,科技创新可以提高生产效率,从而提升供给能力和潜在增长率。经历了改革开放以来的高速发展,中国经济进入了新的发展阶段。新一轮科技革命带来了数字经济的快速发展,以大数据、云计算、物联网和人工智能等为代表的技术革新,带来了资源配置效率快速提升的可能性,并催生了新的经济形态。

中国经济的高质量发展,关键是如何提升有限资源的配置效率,使得有限的资源能够催生更多的产出。经济增长速度下降的一个重要原因是资本与劳动边际效率的下降,是初始生产要素红利逐渐见顶的显现,而科技创新是阻止其下降最有效的手段。与历次工业革命的关键要素一样,以数字技术为代表的新一代科学技术具有极强的通用性特征。因其具有极强的渗透性和协同性,数字技术能深刻地影响参与生产的各种要素,提升全要素生产率,进而以更高质量、更有效率的方式提高经济总产出。

技术是基础科学规律发现的应用,科技创新高度依赖深厚的基础科学积累。只有在基础科学上产生的核心技术发明、新产业和新理念,才能保证资本和劳动力投入的边际产出维持在高位水平。将经济发展模式转向科技创新驱动是一个长期过程,需要全社会的高度重视和持续投入。现在,我国一些前沿领域开始进入并跑、领跑阶段,科技实力正在从量的积累迈向质的飞跃,从点的突破迈向系统能力提升,尤其需要重视和培养基础研究和应用基础研究的人才。

以科技创新为第一动力的经济发展模式,需要一大批既具有科研和原创能力,也能深刻理解、准确把握"人民日益增长的美好生活需要"的复合型人才。科研实践是培养造就创新型科技人才的根本途径,而管理实践是将科技创新实践与中国经济发展相结合的重要抓手,复合型人才的孕育需要复合培养体系。坚持面向世界科技前沿、面向经济主战场、面向国家重大需求、面向人民生命健康,既要对科学保持好奇心,也要有"把需求问题转化为技术问题"的敏感性,不断向科学技术的广度和深度进军,才能有更高水平的原创成果,肩负起历史赋予的科技创新重任。

技术发展日新月异,科技创新要持续为经济注入动力,需要科技人才保持知识的更新频率,从而延长人才的创新生命周期。企业、研究机构和高校应积极提供人才持续学习的机会,将基础理论学习和应用实践学习体系相结合,利用一流学术研究帮助创新型科技人才维持理论前沿高度,并助力其将基础理论研究更好地应用到经济发展中。把更多科技创新成果转化为经济发展动力,才能更好地推动我国经济高质量发展,为"十四五"时期经济社会发展提供强劲支撑。

(资料来源:张影.科技创新是赢得未来的关键(新论)[EB/OL].[2024-03-21].https://baijiahao.baidu.com/s?id=1680024850354193954&wfr=spider&for=pc,有改动。)

11-1　拓展阅读　　11-2　微课视频

参考文献

REFERENCES

[1] 张金泉,温素彬,李慧.盈利质量综合评价模型构建与应用——基于多维度盈利能力的分析[J].会计之友,2023(11):147-153.

[2] 张新民.资产结构性盈利能力分析[J].财会月刊,2022(9):9-15.

[3] 何雪菁,徐晓莉,孔可静.公司营运能力水平指数构建——基于新疆上市公司的实证研究[J].新疆大学学报(哲学社会科学版),2022(6):15-22.

[4] 吴伟,唐东升.财务分析方法有效性及改进研究——基于科学方法视角[J].财会月刊,2021(23):36-40.

[5] 黄路.上市公司未经审计财务信息可靠性探析——基于山东墨龙财务造假案的思考[J].中国注册会计师,2019(3):117-122.

[6] 宋晓缤,王竹泉.短期偿债能力评价方法优化研究[J].财务与会计,2019(21):37-40.

[7] 李媛,刘芳.我国乳制品行业发展现状及趋势分析[J].中国畜牧杂志,2019(4):144-147.

[8] 李雪,何梦卿.企业可持续发展能力分析存在的问题及改进[J].财务与会计,2017(22):61.

[9] 丁一琳.运用思维导图改进杜邦财务分析[J].财会月刊,2016(9):33-35.

[10] 张新民.资产负债表:基于传统分析,我们能看到什么?[J].财务与会计,2015(21):17-20.

[11] 肖序,陈宝玉.资产负债表、利润表和现金流量表的联系机理[J].会计之友,2015(9):98-100.

[12] 孙文清.浅谈财务分析报告的撰写[J].商业会计(上半月),2009(17):61-62.

[13] 光昭.财务报表编制与分析[M].西安:西安交通大学出版社,2022.

[14] 张先治,陈友邦.财务分析[M].10版.大连:东北财经大学出版社,2022.

[15] 周晋兰,胡北忠.财务分析实验教程[M].3版.大连:东北财经大学出版社,2017.

[16] 盛术俊,葛子卿,章毓育.财务分析(微课版)[M].北京:清华大学出版,2020.

[17] 卢亚君,赵瑞.财务报表分析[M].北京:科学出版社,2018.

[18] 姜毅,范火盈.财务分析[M].上海:上海交通大学出版社,2016.

[19] 史玉凤,罗荣华.瑞幸咖啡财务造假原因及对策分析[J].中国商论,2020(22):11-12.

[20] 熊婉婷.全球债务新形势:历史性去杠杆[J].中国外汇,2023(13):34-38.

[21] 宋建波,朱沛青,荆家琪.审判仍在路上:新《证券法》下康美药业财务造假的法律责任[J].财会月刊,2020(13):134-139.

[22] 人民论坛"特别策划"组.民族企业的时代使命[J].人民论坛,2021(26):12-13.

[23] 贾宁.贾宁财务讲义:人人都需要的财务思维[M].北京:中信出版社,2020.

附录

CAIWU BAOBIAO FENXI
JIAOCHENG

一、企业及行业发展前景分析

请自行下载上市公司年度报告、企业社会责任报告及行业分析报告等资料,对内蒙古伊利实业集团股份有限公司(以下简称伊利股份)基本情况及乳制品行业的发展前景进行分析。

1. 伊利股份基本情况分析

2. 行业发展前景分析

二、伊利股份资产负债表分析

表 1　伊利股份资产负债表结构分析表

项目	2022 年年报	2021 年年报	2020 年年报	2019 年年报
流动资产：				
货币资金				
交易性金融资产				
衍生金融资产				
应收票据及应收账款				
应收票据				
应收账款				
预付款项				
其他应收款（合计）				
应收股利				
应收利息				
其他应收款				
买入返售金融资产				
存货				
其中：消耗性生物资产				
合同资产				
划分为持有待售的资产				
其他流动资产				
流动资产合计				
非流动资产：				
其他权益工具投资				
其他非流动金融资产				
长期股权投资				
固定资产（合计）				

续表

项目	2022年年报	2021年年报	2020年年报	2019年年报
在建工程（合计）				
生产性生物资产				
使用权资产				
无形资产				
商誉				
长期待摊费用				
递延所得税资产				
其他非流动资产				
非流动资产合计				
资产总计				
流动负债：				
短期借款				
交易性金融负债				
衍生金融负债				
应付票据及应付账款				
应付票据				
应付账款				
合同负债				
应付职工薪酬				
应交税费				
其他应付款（合计）				
应付利息				
应付股利				
其他应付款				
一年内到期的非流动负债				
其他流动负债				

续表

项目	2022 年年报	2021 年年报	2020 年年报	2019 年年报
流动负债合计				
非流动负债：				
长期借款				
应付债券				
租赁负债				
长期应付款（合计）				
长期应付款				
专项应付款				
预计负债				
递延所得税负债				
递延收益－非流动负债				
其他非流动负债				
非流动负债合计				
负债合计				
所有者权益（或股东权益）：				
实收资本（或股本）				
资本公积金				
减：库存股				
其他综合收益				
盈余公积金				
未分配利润				
归属于母公司所有者权益合计				
少数股东权益				
所有者权益合计				
负债和所有者权益总计				

分析结论：

表2 伊利股份资产负债表定比趋势分析表（以2019年为基准）

项目	2022年年报	2021年年报	2020年年报	2019年年报
流动资产：				
货币资金				
交易性金融资产				
衍生金融资产				
应收票据及应收账款				
应收票据				
应收账款				
预付款项				
其他应收款（合计）				
应收股利				
应收利息				
其他应收款				
买入返售金融资产				
存货				
其中：消耗性生物资产				
合同资产				
划分为持有待售的资产				
其他流动资产				
流动资产合计				
非流动资产：				
其他权益工具投资				
其他非流动金融资产				
长期股权投资				
固定资产（合计）				
在建工程（合计）				

续表

项目	2022年年报	2021年年报	2020年年报	2019年年报
生产性生物资产				
使用权资产				
无形资产				
商誉				
长期待摊费用				
递延所得税资产				
其他非流动资产				
非流动资产合计				
资产总计				
流动负债：				
短期借款				
交易性金融负债				
衍生金融负债				
应付票据及应付账款				
应付票据				
应付账款				
合同负债				
应付职工薪酬				
应交税费				
其他应付款（合计）				
应付利息				
应付股利				
其他应付款				
一年内到期的非流动负债				
其他流动负债				

续表

项目	2022年年报	2021年年报	2020年年报	2019年年报
流动负债合计				
非流动负债：				
长期借款				
应付债券				
租赁负债				
长期应付款（合计）				
长期应付款				
专项应付款				
预计负债				
递延所得税负债				
递延收益－非流动负债				
其他非流动负债				
非流动负债合计				
负债合计				
所有者权益（或股东权益）：				
实收资本（或股本）				
资本公积金				
减：库存股				
其他综合收益				
盈余公积金				
未分配利润				
归属于母公司所有者权益合计				
少数股东权益				
所有者权益合计				
负债和所有者权益总计				

分析结论：

表 3　伊利股份资产负债表环比趋势分析表

项目	2022 年年报	2021 年年报	2020 年年报	2019 年年报
流动资产：				
货币资金				
交易性金融资产				
衍生金融资产				
应收票据及应收账款				
应收票据				
应收账款				
预付款项				
其他应收款（合计）				
应收股利				
应收利息				
其他应收款				
买入返售金融资产				
存货				
其中：消耗性生物资产				
合同资产				
划分为持有待售的资产				
其他流动资产				
流动资产合计				
非流动资产：				
其他权益工具投资				
其他非流动金融资产				
长期股权投资				
固定资产（合计）				
在建工程（合计）				

续表

项目	2022年年报	2021年年报	2020年年报	2019年年报
生产性生物资产				
使用权资产				
无形资产				
商誉				
长期待摊费用				
递延所得税资产				
其他非流动资产				
非流动资产合计				
资产总计				
流动负债：				
短期借款				
交易性金融负债				
衍生金融负债				
应付票据及应付账款				
应付票据				
应付账款				
合同负债				
应付职工薪酬				
应交税费				
其他应付款（合计）				
应付利息				
应付股利				
其他应付款				
一年内到期的非流动负债				
其他流动负债				

续表

项目	2022 年年报	2021 年年报	2020 年年报	2019 年年报
流动负债合计				
非流动负债：				
长期借款				
应付债券				
租赁负债				
长期应付款（合计）				
长期应付款				
专项应付款				
预计负债				
递延所得税负债				
递延收益—非流动负债				
其他非流动负债				
非流动负债合计				
负债合计				
所有者权益（或股东权益）：				
实收资本（或股本）				
资本公积金				
减：库存股				
其他综合收益				
盈余公积金				
未分配利润				
归属于母公司所有者权益合计				
少数股东权益				
所有者权益合计				
负债和所有者权益总计				

分析结论：

表4　伊利股份流动资产占资产总额的比重分析表

项目	2022年年报	2021年年报	2020年年报	2019年年报
流动资产合计				
资产总计				
流动资产占资产总额的比重				
流动资产占资产总额的比重（光明乳业）				

分析结论：

表 5　伊利股份资产负债率分析表

项目	2022 年年报	2021 年年报	2020 年年报	2019 年年报
负债合计				
资产总计				
资产负债率				
资产负债率（光明乳业）				

分析结论：

三、伊利股份利润表分析

表6　伊利股份利润表共同比报表

项目	2022年年报	2021年年报	2020年年报	2019年年报
营业总收入				
营业收入				
营业总成本				
营业成本				
税金及附加				
销售费用				
管理费用				
研发费用				
财务费用				
其中：利息费用				
减：利息收入				
加：其他收益				
投资净收益				
其中：对联营企业和合营企业的投资收益				
公允价值变动净收益				
资产减值损失				
信用减值损失				
资产处置收益				
营业利润				
加：营业外收入				
减：营业外支出				
利润总额				
减：所得税				
净利润				

分析结论：

表7 伊利股份利润表定比趋势分析表（以2019年数据作为基准）

项目	2022年年报	2021年年报	2020年年报	2019年年报
营业总收入				
营业收入				
营业总成本				
营业成本				
税金及附加				
销售费用				
管理费用				
研发费用				
财务费用				
其中：利息费用				
减：利息收入				
加：其他收益				
投资净收益				
其中：对联营企业和合营企业的投资收益				
公允价值变动净收益				
资产减值损失				
信用减值损失				
资产处置收益				
营业利润				
加：营业外收入				
减：营业外支出				
利润总额				
减：所得税				
净利润				

分析结论：

表8 伊利股份利润表环比趋势分析表

项目	2022年年报	2021年年报	2020年年报	2019年年报
营业总收入				
营业收入				
营业总成本				
营业成本				
税金及附加				
销售费用				
管理费用				
研发费用				
财务费用				
其中：利息费用				
减：利息收入				
加：其他收益				
投资净收益				
其中：对联营企业和合营企业的投资收益				
公允价值变动净收益				
资产减值损失				
信用减值损失				
资产处置收益				
营业利润				
加：营业外收入				
减：营业外支出				
利润总额				
减：所得税				
净利润				

分析结论：

四、伊利股份现金流量表分析

表9 伊利股份现金流入结构分析表

项目	2022年年报	2021年年报	2020年年报	2019年年报
一、经营活动产生的现金流量：				
销售商品、提供劳务收到的现金				
收到的税费返还				
收到其他与经营活动有关的现金				
经营活动现金流入小计				
二、投资活动产生的现金流量：				
收回投资收到的现金				
取得投资收益收到的现金				
处置固定资产、无形资产和其他长期资产收回的现金净额				
处置子公司及其他营业单位收到的现金净额				
投资活动现金流入小计				
三、筹资活动产生的现金流量：				
吸收投资收到的现金				
其中：子公司吸收少数股东投资收到的现金				
取得借款收到的现金				
筹资活动现金流入小计				
现金流入合计				

分析结论：

表10　伊利股份现金流出结构分析表

项目	2022年年报	2021年年报	2020年年报	2019年年报
一、经营活动产生的现金流量：				
购买商品、接受劳务支付的现金				
支付给职工以及为职工支付的现金				
支付的各项税费				
支付其他与经营活动有关的现金				
经营活动现金流出小计				
二、投资活动产生的现金流量：				
购建固定资产、无形资产和其他长期资产支付的现金				
投资支付的现金				
取得子公司及其他营业单位支付的现金净额				
投资活动现金流出小计				
三、筹资活动产生的现金流量：				
偿还债务支付的现金				
分配股利、利润或偿付利息支付的现金				
其中：子公司支付给少数股东的股利、利润				
支付其他与筹资活动有关的现金				
筹资活动现金流出小计				
现金流出合计				

分析结论：

表 11　伊利股份经营活动现金流量比分析表

项目	2022 年年报	2021 年年报	2020 年年报	2019 年年报
经营活动现金流出小计				
经营活动现金流入小计				
经营活动现金流量比				

分析结论：

表 12 伊利股份投资活动现金流量比分析表

项目	2022 年年报	2021 年年报	2020 年年报	2019 年年报
投资活动现金流出小计				
投资活动现金流入小计				
投资活动现金流量比				

分析结论：

表13 伊利股份筹资活动现金流量比分析表

项目	2022年年报	2021年年报	2020年年报	2019年年报
筹资活动现金流出小计				
筹资活动现金流入小计				
筹资活动现金流量比				

分析结论：

表 14　伊利股份现金流出流入比分析表

项目	2022 年年报	2021 年年报	2020 年年报	2019 年年报
现金流出小计				
现金流入小计				
现金流出流入比				

分析结论：

表 15　伊利股份现金流量表定比趋势分析表（以 2019 年为基准）

项目	2022 年年报	2021 年年报	2020 年年报	2019 年年报
一、经营活动产生的现金流量：				
销售商品、提供劳务收到的现金				
收到的税费返还				
收到其他与经营活动有关的现金				
经营活动现金流入小计				
购买商品、接受劳务支付的现金				
支付给职工以及为职工支付的现金				
支付的各项税费				
支付其他与经营活动有关的现金				
经营活动现金流出小计				
经营活动产生的现金流量净额				
二、投资活动产生的现金流量：				
收回投资收到的现金				
取得投资收益收到的现金				
处置固定资产、无形资产和其他长期资产收回的现金净额				
处置子公司及其他营业单位收到的现金净额				
投资活动现金流入小计				
购建固定资产、无形资产和其他长期资产支付的现金				
投资支付的现金				
取得子公司及其他营业单位支付的现金				
投资活动现金流出小计				
投资活动产生的现金流量净额				
三、筹资活动产生的现金流量：				
吸收投资收到的现金				
其中：子公司吸收少数股东投资收到的现金				
取得借款收到的现金				
筹资活动现金流入小计				
偿还债务支付的现金				
分配股利、利润或偿付利息支付的现金				

续表

项目	2022 年年报	2021 年年报	2020 年年报	2019 年年报
其中：子公司支付给少数股东的股利、利润				
支付其他与筹资活动有关的现金				
筹资活动现金流出小计				
筹资活动产生的现金流量净额				
四、汇率变动对现金及现金等价物的影响				
五、现金及现金等价物净增加额				
加：期初现金及现金等价物余额				
期末现金及现金等价物余额				

分析结论：

表 16　伊利股份现金流量表环比趋势分析表

项目	2022年年报	2021年年报	2020年年报	2019年年报
一、经营活动产生的现金流量：				
销售商品、提供劳务收到的现金				
收到的税费返还				
收到其他与经营活动有关的现金				
经营活动现金流入小计				
购买商品、接受劳务支付的现金				
支付给职工以及为职工支付的现金				
支付的各项税费				
支付其他与经营活动有关的现金				
经营活动现金流出小计				
经营活动产生的现金流量净额				
二、投资活动产生的现金流量：				
收回投资收到的现金				
取得投资收益收到的现金				
处置固定资产、无形资产和其他长期资产收回的现金净额				
处置子公司及其他营业单位收到的现金净额				
投资活动现金流入小计				
购建固定资产、无形资产和其他长期资产支付的现金				
投资支付的现金				
取得子公司及其他营业单位支付的现金				
投资活动现金流出小计				
投资活动产生的现金流量净额				
三、筹资活动产生的现金流量：				
吸收投资收到的现金				
其中：子公司吸收少数股东投资收到的现金				
取得借款收到的现金				
筹资活动现金流入小计				
偿还债务支付的现金				
分配股利、利润或偿付利息支付的现金				

续表

项目	2022年年报	2021年年报	2020年年报	2019年年报
其中：子公司支付给少数股东的股利、利润				
支付其他与筹资活动有关的现金				
筹资活动现金流出小计				
筹资活动产生的现金流量净额				
四、汇率变动对现金及现金等价物的影响				
五、现金及现金等价物净增加额				
加：期初现金及现金等价物余额				
期末现金及现金等价物余额				

分析结论：

表 17　伊利股份现金流量净额分析表

项目	2022 年年报	2021 年年报	2020 年年报	2019 年年报
投资活动产生的现金流量净额				
筹资活动产生的现金流量净额				
现金及现金等价物净增加额				

分析结论：

五、伊利股份盈利能力分析

表18　伊利股份盈余现金保障倍数分析表

项目	2022年年报	2021年年报	2020年年报	2019年年报
经营活动现金净流量				
净利润				
盈余现金保障倍数				
盈余现金保障倍数（光明乳业）				

分析结论：

表19 伊利股份总资产报酬率分析表

项目	2022年年报	2021年年报	2020年年报	2019年年报
利润总额				
利息支出				
平均资产总额				
总资产报酬率				
总资产报酬率（光明乳业）				

分析结论：

表20 伊利股份净资产收益率分析表

项目	2022年年报	2021年年报	2020年年报	2019年年报
净利润				
平均净资产				
净资产收益率				
净资产收益率（光明乳业）				

分析结论：

表 21　伊利股份营业毛利率分析表

项目	2022年年报	2021年年报	2020年年报	2019年年报
营业收入净额				
营业成本				
营业毛利润				
营业毛利率				
营业毛利率（光明乳业）				

分析结论：

表22 伊利股份营业净利率分析表

项目	2022年年报	2021年年报	2020年年报	2019年年报
净利润				
营业收入净额				
营业净利率				
营业净利率（光明乳业）				

分析结论：

表23 伊利股份营业成本毛利润率分析表

项目	2022年年报	2021年年报	2020年年报	2019年年报
营业毛利润				
营业成本				
营业成本毛利润率				
营业成本毛利润率（光明乳业）				

分析结论:

表24 伊利股份每股收益分析表

项目	2022年年报	2021年年报	2020年年报	2019年年报
本期净利润				
流通在外的普通股的加权平均数				
每股收益				
每股收益（光明乳业）				

分析结论：

表25　伊利股份市盈率分析表

项目	2022年年报	2021年年报	2020年年报	2019年年报
每股市价				
每股收益				
市盈率				
市盈率（光明乳业）				

注：每股市价选用每年最后一个交易日的收盘价计算。

分析结论：

六、伊利股份营运能力分析

表26　伊利股份应收账款周转速度分析表

项目	2022年年报	2021年年报	2020年年报	2019年年报
主营业务收入净额				
应收账款平均余额				
应收账款周转率（次数）				
应收账款周转天数				
应收账款周转率（光明乳业）				
应收账款周转天数（光明乳业）				

分析结论：

表 27　伊利股份存货周转速度分析表

项目	2022 年年报	2021 年年报	2020 年年报	2019 年年报
主营业务成本				
存货平均余额				
存货周转率（次数）				
存货周转天数				
存货周转率（光明乳业）				
存货周转天数（光明乳业）				

分析结论：

表 28　伊利股份流动资产周转率（次数）分析表

项目	2022年年报	2021年年报	2020年年报	2019年年报
营业收入净额				
流动资产平均余额				
流动资产周转率（次数）				
流动资产周转率（光明乳业）				

分析结论：

表29 伊利股份固定资产周转率（次数）分析表

项目	2022年年报	2021年年报	2020年年报	2019年年报
主营业务收入净额				
固定资产平均余额				
固定资产周转率（次数）				
固定资产周转率（光明乳业）				

分析结论：

表30　伊利股份总资产周转率（次数）分析表

项目	2022年年报	2021年年报	2020年年报	2019年年报
主营业务收入净额				
总资产平均余额				
总资产周转率（次数）				
总资产周转率（光明乳业）				

分析结论：

七、伊利股份偿债能力分析

表31　伊利股份现金流量比率分析表

项目	2022年年报	2021年年报	2020年年报	2019年年报
经营活动现金净流量				
流动负债				
现金流量比率				
现金流量比率（光明乳业）				

分析结论：

表32　伊利股份现金流量债务比分析表

项目	2022年年报	2021年年报	2020年年报	2019年年报
经营活动现金净流量				
债务总额				
现金流量债务比				
现金流量债务比（光明乳业）				

分析结论：

表33 伊利股份流动比率分析表

项目	2022年年报	2021年年报	2020年年报	2019年年报
流动资产				
流动负债				
流动比率				
流动比率（光明乳业）				

分析结论：

表34 伊利股份速动比率分析表

项目	2022年年报	2021年年报	2020年年报	2019年年报
流动资产				
减：存货				
速动资产				
流动负债				
速动比率				
速动比率（光明乳业）				

分析结论：

表35　伊利股份资产负债率分析表

项目	2022年年报	2021年年报	2020年年报	2019年年报
负债总额				
资产总额				
资产负债率				
资产负债率（光明乳业）				

分析结论：

表36 伊利股份利息保障倍数分析表

项目	2022年年报	2021年年报	2020年年报	2019年年报
息税前利润				
利息费用				
利息保障倍数				
利息保障倍数（光明乳业）				

分析结论：

八、伊利股份发展能力分析

表37 伊利股份总资产增长率分析表

项目	2022年年报	2021年年报	2020年年报	2019年年报
期末总资产				
期初总资产				
总资产增长率				
总资产增长率（光明乳业）				

分析结论：

表38　伊利股份股东权益增长率分析表

项目	2022年年报	2021年年报	2020年年报	2019年年报
本期股东权益				
上期股东权益				
股东权益增长率				
股东权益增长率（光明乳业）				

分析结论：

表39　伊利股份股东权益各项目增长率分析表

项目	2022年年报	2021年年报	2020年年报	2019年年报
股本				
股本增长率				
资本公积				
资本公积增长率				
盈余公积				
盈余公积增长率				
未分配利润				
未分配利润增长率				
股东权益总额				
股东权益增长率				

分析结论：

表40 伊利股份营业收入增长率分析表

项目	2022年年报	2021年年报	2020年年报	2019年年报
本期营业收入				
上期营业收入				
营业收入增长率				
营业收入增长率（光明乳业）				

分析结论：

表41　伊利股份收益增长率分析表

项目	2022年年报	2021年年报	2020年年报	2019年年报
营业利润				
营业利润增长率				
利润总额				
利润总额增长率				
净利润				
净利润增长率				
营业利润增长率（光明乳业）				
利润总额增长率（光明乳业）				
净利润增长率（光明乳业）				

分析结论：

九、伊利股份综合分析

表 42　伊利股份杜邦财务分析体系分析表

项目	2022 年年报	2021 年年报	2020 年年报	2019 年年报
营业净利率				
总资产周转率				
权益乘数				
净资产收益率				
净资产收益率（光明乳业）				

分析结论：

十、伊利股份财务分析报告

附录

与本书配套的二维码资源使用说明

  本书部分课程及与纸质教材配套数字资源以二维码链接的形式呈现。利用手机微信扫码成功后提示微信登录,授权后进入注册页面,填写注册信息。按照提示输入手机号码,点击获取短信验证码,稍等片刻收到4位数的验证码短信,在提示位置输入验证码成功,再设置密码,点击"注册",注册成功(若手机号已被注册,则在注册页面底部选择"已有账号?马上登陆",进入用户登录页面,直接输入手机号和密码登录),即可查看二维码数字资源。手机第一次登录查看资源成功以后,再次使用二维码资源时,只需在微信端扫码即可登录进入查看。